LINDSAY S. NIXON

# HAPPY VEGAN

## TAG FÜR TAG

LINDSAY S. NIXON

# HAPPY VEGAN

# TAG FÜR TAG

**ÜBER 175 FETTARME UND GESUNDE REZEPTE**

Unimedica

# Impressum

Lindsay S. Nixon
Happy Vegan – Tag für Tag
Über 175 fettarme und gesunde Rezepte
1. deutsche Ausgabe 2017
ISBN 978-3-946566-26-7


Titel der Originalausgabe:
Everyday Happy Herbivore
Over 175 Quick-and-Easy Fat-Free and Low-Fat Vegan Recipes

First published in the United States by BenBella Books

Übersetzung aus dem Englischen: Ilona Meier
Layout: Kit Sweeney
Satz: Nicole Laka, www.nima-typografik.de
Coverabbildung (Vorderseite) © Narayana Verlag, Fotograf Jörg Wilhelm, Wilhelm Media
Coverabbildungen (Rückseite): Autorenfoto © Lindsay S. Nixon, Rezeptfotos © Narayana Verlag, Fotograf Jörg Wilhelm, Wilhelm Media
Coverlayot: Narayana Verlag

Herausgeber:
Unimedica im Narayana Verlag GmbH, Blumenplatz 2, 79400 Kandern
Tel.: +49 7626 974970-0, E-Mail: info@unimedica.de, www.unimedica.de

Für Scott & Andrea

# Inhalt

Kleine Vollkorn-Salzbrötchen

## MUFFINS, BRÖTCHEN & BROT 55

Ein Blaubeermuffin

## SANDWICHES, BURGER & MEHR 79

»Austern«-Po'Boys

Insel-Champignon-Burger

## SUPPEN, EINTÖPFE & DAL 99

Jalapeño-Butternuss-kürbis-Suppe

## SALATE & DRESSINGS 125

Birnen-Rucola-Salat

Kirsch-Quinoa-Salat

## GEMÜSEGERICHTE: PFANNEN & CURRYS 141

## AUFLÄUFE & REISGERICHTE 159

## BOHNEN & FLEISCHALTERNATIVEN 179

## PASTA & ASIANUDELN 203

## EINFACHE BEILAGEN 227

## DESSERTS 255

Chai-Hafer-Bällchen

Möhrenkuchen-Milchreis

## WÜRZSAUCEN & GEWÜRZMISCHUNGEN 283

Limettencreme

## SAUCEN & GRAVYS 299

Pilzsauce für jede Gelegenheit

## SELBST GEMACHT 313

Instant-Apfelmus



## ANHANG 323

# EINLEITUNG

# Ein paar Worte von Lindsay

Kurz nachdem ich mit meinem ersten Kochbuch, The Happy Herbivore Cookbook, fertig war, wurden mein Mann und ich für ein Jahr auf die Karibikinsel Sint Maarten versetzt. Zwar war die Aussicht darauf, dort im Paradies zu leben, wirklich aufregend, doch die Erkenntnis, jeden Tag drei Mahlzeiten kochen zu müssen, war ganz schön ernüchternd.

Fertige, verpackte vegane Mahlzeiten und Lebensmittel gibt es auf Sint Maarten nicht und auch die dortigen Restaurants bieten für gewöhnlich keine veganen oder vegan-freundlichen Optionen an. Die harte Realität war: Wenn wir essen wollten, musste ich kochen.

Doch unser Leben auf Sint Maarten erinnerte mich daran, wie wunderschön (und lecker!) Einfachheit sein kann. Unsere Mahlzeiten mussten frisch, schnell und mühelos auf den Tisch kommen, damit mich das ständige Kochen nicht völlig überwältigte. Aber gleichzeitig wollte ich sie spannend und befriedigend gestalten, mit den Zutaten, die mir dort zur Verfügung standen. Auf Sint Maarten hatte ich nicht dieselbe große Auswahl an Zutaten, die ich gerne in New York verwende, und das Angebot auf dem Markt wechselte ebenfalls ständig.

Doch mein neues Lebensmotto »Irgendwie klappt's schon!« führte zur Entstehung dieses Buchs. Hier finden Sie mehr als 175 absolut machbare Rezepte – Rezepte, die so schnell und einfach umzusetzen sind, dass Sie wie ich von Grund auf drei Mahlzeiten am Tag kochen könnten, und zwar mit den Zutaten, die Sie gerade zur Hand haben.

Wie bei meinem letzten Buch verwende ich in meinen Rezepten vollwertige, »alltägliche« Zutaten und arbeite ohne zugesetzte Fette wie Öle. Darüber hinaus habe ich mich darum bemüht, die Zubereitung der Rezepte auf weniger als 20 Minuten zu reduzieren, denn selbst Profiköche wollen nicht immer den ganzen Tag am heißen Herd schuften.

*Bon Appétit*

# Warum vegan?

Die rein pflanzliche Ernährung ist der am schnellsten wachsende Ernährungstrend in den USA, und zwar aus gutem Grund. Je öfter wir pflanzliche Mahlzeiten essen, desto mehr Vorteile spüren wir. Wenn mich jemand fragt, warum ich vegan bin, dann antworte ich: »Für meine Gesundheit, meinen Geldbeutel, die Tiere, die Umwelt … und für Sie.«

GESUNDHEIT: Wer sich vegan ernährt, nimmt über die Ernährung kein Cholesterin auf, und eine fettarme vegane Ernährung ist eher kalorienarm, aber reich an Ballaststoffen. Einige Studien haben außerdem gezeigt, dass eine fettarme vegane Ernährung schwerwiegenden Krankheiten wie Bluthochdruck, Diabetes und Krebs vorbeugen und sie heilen und umkehren kann.

GELDBEUTEL: Die vegane Ernährung kann ein richtiges Schnäppchen sein. Vegane Grundnahrungsmittel wie Bohnen, Reis und Pflanzendrinks kosten nur den Bruchteil dessen, was für Fleisch und Milchprodukte ausgegeben wird. Außerdem sparen Sie auf lange Sicht Arztkosten, wenn Sie sich gesundheitsbewusst ernähren.

TIERE: Sogenannte Nutztiere leben und sterben auf häufig fürchterlich brutale Weise, und zwar sowohl in körperlicher als auch psychischer Hinsicht. Als Konsument, der lediglich das verarbeitete Endprodukt kauft, ist es einfacher darüber hinwegzusehen als bewusst zu wählen.

UMWELT: Die vegane Ernährung ist die umweltfreundlichste und nachhaltigste Ernährungsweise.

MENSCHHEIT: Es heißt, dass wir fast augenblicklich den Welthunger beenden könnten, wenn die ganze Welt auf eine vegetarische Ernährung umstiege. Auf ½ Hektar Land können entweder 20.000 Pfund Kartoffeln oder gerade einmal 165 Pfund Fleisch produziert werden.

# MEINE GESCHICHTE

Aus Liebe zu den Tieren war ich den Großteil meiner Kindheit über Vegetarierin. Das kam so: Als wir eines Tages im Auto an einer Weide mit Kühen vorbeifuhren, aß ich gerade einen Burger. Ich zählte eins und eins zusammen und die Sache war gegessen. Doch in meinen Teenagerjahren erlag ich dem Gruppenzwang und begann wieder Fleisch zu essen. Mit Beginn meiner Zwanziger brachte mich eine ernsthafte Gesundheitskrise zurück zur vegetarischen Ernährung, und das Jahr darauf wurde ich als Experiment vegan. Nachdem ich »China Study«, »Eat to Live« und »Skinny Bitch« gelesen hatte, wusste ich, dass ich niemals zur vegetarischen Ernährung zurückkehren würde. Damit wurde meine vegane Lebensweise permanent, mit einer zusätzlichen Änderung: Ich strich nicht nur Milch und Eier vom Speiseplan, sondern gestaltete meine Ernährung fettarm und mit einem Fokus auf vollwertige Kost.

# Warum fettfrei und fettarm?

Wie auch viele andere kämpften mein Mann und ich jahrelang mit den Pfunden und unserer Gesundheit. 2007 begann ich mich fettarm, vegan und ohne zugesetzte Fette zu ernähren, und Scott schloss sich mir schon kurz darauf an. Innerhalb eines Jahres hatten wir beide mehr Gewicht verloren, als wir je für möglich gehalten hatten, und all unsere Gesundheitsprobleme bewältigt. Außerdem bemerkten wir einen plötzlichen Energieschub und liefen daraufhin unseren allerersten Marathon; etwas, das wir vorher nie für realistisch oder möglich gehalten hatten.

Jeder kennt die Gefahren gehärteter pflanzlicher Fette und Öle, aber auch andere Öle wie Olivenöl können schädlich sein. Die meisten Speiseöle, wie zum Beispiel Rapsöl, haben einen sehr niedrigen Rauchpunkt. Wenn diese Öle über diesen Rauchpunkt erhitzt werden, gehen die Nährstoffe verloren und es werden freie Radikale erzeugt. Öle sind außerdem versteckte Kalorienbomben, die sowohl sehr fett- als auch kalorienreich sind. Ein Esslöffel Öl enthält ungefähr 120 Kalorien und 14 g Fett, das entspricht ungefähr einem Schokoriegel!

Für essenzielle Fettsäuren esse ich unverarbeitete Fette wie die in Nüssen und Samen, und auch nur in Maßen. Bedenken Sie, dass alle Lebensmittel, selbst grünes Gemüse, geringe Mengen Fett enthalten, Ihr Körper wird also immer gut versorgt, ohne dass Sie zusätzliches Fett konsumieren müssen.

Die Nährwertangaben der Rezepte in diesem Buch wurden mithilfe von caloriecount.com zusammengestellt. Alle Angaben gelten pro Portion. Sofern nicht anders angegeben, sind optionale Zutaten nicht eingerechnet. Brot und Wraps sind ebenfalls nicht mit eingerechnet, sofern nicht extra angemerkt (siehe die entsprechenden Verpackungen für diese Informationen).

Der Salzgehalt wird nicht angegeben, da sich die Werte verschiedener Marken und der entsprechenden Nährwertrechner stark unterscheiden, sodass eine verlässliche Angabe nicht möglich ist.

# Erste Schritte

Die meisten Zutaten in diesem Kochbuch bekommen Sie in jedem Supermarkt, aber für einige müssen Sie dem Reformhaus einen Besuch abstatten oder sie über den Internethandel beziehen. Wenn Sie mit der veganen Küche, Vollwertkost oder fettarmem Kochen noch nicht so vertraut sind, kommt Ihnen vielleicht auch die eine oder andere Zutat unbekannt vor. Wenn Sie mehr über sie und die günstigsten Bezugsquellen erfahren möchten, werfen Sie einfach einen Blick ins Zutatenverzeichnis (S. 324).

# Einkaufsliste

Hier finden Sie meine Einkaufsliste für alle Grundzutaten, mit denen Ihre Küche ausgestattet sein sollte. Wenn Sie diese Zutaten zur Hand haben, dann können Sie praktisch jedes Rezept in diesem Kochbuch zubereiten, ohne erst einkaufen gehen zu müssen. Ich kann nur empfehlen, wenn möglich immer natriumarme Varianten oder solche ohne zugesetztes Salz zu kaufen, insbesondere bei Lebensmitteln in Dosen wie Tomaten oder Bohnen, Sojasauce und Gemüsebrühe. Außerdem empfehle ich biologische und ungesüßte Sorten, und am besten vermeiden Sie Lebensmittel, die raffinierten Zucker, Maissirup, Fett (insbesondere gehärtete Fette) sowie nicht vegane Produkte, die Milch, Fleisch, Eier, Fisch oder tierische Nebenerzeugnisse wie Gelatine, Kasein oder Molke enthalten.

## VORRATSSCHRANK

- ☐ Agavendicksaft
- ☐ Ahornsirup
- ☐ Backpulver, Backnatron
- ☐ Balsamico-Essig
- ☐ Branntweinessig
- ☐ Brauner Reis
- ☐ Brauner Zucker
- ☐ Cremige Erdnussbutter
- ☐ Gelbes Maismehl
- ☐ Gemüsebrühe und/oder Bouillon-Würfel
- ☐ Getrocknete Bohnen und/oder Bohnen aus der Dose
- ☐ Getrocknete Linsen und Erbsen
- ☐ Knoblauch
- ☐ Grüne Chilis, aus der Dose
- ☐ Haferflocken
- ☐ Haltbarer Tofu im Tetra-Pak, zum Beispiel Mori-Nu
- ☐ Hitzestabiles Ölspray, zum Beispiel Kokosöl oder Distelöl
- ☐ Instant-Haferflocken
- ☐ Kichererbsenmehl
- ☐ Kürbispüree aus der Dose
- ☐ Mandelextrakt
- ☐ Puderzucker
- ☐ Quinoa
- ☐ Rohzucker
- ☐ Rosinen
- ☐ Salsas
- ☐ Süßkartoffeln oder Yamswurzeln
- ☐ Tomaten aus der Dose
- ☐ Tomatenmark
- ☐ Tomatensauce
- ☐ Ungezuckertes Apfelmus
- ☐ Ungesüßtes Kakaopulver
- ☐ Vanilleextrakt
- ☐ Vital Weizengluten
- ☐ Vollkornweizenmehl
- ☐ Vollkornweizennudeln oder Nudeln aus braunem Reis
- ☐ Zwiebeln

## KÜHLSCHRANK

- ☐ Barbecuesauce
- ☐ Chilisauce, zum Beispiel Tabasco
- ☐ Dijon-Senf
- ☐ Fester und sehr fester Tofu
- ☐ Frischer Ingwer
- ☐ Frisches Obst und Gemüse
- ☐ Gelber Senf
- ☐ Hefeflocken
- ☐ Ketchup
- ☐ Kopfsalat oder gemischter Salat
- ☐ Limettensaft
- ☐ Maistortillas
- ☐ Möhren
- ☐ Natriumarme Sojasauce
- ☐ Pflanzendrink
- ☐ Staudensellerie
- ☐ Vollkornweizenbrot und -tortillas
- ☐ Zitronensaft

## TIEFKÜHLSCHRANK

- ☐ Gemischtes Gemüse
- ☐ Mais
- ☐ Tiefgekühlte Bananen
- ☐ Tiefgekühlte Beeren
- ☐ Vollkornweizenbrötchen und -brot

## GEWÜRZE

- ☐ Chilipulver
- ☐ Chipotle-Chilipulver
- ☐ Feines Meersalz
- ☐ Garam Masala
- ☐ Gemahlene Koriandersamen
- ☐ Gemahlener Kreuzkümmel
- ☐ Gemahlener Muskat
- ☐ Gemahlener Zimt
- ☐ Gerebelter Salbei (kein Pulver)
- ☐ Getrockneter Majoran und/ oder Oregano
- ☐ Getrockneter Rosmarin
- ☐ Getrockneter Thymian
- ☐ Italienische Gewürzmischung
- ☐ Knoblauchgranulat
- ☐ Kürbiskuchen-Gewürzmischung
- ☐ Kurkuma
- ☐ Mildes Currypulver
- ☐ Paprikapulver
- ☐ Rote Chiliflocken
- ☐ Schwarzer Pfeffer
- ☐ Zwiebelgranulat

Ihre Werkzeuge sind ebenfalls wichtig. Sie benötigen Töpfe und Pfannen, ein scharfes Messer, Rührschüsseln, Messbecher, eine Waage, mindestens ein Schneidebrett, ein Backblech, einen Schneebesen und einen Spatel, ein Sieb, eine Reibe, einen Mörser und eine Küchenmaschine oder einen Mixer.

# Tag-für-Tag-Kochtipps

Kochen Sie am Wochenende einen großen Topf braunen Reis oder Quinoa, dann haben Sie für eine vollwertige Mahlzeit immer bereits gekochtes Getreide auf Vorrat. Schaffen Sie sich einen elektrischen Dampfgarer an (für etwa € 20 zu bekommen).

Mit einem Dampfgarer sparen Sie sich viel Zeit, da das Gemüse passiv im Hintergrund gart, während Sie den Rest der Mahlzeit zubereiten.

Ich habe immer Tofu und schwarze Bohnen in Vorrat; falls wirklich alles schiefgeht, kann ich Rührtofu (S. 34) oder Schnelle Burger (S. 87) machen.

Planen Sie Ihre Mahlzeiten eine Woche im Voraus, kaufen Sie die erforderlichen Zutaten ein und kleben Sie Ihre Einkaufsliste an den Kühlschrank.

Zum schnelleren und einheitlicheren Schneiden halten Sie das Messer nicht am Griff, sondern kurz darüber.

Bereiten Sie gleich für mehrere Rezepte die Zutaten zu, zum Beispiel am Wochenende oder abends, während Sie fernsehen.

Denken Sie daran, dass nicht jede Mahlzeit kompliziert sein muss; simpel ist ebenfalls völlig in Ordnung. Sie sollten immer auch einen Plan B haben.

Halten Sie Ihren Vorratsschrank, Tiefkühler und Ihr Gewürzregal gut gefüllt.

# So verwenden Sie dieses Buch

## ✔ SCHNELL

Rezepte, die von Anfang bis Ende in 30 Minuten oder weniger zustande kommen. Bei manchen Rezepten müssen Sie gegebenenfalls mehrere Arbeitsschritte gleichzeitig ausführen, damit Sie es unter 30 Minuten schaffen.

## ✔ FETTFREI

Rezepte, die pro Portion weniger als 1 Gramm Fett enthalten.

## ✔ GLUTENFREI

Rezepte, für die weder Vollkornweizenmehl, Vital Weizengluten, Seitan noch Gerste benötigt wird. Da ich nicht bei allen Zutaten garantieren kann, dass sie glutenfrei sind, sollten Sie im Falle einer Allergie darauf achten, dass alle Produkte, die Sie verwenden (z. B. natriumarme Sojasauce, Gewürze oder Haferflocken) als glutenfrei gekennzeichnet sind. Anstelle von natriumarmer Sojasauce können Sie Tamari verwenden.

## ✔ SOJAFREI

Rezepte, in denen weder Tofu, natriumarme Sojasauce noch andere Sojaprodukte verwendet werden. Falls in einem Rezept von Pflanzendrink die Rede ist, nehmen Sie einfach Mandel-, Hanf- oder Reismilch oder eine andere sojafreie Alternative. Außerdem können Sie anstelle von Miso sojafreies Kichererbsen-Miso verwenden.

## ✔ EIN-TOPF

Mahlzeiten, die Sie in nur einem Topf kochen können.

## ✔ IM VORAUS

Rezepte, die Sie teilweise oder ganz im Voraus zubereiten können, um Ihre Mahlzeiten unter der Woche schneller auf den Tisch zu bringen.

## ✔ GÜNSTIG

Rezepte, die ungefähr € 5 oder weniger kosten, wenn Ihr Vorratsschrank und Gewürzregal gut gefüllt sind.

## ✔ EINE PORTION

Rezepte für eine Person.

# REZEPTE

# SMOOTHIES, JOGHURT & MÜSLI

UNTER 200 KALORIEN

UNTER 200 KALORIEN

✔✔ SCHNELL ✔✔ FETTFREI ✔✔ GLUTENFREI ✔✔ SOJAFREI ✔✔ EINE PORTION

# Zimtschnecken-Smoothie

**Der ganze Geschmack köstlicher Zimtschnecken in einem gesunden, obstgeladenen Smoothie.**

1 Alle Zutaten im Mixer glatt pürieren. Nach Bedarf mehr Pflanzendrink zugeben.

**NÄHRWERTE**

194 ........... **Kalorien**
0,6 g .............. **Fett**
40,2 g .... **Kohlenhydrate**
3,7 g ....... **Ballaststoffe**
27 g ............ **Zucker**
9,6 g ............ **Eiweiß**

**1 PORTION**

| | |
|---|---|
| 1 | tiefgekühlte Banane |
| 250 ml | Pflanzendrink |
| ½ TL | gemahlener Zimt |
| ¼ TL | Vanilleextrakt |
| ½ TL | Ahornsirup |

# Mojito-Smoothie

**Dieser Smoothie ist natürlich alkoholfrei … muss er aber nicht! Aber Spaß beiseite, er schmeckt wirklich wie ein Mojito. So kommen Sie auf leckerem Wege an Ihre tägliche Portion Obst und Gemüse!**

1 Pflanzendrink, Banane, Spinat, Vanille und Limettensaft im Mixer pürieren.

2 Eine Handvoll frische Minze und 3 bis 4 Eiswürfel zugeben.

3 Alles glatt und cremig pürieren.

4 Nach Belieben mit mehr Minze, Limettensaft oder Agavendicksaft abschmecken.

**NÄHRWERTE**

183 .......... **Kalorien**
0,8 g ............. **Fett**
39,2 g .... **Kohlenhydrate**
5,4 g ...... **Ballaststoffe**
21,9 g ........... **Zucker**
7,2 g ............ **Eiweiß**

**1 PORTION**

| | |
|---|---|
| 125 ml | Pflanzendrink |
| 1 | reife Banane (frisch oder tiefgekühlt) |
| 1 | Handvoll Babyspinat |
| 1 TL | Vanilleextrakt |
| | Saft von ½ kleinen Limette |
| | frische Minze |
| | Eiswürfel |
| | Agavendicksaft (optional) |

# Fürst-Pückler-Smoothie

Foto auf der gegenüberliegenden Seite

**NÄHRWERTE**

| | |
|---|---|
| 268 | **Kalorien** |
| 2,4 g | **Fett** |
| 69,9 g | **Kohlenhydrate** |
| 10,9 g | **Ballaststoffe** |
| 37,5 g | **Zucker** |
| 6 g | **Eiweiß** |

**1 PORTION**

| | |
|---|---|
| 2 | tiefgekühlte Bananen |
| 150 g | Erdbeeren (frisch oder tiefgekühlt) |
| 1 EL | ungesüßtes Kakaopulver |
| 60 ml | Pflanzendrink |

Fürst-Pückler-Eis ist ein aufgeschichtetes Dessert aus Vanille-, Schokoladen- und Erdbeereis. Dieser Smoothie erinnert mich sehr an genau diesen Geschmack, ist aber viel gesünder.

1 Alle Zutaten im Mixer glatt pürieren. Nach Bedarf mehr Pflanzendrink zugeben. Wenn Sie tiefgekühlte Erdbeeren verwenden, benötigen Sie deutlich mehr Pflanzendrink.

# Tropenparadies-Smoothie

**NÄHRWERTE**

| | |
|---|---|
| 160 | **Kalorien** |
| 0,3 g | **Fett** |
| 36,8 g | **Kohlenhydrate** |
| 1,7 g | **Ballaststoffe** |
| 35,1 g | **Zucker** |
| 4,7 g | **Eiweiß** |

**1 PORTION**

| | |
|---|---|
| 250 ml | Pflanzendrink |
| 150 g | tiefgekühlte Ananasstücke |
| 50 g | tiefgekühlte Mangowürfel |

Ein Hauch von Tropen.

1 Alle Zutaten im Mixer glatt pürieren. Nach Bedarf mehr Pflanzendrink zugeben.

### Anmerkung

» Manchmal nehme ich gern anstelle des Pflanzendrinks frischen Orangensaft in diesem Rezept.

✔ SCHNELL ✔ GLUTENFREI ✔ SOJAFREI ✔ GÜNSTIG ✔ EINE PORTION

UNTER 150 KALORIEN

# Erbsen-Schokoladen-Smoothie

## NÄHRWERTE

| | |
|---|---|
| 108 | **Kalorien** |
| 1 g | **Fett** |
| 20,5 g | **Kohlenhydrate** |
| 4,7 g | **Ballaststoffe** |
| 11,3 g | **Zucker** |
| 7,5 g | **Eiweiß** |

## 1 PORTION

| | |
|---|---|
| 250 ml | Pflanzendrink |
| ½ | tiefgekühlte Banane |
| 60 g | tiefgekühlte Erbsen |
| 2 EL | ungesüßtes Kakaopulver |
| | Agavendicksaft, nach Belieben |

**Erbsen und Schokolade? Ja, ich weiß: Das klingt verrückt, aber Sie schmecken die Erbsen überhaupt nicht. Dieser Smoothie schmeckt nur nach Schokolade, aber die Erbsen steuern einen netten Eiweißschub und andere Nährstoffe bei, damit Sie gut in den Tag starten.**

**1** Pflanzendrink, Banane, Erbsen und Kakao im Mixer glatt pürieren. Nach Bedarf mehr Pflanzendrink zugeben.

**2** Nach Bedarf mit Agavendicksaft oder einem anderen Süßungsmittel abschmecken.

UNTER 350 KALORIEN

✔ SCHNELL ✔ GLUTENFREI ✔ SOJAFREI ✔ GÜNSTIG ✔ EINE PORTION

# Hafer-Cookie-Smoothie

Wenn Ihnen je nach Keksen zum Frühstück ist, dann ist dieser Smoothie für Sie. Er ist reichhaltig, hat ein bisschen Schärfe und haut den Haferkeks-Geschmack einfach raus.

1 Alle Zutaten im Mixer glatt pürieren. Nach Bedarf mehr Pflanzendrink zugeben. Mit einer Prise Zimt garnieren.

### Anmerkung

» Falls Sie keinen hochtourigen Mixer haben, werden die Rosinen nicht vollständig glatt püriert und es bleiben kleine Stückchen im Smoothie (ich mag das). Wenn Sie die Rosinen aber lieber richtig glatt pürieren möchten, lassen Sie sie für 10 Minuten oder über Nacht in heißem Wasser einweichen.

### NÄHRWERTE

| | |
|---|---|
| 338 | **Kalorien** |
| 2,2 g | **Fett** |
| 78,9 g | **Kohlenhydrate** |
| 9,2 g | **Ballaststoffe** |
| 37,6 g | **Zucker** |
| 7,7 g | **Eiweiß** |

### 1 PORTION

| | |
|---|---|
| 2 | tiefgekühlte Bananen |
| 20 g | Haferflocken |
| 1 EL | Rosinen |
| ½ TL | gemahlener Zimt |
| Prise | gemahlener Kardamom (optional) |
| 60 ml | Pflanzendrink |

UNTER 400 KALORIEN

✔ GLUTENFREI ✔ SOJAFREI ✔ IM VORAUS ✔ EINE PORTION

# Oh-She-Glows-Haferflocken

**Angela Liddon, die fantastische Frau hinter dem beliebten Blog »Oh She Glows« (ohsheglows.com), hat dieses Rezept kreiert. Angela nennt es »Overnight Oats«, aber die Konsistenz erinnert mich eher an cremigen Joghurt.**

### NÄHRWERTE

| | |
|---|---|
| 350 | **Kalorien** |
| 8,6 g | **Fett** |
| 60,4 g | **Kohlenhydrate** |
| 14,1 g | **Ballaststoffe** |
| 24 g | **Zucker** |
| 14,7 g | **Eiweiß** |

### 1 PORTION

| | |
|---|---|
| 1 ½ EL | Chiasamen |
| 180 ml | Pflanzendrink |
| 20 g | Haferflocken |
| 1 | Banane, in Scheiben |

**1** Chiasamen in einer Glasschüssel mit dem Pflanzendrink und den Haferflocken verrühren.

**2** Mit Frischhaltefolie bedecken (optional) und über Nacht in den Kühlschrank stellen.

**3** Am nächsten Morgen gut umrühren, dann mit Bananenscheiben oder einem anderen Topping Ihrer Wahl garnieren. (Angela isst ihre Haferflocken gern mit frisch geschnittenen Erdbeeren oder einem Klecks Erdnussbutter oder Mandelmus.)

### Anmerkungen

» Chiasamen sind zwar eigentlich keine »alltägliche« oder fettfreie Zutat, aber ich gönne sie mir hin und wieder gerne, da sie reich an Omega-3-Fettsäuren und außerdem ein guter Eiweiß-, Kalium- und Kalziumlieferant sind. Chiasamen werden auch manchmal als Salba (ein Markenname) bezeichnet. Es gibt sie in Reformhäusern oder online.

» Als fett- und kalorienarme »Overnight Oats« können Sie die Haferflocken auch ohne Chiasamen in Wasser einweichen. Probieren Sie zum Beispiel 30 g Haferflocken auf 160 ml Wasser.

SCHNELL · GLUTENFREI · SOJAFREI · GÜNSTIG · EINE PORTION

UNTER 350 KALORIEN

UNTER 250 KALORIEN

# Erdnussbutter-cup-Smoothie

Foto auf der gegenüberliegenden Seite

**Dieses Rezept ist ungelogen der beliebteste Smoothie auf HappyHerbivore.com. Da ich etwas Erdnussbutter verwende, ist es eigentlich ein »Mogelrezept«, aber Sie können für eine fettärmere Variante stattdessen auch Erdnussmehl verwenden.**

### NÄHRWERTE

| | |
|---|---|
| 334 | Kalorien |
| 10,1 g | Fett |
| 65 g | Kohlenhydrate |
| 9 g | Ballaststoffe |
| 31,9 g | Zucker |
| 9,1 g | Eiweiß |

### 1 PORTION

| | |
|---|---|
| 2 | tiefgekühlte Bananen |
| 1 EL | Erdnussbutter (cremig) |
| 1 EL | ungesüßtes Kakaopulver |
| 60 ml | Pflanzendrink |

1 Alle Zutaten im Mixer glatt pürieren. Nach Bedarf mehr Pflanzendrink zugeben.

# Bananen-Frosty

**Innerhalb von Sekunden gemacht und schmeckt ganz genau so wie der berühmte Frosty von Wendy's – aber dieses Rezept ist viel gesünder und basiert auf Bananen.**

### NÄHRWERTE

| | |
|---|---|
| 217 | Kalorien |
| 1,5 g | Fett |
| 52,7 g | Kohlenhydrate |
| 7,3 g | Ballaststoffe |
| 28,1 g | Zucker |
| 5,3 g | Eiweiß |

### 1 PORTION

| | |
|---|---|
| 2 | tiefgekühlte Bananen |
| 1 EL | ungesüßtes Kakaopulver |
| 60 ml | Pflanzendrink |
| ¼ TL | Vanilleextrakt |
| ¼ TL | gemahlener Zimt |

1 Alle Zutaten in einen leistungsstarken Mixer oder eine Küchenmaschine geben und sehr glatt und cremig pürieren. Geben Sie nach Bedarf mehr Flüssigkeit zu, die Konsistenz soll aber recht dick sein, wie ein Frosty-Milchshake.

2 Nach Belieben mit Kakaopulver abschmecken (je nachdem, wie reif Ihre Bananen sind, müssen Sie möglicherweise etwas oder viel mehr für einen intensiven Schokoladengeschmack verwenden).

### Anmerkungen

» Wenn Sie lieber eine dickere Konsistenz wie Eis haben möchten, verwenden Sie weniger Flüssigkeit und eine Küchenmaschine anstelle des Mixers.

» Sehr reife Bananen mit braunen Punkten sind hier am besten geeignet.

UNTER 150 KALORIEN

✔ SCHNELL ✔ FETTFREI ✔ GLUTENFREI ✔ IM VORRAUS ✔ GÜNSTIG

# Tofu-Joghurt

**Ich liebe kalten veganen Joghurt mit einer großen Ladung frischem Obst zum Frühstück, aber die meisten kommerziellen Sorten sind unglaublich teuer (vom Zuckergehalt mal ganz zu schweigen!). Ich habe immer ein, zwei Packungen Seidentofu im Kühlschrank, damit ich morgens schnell Joghurt zubereiten kann, wenn ich keine Lust auf ein warmes Frühstück oder einen Smoothie habe. Für mehr Struktur oder wenn Sie den Joghurt lieber als Parfait essen möchten, geben Sie außerdem Haferflocken und frisches Obst hinzu.**

## NÄHRWERTE

UNGESÜSST

| | |
|---|---|
| 128 | **Kalorien** |
| 1,4 g | **Fett** |
| 17,3 g | **Kohlenhydrate** |
| 1,6 g | **Ballaststoffe** |
| 9,1 g | **Zucker** |
| 13,4 g | **Eiweiß** |

GESÜSST

| | |
|---|---|
| 192 | **Kalorien** |
| 1,4 g | **Fett** |
| 34,6 g | **Kohlenhydrate** |
| 1,6 g | **Ballaststoffe** |
| 26,3 g | **Zucker** |
| 13,5 g | **Eiweiß** |

## 2 PORTIONEN

| | |
|---|---|
| 350 g | Seidentofu |
| 1 | kalte Banane |
| 2 EL | Pflanzendrink |
| 2 EL | Zitronensaft |
| 2 EL | beliebiges Süßungsmittel (optional) |

**1** Tofu, Banane, Pflanzendrink und Zitronensaft in einem Mixer oder einer Küchenmaschine glatt und cremig pürieren.

**2** Nach Belieben mit einem Süßungsmittel, zum Beispiel Ahornsirup oder Agavendicksaft, abschmecken. Ich mag den Joghurt am liebsten ungesüßt (so erinnert er mich an griechischen Joghurt), aber träufle gern etwas Agavendicksaft darüber.

### Anmerkungen

» Für Joghurt mit Fruchtgeschmack frisches oder tiefgekühltes Obst (zum Beispiel Erdbeeren oder Blaubeeren) in Mengen von jeweils circa 30 g mit in den Mixer geben.

» Bananen werden braun, wenn sie oxidieren, daher wird auch Ihr Joghurt braun, wenn Sie ihn im Voraus zubereiten und im Kühlschrank stehen lassen. Das heißt nicht, dass er schlecht geworden ist, er sieht nur nicht mehr so hübsch aus. Wenn Sie allerdings Joghurt mit Fruchtgeschmack zubereiten, ist die Farbänderung kaum bemerkbar. Sie können die Banane auch zunächst weglassen und kurz vor dem Servieren erneut mit der Banane pürieren, damit der Joghurt weißlich bleibt.

» Im Reformhaus erhalten Sie Probiotika, die Sie in Ihren hausgemachten Joghurt mixen können.

UNTER 100 KALORIEN

✔ GLUTENFREI ✔ SOJAFREI ✔ IM VORRAUS ✔ GÜNSTIG

# Müsliriegel

**Ein niedlicher kleiner Junge namens Adam schrieb mir vor einiger Zeit (mit Mamas Hilfe!) einen Brief, in dem er mich um ein gesundes Müsliriegelrezept bat. Also habe ich für ihn dieses Rezept zusammengestellt und es gefiel ihm gut. Ich backe gern eine ganze Ladung dieser Riegel, bevor ich verreise, oder wenn ich superviel zu tun habe und einen einfachen Snack brauche, nach dem ich schnell greifen kann.**

**1** Alle Zutaten in einer Schüssel vermischen. Der Teig wird Ihnen zunächst vielleicht zu trocken vorkommen, ist er aber nicht – einfach weiterrühren.

**2** Wenn alles gut vermischt ist, lassen Sie den Teig ruhen, während der Ofen auf 160 °C vorheizt.

**3** Eine Brotform fetten und den Teig gleichmäßig und kräftig hineindrücken.

**4** 15 bis 20 Minuten backen, bis er goldgelb, fest und an den Rändern hellbraun geworden ist.

**5** 10 Minuten in der Form abkühlen lassen, bevor Sie den Block in Riegel schneiden.

## ERDNUSSBUTTER-MÜSLIRIEGEL

1 Esslöffel Apfelmus durch 1 Esslöffel Erdnussbutter ersetzen.

Erdnussbutter und Apfelmus verrühren und 10 Sekunden in der Mikrowelle erhitzen, damit die Erdnussbutter weich wird. Verquirlen und wie beschrieben verwenden.

## NÄHRWERTE

MÜSLIRIEGEL

| | |
|---|---|
| 99 | **Kalorien** |
| 2 g | **Fett** |
| 19,6 g | **Kohlenhydrate** |
| 1,1 g | **Ballaststoffe** |
| 13,6 g | **Zucker** |
| 1,6 g | **Eiweiß** |

ERDNUSSBUTTER-MÜSLIRIEGEL

| | |
|---|---|
| 145 | **Kalorien** |
| 3,9 g | **Fett** |
| 25,3 g | **Kohlenhydrate** |
| 2,1 g | **Ballaststoffe** |
| 13,6 g | **Zucker** |
| 3,3 g | **Eiweiß** |

## 5 RIEGEL

| | |
|---|---|
| 75 g | Instant-Haferflocken |
| ½ TL | Vanilleextrakt |
| 3 EL | ungezuckertes Apfelmus |
| 3 EL | Agavendicksaft |
| 2 EL | vegane Schokoladentropfen |
| 1-2 EL | Rohzucker (optional) |

**Anmerkung**

» Für Instant-Haferflocken können Sie gewöhnliche Haferflocken in der Küchenmaschine zerkleinern.

# WARM FRÜHSTÜCKEN & BRUNCHEN

### Anmerkungen

» Wenn Sie Ihr »Rührei« lieber etwas flüssiger mögen, nehmen Sie eine weichere Sorte Tofu, ansonsten verwenden Sie sehr festen Tofu.

» Anstelle der Enchilada-Sauce können Sie problemlos Tomaten-Salsa nehmen.

» Sie haben Pinto- oder schwarze Bohnen von einer anderen Mahlzeit übrig? Sie machen sich super in diesem Rezept und die Portionen werden noch gehaltvoller.

UNTER 200 KALORIEN

✔ SCHNELL ✔ GLUTENFREI ✔ EIN-TOPF ✔ GÜNSTIG

# Mexikanischer Rührtofu

**Dieses Rezept habe ich mir erträumt – und zwar im wahrsten Sinne des Wortes. Ich bin eines Morgens mit der sehr lebhaften Erinnerung wach geworden, dass ich genau dieses Rezept im Traum zubereitet hatte. Und wer hätte es gedacht, ich hatte alle Zutaten dafür im Haus! Jetzt gibt's es diesen Rührtofu immer dann zum Frühstück, wenn ich noch Enchilada-Sauce übrig habe!**

## NÄHRWERTE

| | |
|---|---|
| 175 | **Kalorien** |
| 3,3 g | **Fett** |
| 15,9 g | **Kohlenhydrate** |
| 5,8 g | **Ballaststoffe** |
| 4,2 g | **Zucker** |
| 24,5 g | **Eiweiß** |

## 2 PORTIONEN

| | |
|---|---|
| 450 g | fester oder sehr fester Tofu |
| 3 EL | Hefeflocken |
| 1 EL | Dijon-Senf |
| 1 TL | Zwiebelgranulat |
| 1 TL | Knoblauchgranulat |
| 1 TL | Chilipulver |
| ½ TL | gemahlener Koriander |
| ½ TL | gemahlener Kreuzkümmel |
| ¼ TL | Kurkuma |
| 1 EL | Pflanzendrink |
| 80 g | Kirschtomaten, in Scheiben |
| 2-3 EL | frisch gehackter Koriander (optional) |
| | Salz und Pfeffer |
| 60 ml | Enchilada-Sauce (S. 302) |
| | Chilisauce (optional) |

**1** Überschüssiges Wasser aus dem Tofu pressen.

**2** In die Pfanne geben und auf mittlerer Flamme erhitzen.

**3** Mit einem Pfannenwender in Stücke zerbrechen, dann Hefeflocken, Senf und Gewürze zugeben und alles in der Pfanne vermengen. Den Tofu beim Umrühren weiter zerbrechen, bis er optisch an Rührei erinnert. (Ein Kartoffelstampfer ist ebenfalls gut dafür geeignet.)

**4** 2 bis 3 Minuten braten, bis der Tofu gelb und warm ist.

**5** Falls nötig, einen Spritzer Pflanzendrink zugeben, damit der Tofu nicht an der Pfanne haftet.

**6** Tomaten und Koriander zugeben und noch etwa eine Minute länger braten, bis die Tomaten etwas weicher geworden sind.

**7** Mit Salz und Pfeffer würzen. (Ich gehe mit beidem gern sehr großzügig um!)

**8** Rührtofu auf Teller geben und mit der warmen Enchilada-Sauce übergießen. Dazu am Tisch Chilisauce servieren.

✔ SCHNELL ✔ GLUTENFREI ✔ EIN-TOPF ✔ GÜNSTIG

UNTER 150 KALORIEN

# Rührtofu

## NÄHRWERTE

| | |
|---|---|
| 121 | Kalorien |
| 2,3 g | Fett |
| 7,1 g | Kohlenhydrate |
| 1,8 g | Ballaststoffe |
| 1,8 g | Zucker |
| 18,9 g | Eiweiß |

## 2 PORTIONEN

| | |
|---|---|
| 450 g | fester oder sehr fester Tofu, abgetropft |
| 3 EL | Hefeflocken |
| 1 EL | Dijon-Senf |
| 1 TL | Knoblauchgranulat |
| 1 TL | Zwiebelgranulat |
| ¼ TL | Kurkuma |
| ½ TL | gemahlener Kreuzkümmel |
| | Pflanzendrink oder Wasser, nach Bedarf |
| | Salz oder schwarzes Salz, nach Belieben |
| | Schwarzer Pfeffer, nach Belieben |

**Dieser Rührtofu ist meine erste Wahl zu Frühstück, Mittagessen und Abendessen, wenn ich nicht viel im Haus habe oder einfach keine Lust zum Kochen. Er ist superschnell gemacht; so esse ich Tofu am liebsten! Außerdem ist dieser Rührtofu eine wunderbare Basis für Bohnen, Gemüse oder was Sie eben gerade zur Hand haben.**

**1** Den Tofu in eine antihaftbeschichtete Pfanne geben und mit einem Pfannenwender oder Spatel in große Stücke zerbrechen.

**2** Auf mittlerer Flamme 3 bis 4 Minuten erhitzen, bis Flüssigkeit aus dem Tofu austritt.

**3** Die übrigen Zutaten zugeben, umrühren und alles gleichmäßig in der Pfanne verteilen. Größere Stücke zerkleinern, bis der Tofu krümelig ist und an Rührei erinnert. (Ein Kartoffelstampfer ist ebenfalls gut dafür geeignet.)

**4** Unter ständigem Rühren circa 10 Minuten garen, bis das Wasser vollständig verkocht ist.

**5** Das vorbereitete und gekochte Gemüse und die Bohnen (falls verwendet) zugeben und mitkochen, bis alles durch und durch warm ist.

**6** Falls nötig, einen Spritzer Wasser oder Pflanzendrink zugeben, damit der Tofu nicht an der Pfanne haftet.

**7** Nach Belieben mit Salz (für einen sehr ei-ähnlichen Geschmack nehmen Sie schwarzes Salz) und Pfeffer würzen und sofort servieren. (Ich esse mein »Rührei« gern mit sehr viel Salz und Pfeffer!)

## Anmerkungen

» Wenn ich Tomatensauce übrig habe, mische ich davon 60 bis 125 ml unter den Rührtofu – je nachdem, wie kräftig der Tomatengeschmack sein soll. Dann nehme ich für gewöhnlich auch einen oder zwei Esslöffel mehr Hefeflocken – so geht der Rührtofu meiner Meinung nach geschmacklich in Richtung Cheddar.

» »Rührei« geht auch sojafrei: Nehmen Sie 1 Blumenkohl anstelle des Tofus und verarbeiten und kochen Sie ihn wie im Rezept für Käse-Blumenkohl-Rösti (S. 249) beschrieben. Es ist vielleicht nicht das Gleiche wie Rührtofu, aber eine gute Alternative.

» Schwarzes Salz ist ein fast lilafarbenes Steinsalz mit einem intensiven Geruch und in diesem Rezept die geheime Zutat, die dem Tofu einen überzeugenden Ei-Geschmack verleiht. Schwarzes Salz gibt es in indischen Geschäften und in Supermärkten mit einer nahöstlichen oder indischen Abteilung.
Es ist außerdem in Gewürzgeschäften und über den Internethandel erhältlich. Wenn Sie dennoch keins finden, nehmen Sie stattdessen einfach eine Prise Meersalz. Der Geschmack ist nicht der gleiche, aber es muss reichen.

» Aus Rührtofu-Resten lässt sich eine Frühstücks-Pizza zaubern. Verstreichen Sie etwas Pizza- oder Tomatensauce auf einem Vollkornweizen-Pitabrot. Den Rührtofu und beliebige andere Zutaten darauf verteilen. Im Mini-Backofen erhitzen.

UNTER 100 KALORIEN

✔ SCHNELL ✔ FETTFREI ✔ GLUTENFREI ✔ SOJAFREI ✔ EIN-TOPF ✔ GÜNSTIG ✔ EINE PORTION

# Charleston Grits

**Als ich in Charleston im Bundesstaat South Carolina wohnte, verliebte ich mich vollkommen in »Shrimp and Grits«, die stadteigene Spezialität aus Garnelen und Grütze. Seit ich Veganerin wurde, versuche ich das Gericht nachzuahmen. Ich musste viele Fehlschläge einstecken, bis ich mich dazu entschied, einfach nur die Aromen des Gerichts zu entlehnen und in die Grütze einzuarbeiten, anstatt mit veganem Garnelenersatz herumzuexperimentieren. Das Ergebnis war perfekt – und so einfach, dass es verboten gehört.**

## NÄHRWERTE

| | |
|---|---|
| 65 | **Kalorien** |
| 1 g | **Fett** |
| 10,5 g | **Kohlenhydrate** |
| 3,5 g | **Ballaststoffe** |
| 0,8 g | **Zucker** |
| 5,2 g | **Eiweiß** |

## 1 PORTION

| | |
|---|---|
| 250 ml | Wasser |
| 4 EL | schnelle Maisgrütze |
| 1 EL | Hefeflocken |
| ¼ TL | Cajun-Gewürz (S. 295) |
| | Salz und Pfeffer, nach Belieben |

**1** Das Wasser aufkochen, dann langsam die Maisgrütze einrühren.

**2** Die Hitze stark reduzieren und circa 5 Minuten köcheln lassen, bis das Wasser vollkommen verkocht ist und die Grütze an Haferbrei erinnert. Dabei gelegentlich umrühren.

**3** Wenn die Grütze zu dick geworden ist, mit etwas heißem Wasser wieder verdünnen.

**4** Hefeflocken und Cajun-Gewürz zugeben und unterrühren.

**5** Nach Belieben mit Salz, Pfeffer oder mehr Cajun-Gewürz abschmecken und servieren.

### Anmerkung

» »Schnelle Maisgrütze« braucht nur circa 5 Minuten zum Kochen. Wenn Sie keine finden, nehmen Sie gewöhnliche Maisgrütze, aber beachten Sie die längere Kochzeit (Anweisungen finden Sie auf der Packung).

✔ GLUTENFREI ✔ IM VORAUS

UNTER 150 KALORIEN

# Spinat-Artischocken-Frittata

## NÄHRWERTE

| | |
|---|---|
| 148 | **Kalorien** |
| 1,9 g | **Fett** |
| 20,5 g | **Kohlenhydrate** |
| 6,7 g | **Ballaststoffe** |
| 2 g | **Zucker** |
| 13,6 g | **Eiweiß** |

## 4 PORTIONEN

| | |
|---|---|
| 700 g | Seidentofu |
| 3-4 EL | Hefeflocken |
| 4 EL | Speisestärke |
| 1 TL | Salz |
| 1 ½ TL | Knoblauchgranulat |
| 1 ½ TL | Zwiebelgranulat |
| 1 EL | Dijon-Senf |
| 1 ¼ TL | italienische Gewürzmischung |
| ¼ TL | Kurkuma |
| 400 g | Artischockenherzen (Dose), abgetropft und geviertelt |
| 3-4 | Handvoll grob gehackter Spinat |

### Anmerkungen

» An dieser Stelle ein besonderes Dankeschön an Alicia Simpson, der Autorin von Vegan Celebrations, die mir gezeigt hat, wie man Frittatas aus Seidentofu macht.

**Bevor ich Veganerin wurde, war ich förmlich süchtig nach Spinat-Artischocken-Dip und hatte schon so eine Ahnung, dass sich aus diesen zwei Zutaten eine hervorragende Frittata zubereiten lassen müsste. Und ich hatte recht! Dieses Gericht ist superlecker und so mühelos in der Zubereitung. Noch dazu sieht die Frittata auch noch hübsch aus und ist damit ideal fürs Brunchen mit Familie und Freunden.**

1. Den Backofen auf 190 °C vorheizen.
2. Eine 20 cm große quadratische oder runde Backform fetten und beiseitestellen.
3. Tofu, Hefeflocken, Speisestärke, Salz, Knoblauchgranulat, Zwiebelgranulat und Senf in einen Mixer oder eine Küchenmaschine geben und glatt und cremig pürieren. Bei Bedarf die Masse von den Seiten abstreichen.
4. In eine Rührschüssel füllen und die italienische Gewürzmischung und die Kurkuma untermischen.
5. Artischockenherzen und Spinat zugeben und gut untermischen.
6. Den Teig in die vorbereitete Backform gießen und für 45 bis 60 Minuten backen, bis die Frittata auch in der Mitte durch und die Oberfläche fest und goldbraun ist.

**Im Voraus** Sie können die Frittata im Voraus zubereiten und im Backofen wieder aufwärmen. Oder Sie servieren sie bei Zimmertemperatur als »Quiche«.

✔SCHNELL ✔GLUTENFREI ✔GÜNSTIG

UNTER 150 KALORIEN

# Tempeh-Würstchen-Krümel

## NÄHRWERTE

| | |
|---|---|
| 121 | Kalorien |
| 6,3 g | Fett |
| 7,5 g | Kohlenhydrate |
| 0,6 g | Ballaststoffe |
| 0,5 g | Zucker |
| 11,3 g | Eiweiß |

## 2 PORTIONEN

| | |
|---|---|
| 1 TL | Fenchelsamen |
| 225 g | Tempeh |
| 2 EL | natriumarme Sojasauce |
| 1 TL | Salbei, gerebelt (nicht Pulver) |
| 1 TL | Zwiebelgranulat |
| 1 TL | Knoblauchgranulat |
| ½ TL | getrockneter Oregano |
| ½ TL | getrockneter Thymian |
| | Prise schwarzer Pfeffer |

**Diese Krümel sind schnell und einfach gemacht und passen zu jeder Mahlzeit.**

1 Die Fenchelsamen mit einem Mörser oder einer elektrischen Gewürzmühle zu einem feinen Pulver mahlen; beiseitestellen.

2 Den Tempeh mit einer Käsereibe raspeln und mit natriumarmer Sojasauce und Gewürzen (Fenchel ganz zum Schluss) vermischen.

3 In eine antihaftbeschichtete Pfanne geben und einige Minuten auf mittlerer Flamme unter ständigem Rühren erhitzen, damit die Krümel knusprig werden.

### Anmerkungen

» Wenn Sie den Geschmack von Tempeh zu »roh« finden, lassen Sie einen Topf Wasser aufkochen und rühren Sie 1 Esslöffel natriumarme Sojasauce und den Tempeh ein. Falls nötig, den Tempeh durchbrechen. 10 Minuten kochen. Vor der Verarbeitung etwas abkühlen lassen.

» Sie können das Rezept leicht abändern, wenn der Wurstgeschmack etwas anders ausfallen soll. Zum Beispiel: Für süßere Frühstückswurst geben Sie 1 Esslöffel Ahornsirup hinzu, für italienische Wurst 1 Teelöffel italienische Gewürzmischung oder für eine scharfe Wurst etwas Cayennepfeffer.

UNTER **200** KALORIEN

✔ SCHNELL ✔ FETTFREI ✔ GLUTENFREI ✔ SOJAFREI ✔ EIN-TOPF ✔ GÜNSTIG

# Weiße-Bohnen-Gravy

**Ich liebe diese Gravysauce – so sehr, dass ich sie gern als Suppe esse! (Ups!) Machen Sie mit Tempeh-Würstchen-Krümeln (S. 40) eine heimelige, rustikale Mahlzeit daraus.**

## NÄHRWERTE

OHNE BRÖTCHEN

| | |
|---|---|
| 169 | **Kalorien** |
| 0,4 g | **Fett** |
| 29,4 g | **Kohlenhydrate** |
| 6 g | **Ballaststoffe** |
| 3,8 g | **Zucker** |
| 11,1 g | **Eiweiß** |

**CIRCA 500 ML**
**2 PORTIONEN**

| | |
|---|---|
| 425 g | weiße Bohnen (Dose), abgetropft und abgespült |
| 60 ml | Gemüsebrühe |
| 2 EL | Hefeflocken |
| ½ TL | Zwiebelgranulat |
| ½ TL | Knoblauchgranulat |
| ¼ TL | Cajun-Gewürz (S. 295) |
| ⅛ TL | schwarzer Pfeffer |

1 Alle Zutaten im Mixer sehr glatt pürieren. Nach Bedarf mehr Brühe zugeben, bis die gewünschte Konsistenz erreicht ist. Die Sauce sollte allerdings nicht zu dünn werden: Sie sollte wie für Gravy typisch cremig und eher dickflüssig sein.

2 In einen Topf geben und auf niedriger Flamme schonend erhitzen.

3 Nach Belieben mit mehr Pfeffer oder Salz abschmecken.

## Anmerkungen

» Um der Sauce etwas Kick zu verleihen, mischen Sie außerdem ¼ TL Cajun-Gewürz unter, und wenn Sie es gern leicht käsig hätten, nehmen Sie mehr Hefeflocken.

» Anstelle der weißen Bohnen können Sie auch Limabohnen oder Cannellini-Bohnen verwenden.

UNTER 100 KALORIEN

✔ SCHNELL ✔ FETTFREI ✔ SOJAFREI ✔ GÜNSTIG

# Kleine Vollkorn-Salzbrötchen

**In meinem Rezept für fettfreie Brötchen aus dem *Happy Herbivore Cookbook* verwende ich anstatt der Margarine eine kalte Banane. Einige meiner Fans (ich nenne sie »Herbies«) haben mich gefragt, ob ich das Rezept so umwandeln könne, dass die Brötchen nicht nach Banane schmecken. Das Ergebnis finden Sie hier. Diese Brötchen mag ich sogar noch lieber!**

**NÄHRWERTE**

1 BRÖTCHEN

| | |
|---|---|
| 93 | **Kalorien** |
| 0,4 g | **Fett** |
| 19,4 g | **Kohlenhydrate** |
| 2,6 g | **Ballaststoffe** |
| 2,5 g | **Zucker** |
| 3,6 g | **Eiweiß** |

**5 BRÖTCHEN**

| | |
|---|---|
| 130 g | Vollkornweizenmehl |
| 1 TL | Backpulver |
| | Prise Salz |
| 60 ml | ungezuckertes Apfelmus |
| 60 ml | Pflanzendrink |

**1** Den Backofen auf 220 °C vorheizen.

**2** Ein Backblech fetten oder mit Backpapier auslegen und beiseitestellen.

**3** In einer großen Schüssel Mehl, Backpulver und Salz vermischen.

**4** Das Apfelmus einrühren, sodass mehrere kleinere und größere Teigklumpen entstehen. Am Boden und an den Seiten der Schüssel sollen keine größeren Mehleinschlüsse zurückbleiben, aber kleine Mengen Mehl machen nichts. Rühren Sie auch nicht zu viel, denn die Klumpen sind wichtig.

**5** Pflanzendrink hinzugeben und einrühren, sodass ein feuchter, zäher Teig entsteht.

**6** Mit einem Löffel fünf Portionen Teig auf das Bachblech häufen. Zwischen ihnen etwas Abstand lassen, damit sich der Teig beim Backen ausdehnen kann. Für runde Brötchen die Teighäufchen mit sauberen Fingern glatt streichen und beliebig formen.

**7** 7 bis 10 Minuten backen, bis die Brötchen an den Rändern goldbraun sind.

✔ GLUTENFREI ✔ IM VORAUS ✔ GÜNSTIG

UNTER 400 KALORIEN

# Mexikanische Frittata

## NÄHRWERTE

| | |
|---|---|
| 380 | Kalorien |
| 2,2 g | Fett |
| 67,9 g | Kohlenhydrate |
| 12,2 g | Ballaststoffe |
| 4,5 g | Zucker |
| 24,8 g | Eiweiß |

## 6 PORTIONEN

| | |
|---|---|
| 700 g | Seidentofu |
| 3 EL | Hefeflocken |
| 4 EL | Speisestärke |
| 1 TL | Meersalz |
| 1 ½ TL | Knoblauchgranulat |
| 1 ½ TL | Zwiebelgranulat |
| 1 EL | Dijon-Senf |
| 1 TL | Old-Bay-Seasoning |
| 1 | rote Paprika, entkernt und gewürfelt |
| 250 g | schwarze Bohnen, gekocht |
| 4 EL | gehackter Koriander (optional) |

### Anmerkungen

» Seidentofu ist immer in etwa gleich fest, daher können Sie jede Sorte verwenden. Grundsätzlich gilt hier aber: je fester der Tofu, desto besser.

» An dieser Stelle ein besonderes Dankeschön an Alicia Simpson, die Autorin von Vegan Celebrations, die mir gezeigt hat, wie man Frittatas aus Seidentofu macht.

**Auf Sint Maarten habe ich beratend als vegane Köchin im Restaurant La Samanna ausgeholfen und dort ein Rezept für scharfe Paprika-Tofu-Miniquiches entwickelt, in die sich wirklich jeder verliebte. Für diese Frittata habe ich mir diesen Geschmack geliehen und außerdem Bohnen eingearbeitet, um eine ausgewogenere Mahlzeit zu kreieren.**

1. Den Backofen auf 190 °C vorheizen.
2. Eine 20 oder 23 cm große quadratische oder runde Backform fetten.
3. Tofu, Hefeflocken, Speisestärke, Salz, Knoblauchgranulat, Zwiebelgranulat und Senf in einen Mixer oder eine Küchenmaschine geben und glatt und cremig pürieren. Bei Bedarf die Masse von den Seiten abstreichen.
4. In eine Rührschüssel füllen und mit Old-Bay-Seasoning vermischen. Würzen Sie mit mehr Old-Bay-Seasoning nach, bis die Mischung gesprenkelt aussieht (mehr ist hier besser als zu wenig; seien Sie ruhig großzügig). Beiseitestellen.
5. Rote Paprika, Bohnen und Koriander (falls verwendet) einrühren.
6. 45 Minuten backen, bis die Oberfläche goldbraun und die Mitte durch und durch gar ist.

**Im Voraus** Sie können diese Quiche bis zu 12 Stunden im Voraus vorbereiten. Mit Frischhaltefolie bedecken und bis zum Backen im Kühlschrank aufbewahren.

### Anmerkung

» In diesem Rezept ist jede beliebige helle Marmelade geeignet, zum Beispiel Pfirsich-, Orangen- oder Aprikosenmarmelade. Verwenden Sie keine schweren, dunklen Marmeladen wie Brombeer- oder Traubenmarmelade.

» Gehackte Pekannüsse oder Walnüsse sind lecker zu diesen Armen Rittern. Wenn es die Armen Ritter zum Brunch geben soll, werden sie mit ein paar Erdbeerscheibchen eine farbenfrohe, hübsch anzusehende Wucht!

UNTER **400** KALORIEN

✔ FETTFREI ✔ SOJAFREI ✔ IM VORRAUS ✔ GÜNSTIG

# Marmeladen-Arme-Ritter

**Früh morgens habe ich meistens keine Lust auf irgendeine Art des Kochens – ja, selbst Haferbrei ist mir zu viel Aufwand. Da kommen diese Armen Ritter ins Spiel: Am Abend vorher bereiten Sie sie in Minutenschnelle vor, und am nächsten Morgen? Da müssen Sie sie nur noch in den Backofen schieben. Es geht so einfach und ist es wirklich wert, ein bisschen im Voraus zu planen. Verwenden Sie hier herzhaftes Vollkornweizen- oder Mehrkornbrot.**

**1** Wenn Sie Baguette anstelle von Vollkornweizenbrot verwenden, schneiden Sie es diagonal in 1,5 cm dicke Scheiben.

**2** Pflanzendrink mit Mehl, Zimt, Salz und Marmelade zu einer dünnflüssigen Mischung verrühren oder pürieren.

**3** Eine 33 × 23 cm große Auflaufform fetten. Die Brotscheiben hineinlegen; sie sollten den Boden der Form vollständig bedecken. Es macht nichts, wenn sie ein bisschen überlappen.

**4** Das Brot mit der pürierten Mischung übergießen. Achten Sie darauf, dass jede Scheibe gut und gleichmäßig bedeckt ist.

**5** Mit Frischhaltefolie zudecken und über Nacht in den Kühlschrank stellen.

**6** Am nächsten Morgen den Backofen auf 175 °C vorheizen.

**7** Das Brot mit Zimt berieseln und 20 bis 30 Minuten backen, bis die Brotscheiben goldbraun, leicht knusprig und warm sind.

**8** Mit Ahornsirup und (falls gewünscht) frischem Obst servieren.

## NÄHRWERTE

MIT VOLLKORNBROT

| | |
|---|---|
| 384 | **Kalorien** |
| 3,7 g | **Fett** |
| 73,5 g | **Kohlenhydrate** |
| 8,6 g | **Ballaststoffe** |
| 28,1 g | **Zucker** |
| 16,7 g | **Eiweiß** |

## 2 PORTIONEN

| | |
|---|---|
| 180 ml | Pflanzendrink |
| 2 EL | Kichererbsenmehl |
| 1 TL | gemahlener Zimt |
| ¼ TL | Salz |
| 4 EL | Aprikosenmarmelade |
| 6 | Scheiben Vollkornweizen- oder Mehrkornbrot, diagonal geschnitten |
| | Ahornsirup, zum Servieren |
| | Frisches Obst, als Topping (optional) |

✔ SCHNELL ✔ FETTFREI ✔ SOJAFREI ✔ GÜNSTIG

UNTER 150 KALORIEN

# Dunkle Schokoladenpfannkuchen

Diese Schokoladenpfannkuchen erinnern mich an Schwarzwälder Kirschtorte, denn sie haben einen intensiven schokoladigen Geschmack und werden mit fruchtiger Marmelade anstelle von Ahornsirup serviert.

**NÄHRWERTE**

1 PFANNKUCHEN, OHNE MARMELADE

| | |
|---|---|
| 101 | **Kalorien** |
| 0,8 g | **Fett** |
| 21,9 g | **Kohlenhydrate** |
| 2,8 g | **Ballaststoffe** |
| 7,9 g | **Zucker** |
| 3,6 g | **Eiweiß** |

**6 PFANNKUCHEN**

| | |
|---|---|
| 75 g | Vollkornweizenmehl |
| 35 g | ungesüßtes Kakaopulver |
| 1 EL | Backpulver |
| | Prise Salz |
| 250 ml | Pflanzendrink |
| 2 EL | Agavendicksaft |
| 2 EL | Rohzucker (optional) |
| | Erdbeer- oder Himbeermarmelade |

1 Mehl, Kakaopulver, Backpulver und Salz in einer großen Schüssel vermischen.

2 Pflanzendrink, Agavendicksaft und Zucker (falls verwendet) verrühren.

3 Die flüssige Mischung zu den trockenen Zutaten gießen und zu einem fast homogenen Teig rühren; ein paar Klümpchen machen nichts.

4 10 Minuten ruhen lassen.

5 Währenddessen eine Pfanne auf sehr kleiner Flamme erhitzen.

6 Den Teig in einen großen Messbecher füllen oder zum Portionieren eine gefettete Schöpfkelle verwenden.

7 Die Pfanne mit Ölspray fetten und den Teig portionsweise eingießen (circa 4 Esslöffel pro Pfannkuchen).

8 Braten, bis sich auf der Oberfläche Bläschen bilden, dann vorsichtig wenden und von der anderen Seite 2 bis 3 Minuten backen.

9 Mit Marmelade servieren.

**Anmerkung**

» Als leckere, wenn auch nicht fettfreie Alternative können Sie etwas Erdnussbutter in der Mikrowelle schmelzen und mit frischen Bananenscheibchen zu den Pfannkuchen servieren.

✔ SCHNELL ✔ FETTFREI ✔ SOJAFREI ✔ GÜNSTIG

UNTER 100 KALORIEN

# Möhrenkuchen-Pfannkuchen

**Ich weiß nicht, warum es mir nicht früher in den Sinn gekommen ist, mein Faible für Möhrenkuchen mit meinem Faible für Pfannkuchen zu kombinieren. Diese Pfannkuchen sind der absolute Hit und bringen Gemüse in Ihrem Frühstück unter. Gewinn auf ganzer Linie!**

## NÄHRWERTE

1 PFANNKUCHEN, OHNE AHORNSIRUP

| | |
|---|---|
| 79 | **Kalorien** |
| 0,4 g | **Fett** |
| 16,8 g | **Kohlenhydrate** |
| 2,3 g | **Ballaststoffe** |
| 1,9 g | **Zucker** |
| 3,4 g | **Eiweiß** |

## 6 PFANNKUCHEN

| | |
|---|---|
| 130 g | Vollkornweizenmehl |
| 1 EL | Backpulver |
| | Prise Salz |
| ½ TL | gemahlener Zimt |
| | Prise gemahlene Gewürznelken |
| | Prise gemahlener Ingwer |
| 2 TL | hellbrauner Zucker (optional) |
| 125 ml | Pflanzendrink |
| 125 ml | Wasser |
| 50 g | geraspelte Möhren |
| | Ahornsirup, zum Servieren |

### Anmerkung

» Als Alternative zum Ahornsirup können Sie aus veganem Frischkäse, ein, zwei Tropfen Vanilleextrakt, einer Prise Zimt, etwas Puderzucker (optional, nach Belieben) und etwas Pflanzendrink eine leckere Pfannkuchenglasur zaubern.

**1** In einer Schüssel Mehl, Backpulver, Salz und die Gewürze vermischen.

**2** Braunen Zucker (falls verwendet), Pflanzendrink und Wasser zugeben und unterrühren.

**3** Den Teig 10 Minuten ruhen lassen.

**4** Währenddessen die Möhren so fein wie möglich raspeln und eine antihaftbeschichtete Pfanne erhitzen oder eine gewöhnliche Bratpfanne mit Ölspray fetten. Wenn ein Tropfen Wasser in der Pfanne schnell zischt, ist sie heiß genug.

**5** Die Hitze stark reduzieren und die Möhrenraspel unter den Teig mischen.

**6** Den Teig portionsweise (jeweils circa 4 Esslöffel) in die Pfanne gießen. Circa 2 Minuten braten, bis sich auf der Oberfläche Bläschen bilden, dann vorsichtig wenden und von der anderen Seite 2 bis 3 Minuten backen. Mit dem restlichen Teig genauso verfahren. Für jeden Pfannkuchen den Teig erneut kurz durchmischen, da die Möhrenraspel sich am Boden der Schüssel absetzen.

**7** Mit Ahornsirup servieren.

UNTER 100 KALORIEN

✔ SCHNELL ✔ FETTFREI ✔ SOJAFREI ✔ GÜNSTIG

# Spinat-Frühlings-zwiebel-Pfann-kuchen

**Lassen Sie sich nicht von den »Pfannkuchen« im Titel täuschen, dieses Rezept ist herzhaft. Sie erinnern mich an die Frühlingszwiebel-Pfannkuchen, die es häufig als Vorspeise in asiatischen Restaurants gibt, aber zusätzlich mit Spinatgeschmack. Ich serviere dazu gern scharfe Sauce, Salsa oder eine asiatische Chilisauce.**

1. Maismehl, Mehl, Backnatron und Salz vermischen.
2. Pflanzendrink zugeben und alles zu einem größtenteils homogenen Teig vermengen.
3. Spinat, Frühlingszwiebeln und Chilisauce zugeben und erneut gut vermischen. Wenn die Pfannkuchen richtig scharf sein sollen, nehmen Sie mehr Chilisauce oder Cayennepfeffer und lassen Sie den Teig 10 bis 15 Minuten ruhen.
4. Wenn der Teig zu flüssig wirkt (er sollte ziemlich dick sein – dicker als gewöhnlicher Pfannkuchenteig), mischen Sie mehr Maismehl unter.
5. Währenddessen eine antihaftbeschichtete Pfanne erhitzen oder eine gewöhnliche Pfanne dünn fetten. Sie ist heiß genug, wenn ein Tropfen Wasser darin schnell zischt.
6. Die Hitze leicht reduzieren.
7. 4 EL des Teigs in die Pfanne geben und auf etwa die doppelte Größe in der Pfanne verstreichen.
8. 30 bis 45 Sekunden backen, dann wenden. (Der Pfannkuchen ist bereit zum Wenden, wenn Sie den Pfannenwender mühelos unter den Pfannkuchen schieben können.)
9. Von der anderen Seite ebenfalls 30 bis 45 Sekunden braten, dann erneut wenden und mit dem Pfannenwender flachdrücken. Wieder wenden und das Ganze ein paar Mal wiederholen, bis der Pfannkuchen durch und durch gebacken ist. Mit dem restlichen Teig ebenso verfahren.

## NÄHRWERTE

| | |
|---|---|
| 94 | **Kalorien** |
| 0,7 g | **Fett** |
| 19 g | **Kohlenhydrate** |
| 1,8 g | **Ballaststoffe** |
| 2,5 g | **Zucker** |
| 3,7 g | **Eiweiß** |

## 6 PFANNKUCHEN

| | |
|---|---|
| 100 g | Maismehl |
| 25 g | Vollkornweizenmehl |
| 1 TL | Backnatron |
| ¼ TL | Salz |
| 250 ml | Pflanzendrink |
| 2 | Handvoll grob gehackter Spinat |
| 5 | Frühlingszwiebeln, fein geschnitten |
| ½ TL | Chilisauce |
| | Cayennepfeffer, nach Belieben (optional) |

### Anmerkung

» Wenn Sie nur grobes Maismehl da haben, mahlen Sie es im Mixer ungefähr auf die Konsistenz von gewöhnlichem Mehl. Sonst bekommen Ihre Pfannkuchen am Ende ein sandiges Mundgefühl.

✓ SCHNELL ✓ FETTFREI ✓ GLUTENFREI ✓ SOJAFREI ✓ GÜNSTIG

UNTER 250 KALORIEN

# Obst-Streuselkuchen

## NÄHRWERTE

| | |
|---|---|
| 218 | **Kalorien** |
| 1,3 g | **Fett** |
| 51,1 g | **Kohlenhydrate** |
| 3,8 g | **Ballaststoffe** |
| 30,2 g | **Zucker** |
| 3,6 g | **Eiweiß** |

**4 PORTIONEN**

| | |
|---|---|
| 340 g | tiefgekühlte Blaubeeren |
| 2 EL | Rohzucker (optional) |
| 60 g | Haferflocken |
| 30 g | Vollkornweizen- oder Hafermehl |
| 5 EL | Agavendicksaft |
| | Gemahlener Zimt |

**Das allererste Rezept, das ich auf meiner Webseite HappyHerbivore.com veröffentlicht habe. Ich habe mich seitdem als Köchin weiterentwickelt, aber dieses Rezept erinnert mich immer daran, dass auch Simples lecker und gesund sein kann. Ich mag diesen Streuselkuchen am liebsten mit Blaubeeren, aber Sie können jedes beliebige Obst verwenden. Ananas gehört zu meinen persönlichen Favoriten!**

**1** Den Backofen auf 205 °C vorheizen.

**2** Die Blaubeeren in eine 25 cm große Backform geben, mit Zucker berieseln (wenn Sie es gern süßer mögen) und beiseitestellen.

**3** Haferflocken und Mehl in einer Rührschüssel vermischen, dann Agavendicksaft (oder einen anderen gesunden Sirup) esslöffelweise zugeben, dabei jedes Mal im Anschluss umrühren. Nach circa 4 bis 5 Esslöffeln Sirup sollten Sie eine krümelige Mischung haben.

**4** Die Krümel auf die Blaubeeren geben und großzügig mit Zimt berieseln.

**5** 10 bis 12 Minuten backen, bis die Oberfläche knusprig und das Obst weich ist.

### Anmerkung

» Hafermehl können Sie einfach selbst herstellen, indem Sie Haferflocken im Mixer oder in der Küchenmaschine zu einem mehligen Pulver pürieren.

# MUFFINS, BRÖTCHEN & BROT

UNTER 150 KALORIEN

✔ SCHNELL ✔ FETTFREI ✔ SOJAFREI ✔ GÜNSTIG

# Schoko-Gewürz-Muffins

**Während ich den Teig für meine Schokoladenmuffins aus der Schüssel schleckte, überlegte ich, wie ich ihn anders und interessanter gestalten könnte. Mir kam immer wieder Garam Masala in den Sinn, aber die Kombination erschien mir gleichzeitig zu eigenartig. Bis ich mir irgendwann dachte: »Was soll's!«, und es einfach ausprobierte. Das Ergebnis? Nicht von dieser Welt. Diese Muffins sind unglaublich lecker, und bei dem Geschmack bringen Sie garantiert alle zum Rätseln!**

## NÄHRWERTE

1 MUFFIN

| | |
|---|---|
| 101 | **Kalorien** |
| 0,6 g | **Fett** |
| 22 g | **Kohlenhydrate** |
| 2,5 g | **Ballaststoffe** |
| 7,5 g | **Zucker** |
| 2,5 g | **Eiweiß** |

## 12 MUFFINS

| | |
|---|---|
| 200 g | Vollkornweizenmehl |
| 35 g | ungesüßtes Kakaopulver |
| 1 EL | Backpulver |
| ¼ TL | Salz |
| 65 g | brauner oder Rohzucker |
| 1-1½ TL | Garam Masala |
| 125 ml | ungezuckertes Apfelmus |
| 125 ml | Pflanzendrink |
| 60 ml | Wasser |
| 1 TL | Vanilleextrakt |

**1** Mehl, Kakaopulver, Backpulver, Salz und Zucker (für süßere Muffins zusätzliche 25 g Zucker verwenden) in einer Schüssel vermischen.

**2** 1 bis 1 ½ Teelöffel Garam Masala untermischen. Wenn Ihr Garam Masala sehr intensiv im Geschmack ist, verwenden Sie entsprechend weniger.

**3** Apfelmus, Pflanzendrink, Wasser und Vanille zugeben und alles zu einem fast homogenen Teig vermengen.

**4** Den Teig beiseitestellen und den Backofen auf 175 °Celsius vorheizen.

**5** Ein Muffinblech fetten und zu ¾ mit dem Teig füllen.

**6** 15 bis 20 Minuten backen. Wenn Sie einen Zahnstocher in die Mitte stechen und kein Teig daran haftet, sind die Muffins fertig.

### Anmerkung

» Diese Muffins sind sehr leicht und fluffig und nicht so saftig wie die meisten anderen meiner Muffinrezepte. Für saftigere Muffins noch 65 g Apfelmus zusätzlich untermischen.

✔ SCHNELL ✔ FETTFREI ✔ SOJAFREI ✔ GÜNSTIG

UNTER 150 KALORIEN

# Arme-Ritter-Muffins

### NÄHRWERTE

1 MUFFIN

| | |
|---|---|
| 113 | **Kalorien** |
| 0,6 g | **Fett** |
| 23,4 g | **Kohlenhydrate** |
| 2,8 g | **Ballaststoffe** |
| 7,4 g | **Zucker** |
| 3,3 g | **Eiweiß** |

**Na endlich, Arme Ritter zum Mitnehmen! Diese Muffins sind kööööstlich. Meine Lieblingsleckerei zum Frühstück.**

### 12 MUFFINS

| | |
|---|---|
| 200 g | Vollkornweizenmehl |
| 1 EL | Backpulver |
| 65 g | brauner oder Rohzucker |
| ¼ TL | Salz |
| 1 EL | gemahlener Zimt |
| | Prise gemahlene Muskatnuss |
| 250 ml | Pflanzendrink |
| 25 g | Kichererbsenmehl |
| 1 TL | Vanille- oder Ahornextrakt |
| 60 ml | ungezuckertes Apfelmus |
| | Haferflocken (optional) |

**1** Den Backofen auf 175 °C vorheizen.

**2** Ein Muffinblech oder Papierförmchen mit Ölspray fetten und beiseitestellen.

**3** Vollkornweizenmehl, Backpulver, Zucker (für süßere Muffins zusätzliche 25 g Zucker verwenden), Salz, Zimt und ein, zwei Prisen Muskat in einer Rührschüssel gut vermischen.

**4** Pflanzendrink in einer kleinen Schüssel mit dem Kichererbsenmehl und Vanille- oder Ahornextrakt glatt rühren.

**5** Zu der Mehlmischung gießen, Apfelmus zugeben und alles zu einem fast homogenen Teig vermengen.

**6** Die Muffinförmchen zu ¾ mit dem Teig füllen und – wenn Sie möchten – Haferflocken und etwas braunen Zucker auf die Oberfläche streuen.

**7** 15 bis 25 Minuten backen. Wenn Sie einen Zahnstocher in die Mitte stechen und kein Teig daran haftet, sind die Muffins fertig.

### Anmerkungen

» Für einen noch authentischeren Arme-Ritter-Geschmack die Muffins etwas abkühlen lassen und mit Ahornsirup beträufeln. Sie können auch etwas Ahornsirup auf den Muffins verstreichen, wie Sie es sonst vielleicht mit Marmelade oder Margarine machen.

» Diese Muffins sind sehr leicht und fluffig und nicht so saftig wie die meisten anderen meiner Muffinrezepte. Für saftigere Muffins noch 65 ml Apfelmus zusätzlich untermischen.

UNTER 100 KALORIEN

✔ GLUTENFREI

# Morning-Glory-Muffins

**Diese Muffins sind eine ganze Mahlzeit aus Vollkorngetreide, Eiweiß, Gemüse und Obst. Ein gesunder Start in den Tag war noch nie so lecker!**

**1** Für das Hafermehl Haferflocken im Mixer zu einem mehligen Pulver pürieren.

**2** Hafermehl in einer Schüssel mit Backpulver, Backnatron, Kürbiskuchen-Gewürzmischung und Salz vermischen.

**3** Die Rosinen und Möhren untermischen und beiseitestellen.

**4** Tofu, Pflanzendrink, Kürbispüree, Datteln, Vanille und Zucker (falls verwendet) in den Mixer geben. Glatt und cremig pürieren, dabei nach Bedarf die Masse von den Seiten des Mixers abstreichen.

**5** Die pürierte Mischung zu der Mehlmischung gießen und zu einem fast homogenen Teig vermengen.

**6** Den Teig ruhen lassen, während Sie den Backofen auf 175 °C vorheizen.

**7** Ein Muffinblech oder Papierförmchen mit Ölspray fetten.

**8** Die Förmchen zu ¾ mit dem Teig füllen und 18 bis 25 Minuten backen. Wenn Sie einen Zahnstocher in die Mitte stechen und kein Teig daran haftet, sind die Muffins fertig.

## Anmerkung

» Wenn Sie den Zucker weglassen, nehmen Sie 75 g Rosinen. Ein paar gehackte Walnüsse machen sich ebenfalls gut in diesen Muffins.

## NÄHRWERTE

1 MUFFIN (MIT ZUCKER)

| | |
|---|---|
| 99 | **Kalorien** |
| 1,6 g | **Fett** |
| 19,7 g | **Kohlenhydrate** |
| 2,2 g | **Ballaststoffe** |
| 9,1 g | **Zucker** |
| 3 g | **Eiweiß** |

1 MUFFIN (OHNE ZUCKER, MIT ROSINEN)

| | |
|---|---|
| 94 | **Kalorien** |
| 1,6 g | **Fett** |
| 18,5 g | **Kohlenhydrate** |
| 2,2 g | **Ballaststoffe** |
| 7,5 g | **Zucker** |
| 3 g | **Eiweiß** |

## 12 MUFFINS

| | |
|---|---|
| 165 g | Hafermehl |
| 2 TL | Backpulver |
| 1 TL | Backnatron |
| 1 TL | Kürbiskuchen-Gewürzmischung |
| ½ TL | Salz |
| 30-75 g | Rosinen |
| 200 g | geraspelte junge Möhrchen |
| 170 g | Seidentofu |
| 2 EL | Pflanzendrink |
| 100 g | Kürbispüree (aus der Dose oder selbst gemachtes. Hierfür Kürbis mit ein wenig Wasser weich kochen und pürieren) |
| 60 g | Medjool-Datteln |
| 1 TL | Vanilleextrakt |
| 25 g | brauner Zucker (optional) |

✔ SCHNELL ✔ FETTFREI ✔ SOJAFREI ✔ GÜNSTIG ✔ EINE PORTION

UNTER **250** KALORIEN

# Ein Blaubeer-muffin

## NÄHRWERTE

1 MUFFIN

| | |
|---|---|
| 203 | **Kalorien** |
| 0,6 g | **Fett** |
| 48,1 g | **Kohlenhydrate** |
| 3,6 g | **Ballaststoffe** |
| 28,9 g | **Zucker** |
| 2,7 g | **Eiweiß** |

**1 PORTION**

| | |
|---|---|
| 3 EL | Vollkornweizenmehl |
| 1 EL | Rohzucker |
| 1 EL | Agavendicksaft |
| 1 EL | Pflanzendrink |
| ¼ TL | Backpulver |
| 1 ½ EL | Blaubeeren, gewaschen |
| ¼ TL | Zitronen- oder Vanilleextrakt |

**Zum Frühstück liebe ich warme Muffins frisch aus dem Backofen, wenn ich aber eine ganze Ladung backe, ist das Risiko groß, dass ich vor Einbruch der Dunkelheit bereits das ganze Blech vertilgt habe. Jetzt kann ich mir einen Muffin gönnen, ohne direkt zwei zu essen! Oder drei! (Oder vier!)**

**1** Den Mini-Backofen auf 175 °C vorheizen.

**2** Ein Muffinförmchen fetten oder ein Papierförmchen in einen kleinen, hitzebeständigen Behälter setzen (Sie können auch ein Backförmchen aus Folie verwenden, das nicht umfällt) und beiseitestellen.

**3** Alle Zutaten in eine Schüssel geben und vermengen.

**4** In den Mini-Backofen stellen und 15 bis 20 Minuten backen. Wenn Sie einen Zahnstocher in die Mitte stechen und kein Teig daran haftet, ist Ihr Muffin fertig.

### Anmerkung

» Anstelle des Zitronenextrakts können Sie eine großzügige Prise geriebene Zitronenschale verwenden.

✔ SCHNELL ✔ FETTFREI ✔ SOJAFREI ✔ GÜNSTIG

UNTER 100 KALORIEN

# Glasierte Kürbisbrötchen

## NÄHRWERTE

1 BRÖTCHEN, OHNE GLASUR

| | |
|---|---|
| 76 | Kalorien |
| 0,4 g | Fett |
| 15,7 g | Kohlenhydrate |
| 2,4 g | Ballaststoffe |
| 1,6 g | Zucker |
| 3,1 g | Eiweiß |

**Eine köstliche Art und Weise, Ihre angebrochene Dose Kürbispüree aufzubrauchen. Ich serviere diese Brötchen gern während der Herbstmonate als Leckerei zum Frühstück.**

## 6 BRÖTCHEN

| | |
|---|---|
| 130 g | Vollkornweizenmehl |
| 2 TL | Kürbiskuchen-Gewürzmischung |
| 1 TL | Backpulver |
| | Prise Salz |
| 2 EL | brauner Zucker (optional) |
| 50 g | Kürbispüree (aus der Dose oder selbst gemachtes. Hierfür Kürbis mit ein wenig Wasser weich kochen und pürieren) |
| 60 ml | Pflanzendrink |
| | Glasur (S. 68) |

1 Den Backofen auf 190 °C vorheizen.

2 Ein Backblech fetten oder mit Backpapier auslegen und beiseitestellen.

3 In einer Schüssel Mehl, Kürbiskuchen-Gewürzmischung, Backpulver, Salz und Zucker vermischen.

4 Kürbispüree einrühren, bis sich kleine Teigkügelchen bilden. Gelegentlich den Teig vom Löffel abstreichen. Es sollten keine größeren Mengen loses Mehl übrig sein, aber eine dünne Schicht ist in Ordnung. Rühren Sie auch nicht zu viel, denn die Teigkügelchen sind wichtig.

5 Pflanzendrink zugeben und untermischen. Wenn der Teig zu trocken wirkt, geben Sie noch einen Spritzer Pflanzendrink hinzu (wenn Sie sich nicht sicher sind, nehmen Sie lieber etwas zu viel als zu wenig).

6 6 gleich große Löffel Teig auf das vorbereitete Backblech geben und 7 bis 10 Minuten backen, bis sich die Brötchen fest anfühlen und die Unterseiten goldbraun sind.

7 In der Zwischenzeit die Glasur zubereiten. Wenn Sie möchten, mischen Sie eine Prise Kürbiskuchen-Gewürz unter.

8 Die heißen Brötchen mit der Glasur überziehen und servieren.

### Anmerkung

» Mischen Sie als leckere Variation zusätzlich 30 bis 75 g Rosinen oder vegane Schokoladentropfen unter den Teig.

UNTER 100 KALORIEN

✔ SCHNELL ✔ FETTFREI ✔ SOJAFREI ✔ GÜNSTIG

# Marmeladen-Zitronen-Brötchen

**Wir essen diese Brötchen gern heiß frisch aus dem Ofen mit Himbeermarmelade, aber jede beliebige Beerenmarmelade passt wunderbar. Sie sind eine gute Alternative zu gewöhnlichen Brötchen und durch den Zitronengeschmack richtig leicht – und damit ideal für den Brunch im Frühling.**

1 Den Backofen auf 175 °C vorheizen.

2 Ein Backblech fetten oder mit Backpapier auslegen und beiseitestellen.

3 In einer Schüssel Mehl, Backpulver, Backnatron und Salz vermischen.

4 Apfelmus zugeben und unterrühren, bis sich Klumpen und kleine Teigkieselchen bilden.

5 Schale und Saft der Zitrone zugeben (sehr gut auspressen, dabei mit den Fingern auch die letzten Tropfen aus dem Fruchtfleisch herausdrücken) und den Teig ein paarmal umrühren.

6 Wasser esslöffelweise zugeben, bis der Teig nass, aber nicht flüssig ist (insgesamt circa 3 Esslöffel).

7 5 Löffel Teig auf das Backblech häufen. Dazwischen 2,5 cm Abstand lassen. Den Teig mit den Fingern zu flachen Scheiben formen.

8 10 bis 15 Minuten backen, bis sich die Brötchen fest anfühlen und die Unterseiten goldbraun sind.

9 Aufschneiden und großzügig mit Ihrer Lieblingsmarmelade bestreichen.

## NÄHRWERTE

1 BRÖTCHEN, OHNE MARMELADE

| | |
|---|---|
| 89 | **Kalorien** |
| 0,4 g | **Fett** |
| 19,7 g | **Kohlenhydrate** |
| 2,7 g | **Ballaststoffe** |
| 2,3 g | **Zucker** |
| 3,3 g | **Eiweiß** |

## 5 BRÖTCHEN

| | |
|---|---|
| 130 g | Vollkornweizenmehl |
| 1 TL | Backpulver |
| ½ TL | Backnatron |
| | Prise Salz |
| 60 ml | ungezuckertes Apfelmus |
| 1 | Zitrone |
| | Wasser |

### Anmerkung

» In diesem Rezept verwende ich eine Zitrone von etwa der Größe eines Stressballs. Wenn Sie eine sehr große Zitrone haben, müssen Sie die Menge Saft und Schale entsprechend anpassen, um zu vermeiden, dass die Brötchen sehr zitronig werden.

UNTER 100 KALORIEN

✔ SCHNELL ✔ FETTFREI ✔ SOJAFREI ✔ GÜNSTIG

# Zimt-Rosinen-Brötchen

**Dieses Rezept habe ich für meinen Vater entwickelt. Es ist eine nachgeahmte – aber gesündere – Version der berühmten Brötchen von Hardee's. Diese Brötchen sind bei mir zu Hause total beliebt. Ich mache sie meistens am Wochenende oder wenn morgens der Kühlschrank etwas kahl wirkt.**

**1** Den Backofen auf 190 °C vorheizen.

**2** Ein Backblech fetten oder mit Backpapier auslegen und beiseitestellen.

**3** In einer großen Schüssel Mehl, Backpulver, Salz und Zimt vermischen. Die Rosinen einrühren, bis sie gleichmäßig untergemischt sind.

**4** Apfelmus zugeben und circa 10-mal umrühren, bis ein klumpiger Teig entsteht. Den Teig vom Löffel streichen und noch ein paar Mal mixen. Es sollten keine größeren Mengen loses Mehl übrig sein, aber eine dünne Schicht ist in Ordnung. Rühren sie auch nicht zu viel, denn die Klumpen sind wichtig.

**5** 125 ml Pflanzendrink hinzugeben und einrühren, sodass ein feuchter, zäher Teig entsteht. Weitere 1 bis 2 EL Pflanzendrink zugeben, bis die Konsistenz des Teigs dickem Kartoffelpüree ähnelt (mehr Flüssigkeit ist besser als zu wenig, falls Sie sich nicht sicher sind).

**6** Mit einem Löffel golfballgroße Portionen Teig auf das Bachblech häufen. Zwischen ihnen etwas Abstand lassen, damit sich der Teig beim Backen ausbreiten kann.

**7** 12 bis 15 Minuten backen, bis die Brötchen goldbraun sind und sich fest anfühlen. Nach 10 Minuten Backzeit prüfen.

**8** In der Zwischenzeit die Glasur zubereiten. Dabei ¼ bis 1 TL Pflanzendrink aus dem ursprünglichen Rezept durch Mandelextrakt ersetzen.

**9** Die warmen Brötchen mit der Glasur überziehen und servieren.

## NÄHRWERTE

1 BRÖTCHEN, OHNE GLASUR

| | |
|---|---|
| 96 | **Kalorien** |
| 0,2 g | **Fett** |
| 21,2 g | **Kohlenhydrate** |
| 1 g | **Ballaststoffe** |
| 3,9 g | **Zucker** |
| 2,6 g | **Eiweiß** |

## 12 BRÖTCHEN

| | |
|---|---|
| 260 g | Vollkornweizenmehl |
| 2 TL | Backpulver |
| ¼ TL | Salz |
| 1 ½ TL | gemahlener Zimt |
| 30-75 g | Rosinen |
| 125 ml | ungezuckertes Apfelmus |
| 125 ml | Pflanzendrink |
| | Glasur (S. 68) |
| ¼-1 TL | Mandelextrakt, für die Glasur |

### Anmerkung

» Für meinen Geschmack sind die Brötchen durch die Rosinen gerade süß genug, aber wenn Sie es lieber etwas süßer hätten, mischen Sie außerdem 3 EL braunen oder Rohzucker unter.

✔FETTFREI ✔GLUTENFREI ✔SOJAFREI ✔GÜNSTIG

UNTER 100 KALORIEN

## NÄHRWERTE

1 EL

61 ............ **Kalorien**
0 g ............... **Fett**
15,2 g .... **Kohlenhydrate**
0 g ........ **Ballaststoffe**
14,9 g ........... **Zucker**
0,1 g ............ **Eiweiß**

**125 ML**

135 g Puderzucker
5 EL Pflanzendrink

# Glasur

**Eine schnelle, universelle Glasur, die Ihren Backwaren etwas Süße verleiht.**

1 Zucker und Pflanzendrink zu einer dicken Glasur verrühren. Wenn sie zu dick wirkt, etwas mehr Pflanzendrink zugeben. Wenn sie zu flüssig wirkt, geben Sie mehr Zucker hinzu.

### Anmerkung

» Für beliebige Variationen ¼ bis 1 TL der Flüssigkeit durch Extrakte oder Aromen, zum Beispiel Mandelextrakt oder Saft, zum Beispiel Orangensaft, ersetzen.

UNTER 150 KALORIEN

✔ SCHNELL ✔ FETTFREI ✔ SOJAFREI ✔ GÜNSTIG

# Herbstliches Maisbrot

**Ich war bereits zur Hälfte mit meinem Rezept für klassisches Maisbrot fertig, als mir auffiel, dass ich kein Apfelmus mehr im Haus hatte. Also nahm ich stattdessen Kürbispüree. Dann dachte ich mir, dass ich auch noch direkt etwas Salbei und Anis untermischen kann – das Ergebnis war superlecker. Maisbrot, das nach Herbst schmeckt!**

## NÄHRWERTE

| | |
|---|---|
| 136 | **Kalorien** |
| 0,8 g | **Fett** |
| 30,3 g | **Kohlenhydrate** |
| 2,7 g | **Ballaststoffe** |
| 9,9 g | **Zucker** |
| 3,9 g | **Eiweiß** |

## 9 PORTIONEN

| | |
|---|---|
| 130 g | Vollkornweizenmehl |
| 165 g | Maismehl |
| 1 EL | Backpulver |
| ½ TL | Salz |
| 1-2 EL | fein gehackter frischer Salbei |
| 250 ml | Pflanzendrink |
| 50 g | Kürbispüree (Dose) |
| 60 ml | Agavendicksaft |
| 2 EL | Rohzucker (optional) |
| | Prise gemahlener Anis (optional) |

1. Den Backofen auf 205 °C vorheizen.
2. Eine gewöhnliche, 23 cm große Brotform, eine quadratische, 20 cm große Backform oder eine flache Quicheform fetten und beiseitestellen.
3. In einer großen Schüssel Mehl, Maismehl, Backpulver und Salz gut vermischen.
4. Salbei, Pflanzendrink, Kürbispüree, Agavendicksaft, Zucker und Anis (falls gewünscht) zugeben und untermischen.
5. Den Teig in die vorbereitete Form gießen und 20 Minuten backen. Stechen Sie einen Zahnstocher in die Mitte; wenn kein Teig daran haftet, ist das Maisbrot fertig.

### Anmerkung

» Für einen kräftigeren Kürbisgeschmack zusätzlich eine großzügige Prise Kürbiskuchen-Gewürzmischung zugeben.

✔SCHNELL ✔FETTFREI ✔GLUTENFREI ✔SOJAFREI ✔GÜNSTIG

UNTER 100 KALORIEN

# Bayou-Maisbrot

**Meine Schwester Courtney fand ein altes Familienrezept für Louisiana-Maisbrot, das ich einfach veganisieren musste. In Louisiana ist Maisbrot traditionell ungesüßt, da es wie Kräcker zu allen möglichen anderen Speisen passen soll. Dieses herzhafte Maisbrot macht sich gut als Snack, oder Sie brechen es in Stücke und servieren es zu NOLA-Gumbo (S. 116). Danke, Mama Ginny und Oma Edith!**

## NÄHRWERTE

| | |
|---|---|
| 71 | **Kalorien** |
| 0,5 g | **Fett** |
| 15 g | **Kohlenhydrate** |
| 1,1 g | **Ballaststoffe** |
| 1,5 g | **Zucker** |
| 2,1 g | **Eiweiß** |

## 9 PORTIONEN

| | |
|---|---|
| 250 ml | Pflanzendrink |
| 1 TL | Zitronensaft |
| 75 g | grobes Maismehl |
| 75 g | feines Maismehl |
| 2 EL | Speisestärke |
| 1 ½ EL | Vollkornweizenmehl |
| 2 TL | Backpulver |
| ¼ TL | Salz |

1 Pflanzendrink und Zitronensaft verquirlen und 10 Minuten beiseitestellen.

2 Währenddessen das feine und grobe Maismehl in einer Schüssel mit Speisestärke, Mehl, Backpulver und Salz vermischen (Sie können beliebig nachsalzen, falls Sie Maisbrot gern salziger mögen).

3 Den Backofen auf 205 °C vorheizen.

4 Eine 20 oder 23 cm große Form oder eine gusseiserne Pfanne fetten und ein paar Minuten im Backofen erhitzen (dadurch wird das Maisbrot auch an den Seiten goldgelb und knusprig).

5 Pflanzendrink zur Maismehlmischung geben und gut unterrühren.

6 Die heiße Form vorsichtig aus dem Ofen nehmen und den Teig sofort hineingießen.

7 15 bis 20 Minuten backen, bis sich das Maisbrot fest anfühlt und goldgelb ist.

### Anmerkungen

» Anstelle des Vollkornweizenmehls können Sie eine glutenfreie Mehlsorte verwenden. Sie können das grobe Maismehl auch durch dieselbe Menge feinen Maismehls ersetzen, aber authentischer ist das Maisbrot mit den kleinen, sandigen Maiskrümeln!

» Grobes Maismehl können Sie im Mixer zu feinem Maismehl mahlen.

» Sojamilch, gefolgt von Mandelmilch, ist in diesem Rezept am besten geeignet.

UNTER 150 KALORIEN

✔ FETTFREI ✔ SOJAFREI ✔ GÜNSTIG

# Bierbrot

**Mein bester Freund Jim hat mich darauf gebracht, Brot mit Bier zu backen. Es ist so einfach in der Zubereitung und ein bisschen zusätzlichen Aufwand absolut wert. Sie können jedes beliebige Bier verwenden, aber ich nehme am liebsten Hafer-Stout oder Kürbisbier, wenn sie Saison haben.**

## NÄHRWERTE

1 SCHEIBE

| | |
|---|---|
| 101 | **Kalorien** |
| 0,2 g | **Fett** |
| 20,7 g | **Kohlenhydrate** |
| 0,7 g | **Ballaststoffe** |
| 1,6 g | **Zucker** |
| 2,5 g | **Eiweiß** |

**16 PORTIONEN**

| | |
|---|---|
| 400 g | Vollkornweizenmehl |
| 2 EL | Rohzucker |
| 1 EL | Backpulver |
| 1 TL | Salz |
| 350 ml | Bier |

1. Den Backofen auf 190 °C vorheizen.
2. Eine reguläre 20 cm große Backform fetten und beiseitestellen.
3. Das Mehl in eine Rührschüssel geben.
4. Das Mehl mit Zucker, Backpulver und Salz vermischen, dann das Bier hinzugießen und untermischen.
5. So lange mischen, bis sich ein Teig bildet; dann mit den Händen zum Abschluss kurz durchkneten.
6. Den Teig in die Brotform füllen und gleichmäßig, aber sachte hineindrücken.
7. 1 Stunde backen, dann zum vollständigen Auskühlen auf ein Kuchengitter stürzen.

### Anmerkung

» Durch Vollkornweizenmehl entsteht ein herzhaftes, rustikales Brot mit einer wunderschönen Kruste. Für ein weicheres Sandwichbrot verwenden Sie stattdessen Weißmehl.

✔ SCHNELL ✔ FETTFREI ✔ SOJAFREI ✔ GÜNSTIG

UNTER 200 KALORIEN

# Jalapeño-Maisbrot

### NÄHRWERTE

157 . . . . . . . . . . . Kalorien
0,9 g . . . . . . . . . . . . . . Fett
35 g . . . . . Kohlenhydrate
2 g . . . . . . . . Ballaststoffe
10,5 g . . . . . . . . . . . Zucker
4 g . . . . . . . . . . . . . Eiweiß

**9 PORTIONEN**

| | |
|---|---|
| 165 g | Maismehl |
| 130 g | Vollkornweizenmehl |
| 1 EL | Backpulver |
| ½ TL | Meersalz |
| 250 ml | Pflanzendrink |
| 60 ml | ungezuckertes Apfelmus |
| 60 ml | Agavendicksaft |
| 2 EL | Rohzucker (optional) |
| 200 g | Mais (frisch, tiefgekühlt oder aus der Dose) |
| 1 EL | gehackte Jalapeños |

**Eine schnelle und einfache Beilage, die jede Hauptmahlzeit pikant und außergewöhnlich macht. Um Zeit zu sparen, machen Sie das Maisbrot im Voraus oder schieben Sie es in den Ofen, bevor Sie mit den Vorbereitungen für Ihr Hauptgericht beginnen.**

1 Den Backofen auf 205 °C vorheizen.
2 Maismehl, Mehl, Backpulver und Salz in einer großen Schüssel vermischen.
3 Pflanzendrink, Apfelmus, Agavendicksaft und Zucker (falls verwendet) zugeben.
4 Mit einem Spatel ein paarmal durchmischen, dann Mais und Jalapeño zugeben.
5 Zu einem größtenteils homogenen Teig vermengen, dann den Teig in eine gefettete oder antihaftbeschichtete 20 oder 23 cm große flache Quicheform, eine gusseiserne Pfanne oder quadratische Auflaufform gießen.
6 Circa 20 Minuten backen. Wenn Sie einen Zahnstocher in die Mitte stechen und kein Teig daran haftet, ist das Brot fertig.

### Anmerkung

» Für ein festeres Maisbrot mit intensiverem Maisgeschmack 240 g Maismehl und nur 55 g Vollkornweizenmehl verwenden.

UNTER 200 KALORIEN

✔ FETTFREI ✔ SOJAFREI ✔ GÜNSTIG

# Blaubeer-Frühstücks-kuchen

## NÄHRWERTE

| | |
|---|---|
| 168 | Kalorien |
| 0,5 g | Fett |
| 36,5 g | Kohlenhydrate |
| 3,4 g | Ballaststoffe |
| 15,5 g | Zucker |
| 3,7 g | Eiweiß |

**Eine wunderbare Frühstücksleckerei mit genau der richtigen Mischung aus würzig und süß! Diesen Kuchen habe ich uns zum Frühstück gezaubert, als meine Eltern zu Besuch waren. Sie haben nicht nur danach den ganzen Tag davon geschwärmt, sondern wollen ihn jetzt jedes Mal, wenn sie uns besuchen kommen.**

## 9 PORTIONEN

| | |
|---|---|
| 260 g | Vollkornweizenmehl |
| 1 TL | gemahlener Zimt |
| ½ TL | gemahlener Ingwer |
| 1 TL | Backpulver |
| ½ TL | Backnatron |
| 125 ml | ungezuckertes Apfelmus |
| 65 g | brauner oder Rohzucker |
| 1 TL | Vanilleextrakt |
| 250 ml | Pflanzendrink |
| 150 g | tiefgekühlte wilde Blaubeeren |

1 Den Backofen auf 175 °C vorheizen.

2 Eine 20 cm große Brotform oder quadratische Backform fetten und beiseitestellen.

3 Mehl, Zimt, Ingwer, Backpulver und Backnatron in einer großen Schüssel vermischen.

4 Apfelmus, Zucker, Vanille und Pflanzendrink zugeben und zu einem fast homogenen Teig vermengen; bei Bedarf etwas mehr Pflanzendrink zugeben.

5 Blaubeeren vorsichtig unterheben, dann den Teig in die vorbereitete Form gießen.

6 Wenn Sie möchten, etwas braunen Zucker auf die Oberfläche rieseln. 30 bis 35 Minuten backen. Wenn Sie einen Zahnstocher in die Mitte stechen und kein Teig daran haftet, ist der Kuchen fertig.

### Anmerkung

» Sie können zur Erntezeit auch frische Blaubeeren verwenden, aber die kleineren wilden Blaubeeren sind kräftiger im Geschmack und daher am besten geeignet.

# SANDWICHES, BURGER & MEHR

✔ SCHNELL ✔ FETTFREI ✔ GLUTENFREI ✔ EIN-TOPF ✔ IM VORRAUS

UNTER 100 KALORIEN

# Eifrei-Salat

**NÄHRWERTE**

1 SANDWICH, OHNE BROT

| | |
|---|---|
| 70 | **Kalorien** |
| 0,7 g | **Fett** |
| 3,1 g | **Kohlenhydrate** |
| 0,8 g | **Ballaststoffe** |
| 1,2 g | **Zucker** |
| 5,6 g | **Eiweiß** |

**6 PORTIONEN**

| | |
|---|---|
| 340 g | sehr fester Tofu |
| 1 EL | natriumarme Sojasauce |
| 1 | Selleriestange, fein gehackt |
| 1 ¼ EL | Hefeflocken |
| 1 ½ EL | Dijon-Senf |
| 2 EL | Dill-Relish |
| ½ TL | gemahlene Kurkuma |
| ¼ TL | mildes gelbes Currypulver |
| ¼ TL | Knoblauchgranulat |
| ¼ TL | Zwiebelgranulat |
| ½ TL | schwarzes Salz |
| 2 EL | vegane Mayo (S. 291) |
| | Schwarzer Pfeffer, nach Belieben |

**Meine lange Suche nach dem perfekten veganen »Eiersalat« hat ein Ende. Dieser Tofu-Eiersalat schmeckt genau wie das Original, ist aber fettfrei und viel gesünder.**

1 Den Tofu in eine Schüssel bröseln.

2 Die übrigen Zutaten in der angegebenen Reihenfolge zugeben, dann alles sehr gut vermischen.

3 Die Mischung ein paar Minuten ruhen lassen, damit sich die Aromen und die gelbe Farbe richtig entfalten können.

4 Erneut umrühren und nach Bedarf mit mehr Gewürzen und schwarzem Pfeffer abschmecken.

**Im Voraus** Dieser eifreie Eiersalat wird über längere Zeit nur besser. In einem luftdicht verschlossenen Behälter im Kühlschrank lagern. So aufbewahrt sollte er sich eine Woche halten.

## Anmerkungen

» Falls nötig (wenn der Tofu nicht fest genug ist), pressen Sie ihn vor Verwendung mindestens 20 Minuten aus, um überschüssiges Wasser herauszuholen.

» Schwarzes Salz ist ein fast lilafarbenes Steinsalz mit einem intensiven Geruch und die geheime Zutat, die dem Tofu einen überzeugend ei-ähnlichen Geschmack verleiht. Es ist in indischen Lebensmittelgeschäften, Gewürzläden und über den Internethandel erhältlich. Meersalz geht im Notfall auch, aber schwarzes Salz ist besser.

UNTER 150 KALORIEN

✔ GLUTENFREI ✔ SOJAFREI ✔ IM VORRAUS

# »Austern«-Po'Boys

Po'Boys (kurz für »Poor Boys«) sind beliebte frittierte Sandwiches mit Fisch oder Meeresfrüchten aus Louisiana. Den Fisch geben hier Austernpilze und Meeresfrüchte-Gewürze wieder. Dieses Po'Boy steht dem traditionellen Sandwich in nichts nach – ist aber viel gesünder. Traditionell werden Po'Boys auf Baguette serviert, aber jedes gesunde Sandwich-Brot oder -Brötchen ist geeignet.

## NÄHRWERTE

SANDWICH, OHNE BRÖTCHEN

| | |
|---|---|
| 146 | Kalorien |
| 1,4 g | Fett |
| 28,9 g | Kohlenhydrate |
| 3,3 g | Ballaststoffe |
| 3,6 g | Zucker |
| 7 g | Eiweiß |

## 3 PORTIONEN

| | |
|---|---|
| 80 g | Maismehl |
| 80 ml | Pflanzendrink |
| 1 EL | Speisestärke |
| 2 TL | Old-Bay-Seasoning |
| ½ TL | Salz |
| ¼ TL | schwarzer Pfeffer |
| | Prise Paprikapulver |
| 21 | Austernpilze |
| | Kopfsalat |
| | Tomaten |
| | Vollkorn-Baguette |
| | Rauchige-Cajun-Mayo (S. 285) |

1 Den Backofen auf 175 °C vorheizen. Ein Backblech fetten oder mit Backpapier auslegen und beiseitestellen.

2 Das Maismehl im Mixer zu einem feinen, mehlähnlichen Pulver verarbeiten. Dann die Gewürze untermischen und beiseitestellen.

3 In einer kleinen Schüssel Pflanzendrink und Speisestärke glatt rühren und beiseitestellen.

4 Im Dreieck die Maismehlmischung, die Schüssel mit der Pflanzendrink-Stärke-Mischung und eine zusätzliche saubere Schüssel aufstellen.

5 Die Pilze einen nach dem anderen in die Pflanzendrink-Mischung dippen, dann in die saubere Schüssel legen. Mit trockenen Hände die Maismehlmischung auf den Pilz streuen, bis er vollkommen eingedeckt ist. (Regelmäßig die nasse, lose Maismehlmischung aus der Schüssel kippen.)

6 Die panierten Pilze auf ein Backblech setzen und 15 bis 20 Minuten backen. Nach 10 Minuten wenden.

**Im Voraus** Sie können die Pilze im Voraus zubereiten. Dann in einem luftdicht verschlossenen Behälter im Kühlschrank lagern und vor Verwendung in Sandwiches kurz im Mini-Backofen (am besten) oder alternativ im Backofen aufwärmen.

### Anmerkung

» Austernpilze gibt es zur Saison auf Bauernmärkten, in Naturkostläden und asiatischen Supermärkten.

✔ SCHNELL ✔ GLUTENFREI ✔ SOJAFREI ✔ EIN-TOPF ✔ GÜNSTIG

UNTER 200 KALORIEN

# Gegrillter Käse

Bevor mein Mann Veganer wurde, war gegrillter Käse seine absolute Lieblingsspeise. Er liegt mir also schon lange für eine vegane Version in den Ohren. Diese Sauce ist zäh, klebrig, lässt sich schön dick verstreichen und ist der Konsistenz von gegrilltem Käse überzeugend ähnlich. Ich dippe diesen gegrillten Käse gern in eine Schüssel Tomatensuppe oder esse ihn zu einem Gartensalat.

## NÄHRWERTE

OHNE BROT

| | |
|---|---|
| 185 | **Kalorien** |
| 1,8 g | **Fett** |
| 31,3 g | **Kohlenhydrate** |
| 7,5 g | **Ballaststoffe** |
| 5,9 g | **Zucker** |
| 15,3 g | **Eiweiß** |

## 2 SANDWICHES

| | |
|---|---|
| 15 g | Hefeflocken |
| 125 ml | Pflanzendrink |
| 2 EL | Vollkornweizenmehl |
| 2 EL | Speisestärke |
| 1 EL | Ketchup |
| 2 TL | gelber Senf |
| 1 TL | Zwiebelgranulat |
| 1 TL | Knoblauchgranulat |
| ¼ TL | getrockneter Dill |
| 4 | Scheiben Toastbrot |

**1** Alle Zutaten außer dem Toastbrot in einem Topf verrühren und auf hoher Flamme unter ständigem Rühren erhitzen, bis eine dicke Sauce entsteht. (Die Sauce wird erst klumpig, dann dick.)

**2** Den »Käse« auf Toastbrot verstreichen und servieren.

### Anmerkung

» Anstelle des Vollkornweizenmehls können Sie eine glutenfreie Mehlsorte verwenden.

UNTER 150 KALORIEN

✔SCHNELL ✔FETTFREI ✔GLUTENFREI ✔SOJAFREI ✔GÜNSTIG

# Schnelle Burger

**Diese Burger habe ich mir in einem Hotelzimmer ausgedacht: Sie sind schnell, einfach und mit sehr wenigen Zutaten gemacht. (Außer den Bohnen und einem Gewürzpäckchen kam ich damals über das im Preis inbegriffene »Frühstücksbuffet« an alle Zutaten.) Ich mache diese Burger gerne dann, wenn ich eine superschnelle Mahlzeit brauche oder nicht viele Zutaten im Haus habe.**

**1** Den Backofen auf 205 °C vorheizen.

**2** Ein Backblech fetten oder mit Backpapier auslegen und beiseitestellen.

**3** Die schwarzen Bohnen in einer Schüssel mit einer Gabel zu einer fast glatten Masse zerdrücken, aber ein paar halbe und zerdrückte Bohnen sollten noch zu erkennen sein.

**4** Ketchup, Senf und die Gewürze zugeben und gut untermischen, dann die Haferflocken zugeben.

**5** In 4 gleich große Portionen aufteilen und zu dünnen Bratlingen formen.

**6** 10 Minuten backen, vorsichtig wenden und weitere 5 Minuten backen, bis die Burger außen knusprig sind.

**7** Auf ein Brötchen legen, mit Ketchup oder anderen Würzsaucen bestreichen und essen!

## NÄHRWERTE

1 BURGER

| | |
|---|---|
| 109 | **Kalorien** |
| 0,5 g | **Fett** |
| 17,6 g | **Kohlenhydrate** |
| 3 g | **Ballaststoffe** |
| 2,2 g | **Zucker** |
| 5 g | **Eiweiß** |

## 4 BURGER

| | |
|---|---|
| 425 g | schwarze Bohnen (Dose), abgetropft und abgespült |
| 2 EL | Ketchup |
| 1 EL | gelber Senf |
| 1 TL | Zwiebelgranulat |
| 1 TL | Knoblauchgranulat |
| 30 g | Instant-Haferflocken |

UNTER 150 KALORIEN

# Masala-Burger

**NÄHRWERTE**

1 BURGER

| | |
|---|---|
| 129 | **Kalorien** |
| 0,9 g | **Fett** |
| 24,5 g | **Kohlenhydrate** |
| 6,6 g | **Ballaststoffe** |
| 4,8 g | **Zucker** |
| 6,8 g | **Eiweiß** |

**Diese indisch gewürzten Bohnenburger geizen nicht am Geschmack. Ich mag sie gern auf getoasteten Brötchen, aber sie sind auch einfach so als herzhaftes, kohlenhydratarmes Abendessen zu einer Beilage aus grünem Gemüse superlecker.**

**4 BURGER**

| | |
|---|---|
| 425 g | Kidneybohnen (Dose), abgetropft und abgespült |
| ½ TL | Garam Masala |
| ½ TL | Chilipulver |
| ½ TL | Kreuzkümmel |
| ½ TL | Zwiebelgranulat |
| ½ TL | Knoblauchgranulat |
| 3 EL | Ketchup |
| 30 g | Instant-Haferflocken |
| | Masala-Mayo (S. 285) |

1 Den Backofen auf 190 °C vorheizen.

2 Ein Backblech fetten oder mit Backpapier auslegen und beiseitestellen.

3 Die Bohnen in einer Schüssel mit einer Gabel zerdrücken, bis keine ganzen Bohnen mehr erkennbar sind, aber nicht so fein stampfen, dass sie Bohnenmus ähneln.

4 Gewürze, Ketchup und Instant-Haferflocken zugeben und vermengen.

5 Probieren Sie den Teig. Wenn der indische Geschmack kräftiger herauskommen soll, geben Sie noch jeweils ¼ TL Chilipulver, Garam Masala und Kreuzkümmel hinzu.

6 Den Teig in 4 gleich große Portionen teilen und jede Portion mit sauberen Händen zu einer Kugel formen. Mit den Handflächen flach drücken, dann auf das vorbereitete Backblech legen. Mit den Fingern zu Bratlingen formen.

7 Die Bratlinge 10 Minuten backen, vorsichtig wenden und weitere 8 Minuten backen. Wenn Sie möchten oder falls nötig, die Bratlinge mit etwas Ölspray besprühen, damit sie nicht austrocknen. Ein drittes Mal wenden und falls nötig weitere 5 Minuten backen, bis die Burger fest sind.

8 Mit Masala-Mayo servieren.

UNTER 350 KALORIEN

✔ GÜNSTIG

# Kidneybohnen-Quinoa-Burger

**Ich liebe Schwarze-Bohnen-Burger, aber meiner Meinung nach sind Kidneybohnen für den wahren »Burger«-Geschmack besser geeignet und haben die bessere Konsistenz. Servieren Sie diese Burger auf Vollkornbrötchen mit allem, was zu einem guten Burger gehört.**

## NÄHRWERTE

1 BURGER

| | |
|---|---|
| 316 | Kalorien |
| 2,1 g | Fett |
| 53,7 g | Kohlenhydrate |
| 11,6 g | Ballaststoffe |
| 4,6 g | Zucker |
| 22,4 g | Eiweiß |

## 6 BURGER

| | |
|---|---|
| 45 g | Quinoa |
| 125 ml | Wasser |
| 425 g | Kidneybohnen (Dose), abgetropft und abgespült |
| 2 EL | Barbecuesauce |
| 2 EL | Ketchup |
| 2 EL | natriumarme Sojasauce |
| 1 EL | gelber Senf |
| 1 TL | Zwiebelgranulat |
| 1 TL | Knoblauchgranulat |
| 1 EL | italienische Gewürzmischung |
| ½ TL | Paprikapulver |
| 35 g | Vital Weizengluten |

**1** Quinoa und 125 ml Wasser in einen kleinen Topf geben, den Deckel aufsetzen und zum Kochen bringen.

**2** Wenn das Wasser kocht, die Hitze reduzieren und circa 15 Minuten köcheln lassen, bis die Quinoa fluffig und das Wasser vollständig verkocht ist.

**3** Währenddessen die Bohnen in einer Schüssel mit einer Gabel zu Bohnenmus zerdrücken.

**4** Die übrigen Zutaten in der angegebenen Reihenfolge und die gekochte Quinoa zugeben und alles gut vermengen.

**5** Den Backofen auf 230 °C vorheizen und ein Backblech mit Backpapier auslegen oder fetten.

**6** Den Burgerteig in 6 gleich große Portionen teilen. Zu Kugeln rollen, dann flach drücken und mit den Händen zu Bratlingen formen.

**7** 8 Minuten backen, wenden und weitere 8 Minuten backen. Falls nötig, noch einmal wenden und 5 Minuten backen. Wenn die Burger außen braun und knusprig sind, sind sie fertig.

✔ SCHNELL ✔ FETTFREI ✔ GLUTENFREI ✔ GÜNSTIG

UNTER 150 KALORIEN

# Pinto-Burger

## NÄHRWERTE

1 BURGER, OHNE CHIPOTLE-MAYO

| | |
|---|---|
| 126 | **Kalorien** |
| 0,5 g | **Fett** |
| 24 g | **Kohlenhydrate** |
| 7,9 g | **Ballaststoffe** |
| 3,5 g | **Zucker** |
| 7,8 g | **Eiweiß** |

**Die armen Pintobohnen stehen immer im Schatten von schwarzen Bohnen und Kichererbsen – zumindest bei mir zu Hause. Ich liebe Pintobohnen zwar als Frijoles refritos, aber ich war überzeugt davon, dass sie noch mehr draufhaben mussten – und das tun sie! Diese köstlichen Burger haben einen Hauch von Schärfe und passen super auf ein Brötchen mit Salat und Tomaten.**

## 4 BURGER

| | |
|---|---|
| 425 g | Pintobohnen (Dose), abgetropft und abgespült |
| 2 EL | vegane Mayo (S. 291) |
| 1 EL | Ketchup |
| 1 TL | Zwiebelgranulat |
| 1 TL | Knoblauchgranulat |
| ½ TL | gemahlener Kreuzkümmel |
| ½ TL | Chilipulver |
| ¼-½ TL | Chipotle-Chilipulver |
| 30 g | Instant-Haferflocken |
| | Chipotle-Mayo (S. 284) oder Salsa |

**1** Den Backofen auf 190 °C vorheizen.

**2** Ein Backblech fetten oder mit Backpapier auslegen und beiseitestellen.

**3** Die Bohnen in einer Schüssel mit einer Gabel sehr gut zerdrücken, sodass keine ganzen Bohnen zurückbleiben, aber noch ein paar Bohnenstückchen erkennbar sind.

**4** Alle übrigen Zutaten zugeben und untermischen.

**5** Den Teig in 4 gleich große Portionen teilen und jede Portion mit sauberen Händen zu einer Kugel formen. Mit den Handflächen flach drücken, dann auf das vorbereitete Backblech legen. Mit den Fingern zu Bratlingen formen.

**6** 10 Minuten backen, vorsichtig wenden und weitere 8 Minuten backen. Wenn Sie möchten oder falls nötig, die Bratlinge mit etwas Ölspray besprühen, damit sie nicht austrocknen. Ein drittes Mal wenden und, falls nötig, weitere 5 Minuten backen, bis die Burger fest sind.

**7** Dazu Chipotle-Mayo oder Salsa servieren.

UNTER 100 KALORIEN

✓ SCHNELL ✓ FETTFREI ✓ GLUTENFREI ✓ EIN-TOPF ✓ GÜNSTIG

# Insel-Champignon-Burger

**Wenn Ihnen die Champignon-Steaks aus meinem ersten Kochbuch gefielen, dann freuen Sie sich auf diese Leckerei! Die karibisch gewürzten Pilze sind wunderbar saftig und machen sich gut als toller, befriedigender »Burger«. Noch himmlischer wird er mit etwas Guacamole oder ein paar Avocadoscheibchen, aber Ananas ist eine gute Alternative, wenn es fettfrei sein soll.**

## NÄHRWERTE

1 BURGER

| | |
|---|---|
| 39 | **Kalorien** |
| 0,2 g | **Fett** |
| 5,7 g | **Kohlenhydrate** |
| 1,3 g | **Ballaststoffe** |
| 1,6 g | **Zucker** |
| 3,8 g | **Eiweiß** |

## 2 BURGER

| | |
|---|---|
| 60 ml | Wasser |
| 3 EL | Balsamico-Essig |
| 1 EL | Teriyakisauce |
| | Prise getrockneter Thymian |
| ¼ TL | Zwiebelgranulat |
| ¼ TL | Knoblauch-granulat |
| ½ TL | gemahlener Ingwer |
| ⅛ TL | mildes gelbes Currypulver |
| ¼ TL | Chilipulver |
| 1 TL | Dijon-Senf |
| 2 | Champignons |
| 2 | Vollkornweizen-brötchen |
| 2 | Salatblätter (optional) |

**1** Alle Zutaten außer Champignons, Brötchen und Salat in eine Pfanne geben. Den Thymian zwischen Ihren Fingern zerreiben und in die Pfanne rieseln.

**2** Die Mischung auf hoher Flamme aufkochen, dann die Pilze hineingeben.

**3** 5 Minuten kochen, wenden und weitere 5 Minuten kochen.

**4** So lange kochen und wenden, bis die Pilze etwas geschrumpft, dunkelbraun und sehr zart geworden sind (insgesamt dauert das etwa 10 bis 15 Minuten; zu lange gegart ist besser als zu kurz).

**5** Nach Bedarf mehr Wasser zugeben, damit die Pilze nicht anbrennen oder an der Pfanne haften.

**6** Überschüssiges Wasser abgießen und die Pilze mit einem Papiertuch vorsichtig trocken tupfen. Sie sollen eher trocken sein, wenn Sie sie auf das Brötchen legen.

**7** Die Pilze mit der Öffnung nach oben auf die Brötchen legen und mit Guacamole, Avocado oder Ananas füllen.

✔ SCHNELL ✔ GLUTENFREI ✔ EIN-TOPF ✔ GÜNSTIG

UNTER 200 KALORIEN

# Bella Tacos

## NÄHRWERTE

1 TACO, MIT TORTILLA

| | |
|---|---|
| 163 | **Kalorien** |
| 1,7 g | **Fett** |
| 31,2 g | **Kohlenhydrate** |
| 6 g | **Ballaststoffe** |
| 2,3 g | **Zucker** |
| 9,1 g | **Eiweiß** |

**4 TACOS**

| | |
|---|---|
| 250 ml | Wasser |
| 1 EL | natriumarme Sojasauce |
| 1 EL | Hefeflocken |
| ½ TL | vegane Worcestershire-Sauce (S. 320) |
| ¼ TL | Knoblauchgranulat |
| ¼ TL | Zwiebelgranulat |
| 1 | kleine Zwiebel, gehackt |
| 2 | Champignons, gehackt |
| | Tacosauce (S. 310), (optional) |
| 4 | kleine Maistortillas |
| | Gehackter Salat |
| | Gewürfelte Tomaten |

**Eines meiner Lieblingsgerichte, wenn es schnell und einfach gehen muss. Diese Tacos sind im Handumdrehen fertig und damit ideal fürs Abendessen nach langen Arbeitstagen.**

**1** Wasser, Sojasauce, Hefeflocken, Worcestershire-Sauce, Knoblauchpulver und Zwiebelpulver in einer Pfanne verrühren.

**2** Auf hoher Flamme aufkochen.

**3** Zwiebel und Pilze zugeben. Sobald die Mischung wieder kocht, die Hitze reduzieren.

**4** Unter gelegentlichem Rühren weiterköcheln lassen, bis die Flüssigkeit vollständig verkocht ist.

**5** Währenddessen die Tacosauce vorbereiten (falls verwendet).

**6** Wenn die Pilze gar sind, auf Tortillas geben und mit Salat, Tomaten und der optionalen Tacosauce belegen.

### Anmerkung

» Anstelle der veganen Worcestershire-Sauce können Sie auch Vegemite oder Marmite verwenden.

SCHNELL · GLUTENFREI · GÜNSTIG

UNTER 150 KALORIEN

# Weiße Enchiladas

**Enchiladas blancas sind eines der am besten gehüteten Geheimnisse der mexikanischen Küche. Traditionell werden Enchiladas blancas mit Hühnerfleisch zubereitet und in Queso anstelle von Enchilada-Sauce getränkt.**

## NÄHRWERTE

| | |
|---|---|
| 137 | **Kalorien** |
| 1,4 g | **Fett** |
| 25,6 g | **Kohlenhydrate** |
| 4,9 g | **Ballaststoffe** |
| 0 g | **Zucker** |
| 5.8 g | **Eiweiß** |

** Tortilla nicht mit einberechnet; siehe dazu Nährwertangaben auf der Verpackung.*

## 4 ENCHILADAS

| | |
|---|---|
| 2 TL | Speisestärke |
| 2 EL | Wasser |
| 2 ½ EL | grüne Chilis |
| 125 ml | Pflanzendrink |
| 10 g | Hefeflocken |
| 1 TL | gelbe Misopaste |
| | Saft von 2 Zitronenspalten |
| ¼ TL | Chipotle-Chilipulver |
| | Ordentliche Prise schwarzer Pfeffer |
| 425 g | Kichererbsen (Dose), abgetropft und abgespült |
| 1 TL | Kreuzkümmel |
| 125 ml | Salsa Verde |
| | Chilipulver |
| 4 | Tortillas |

### Anmerkung

» Salsa Verde ist eine grüne, milde Salsa, die aus Tomatillos, Jalapeños, Zwiebeln, Limette, Koriander und Gewürzen zubereitet wird.

**1** Speisestärke und Wasser glatt rühren und beiseitestellen.

**2** Chilis, Pflanzendrink, Hefeflocken, Miso, Zitronensaft, Chipotle-Chilipulver und schwarzen Pfeffer im Mixer sehr glatt pürieren. Die Sauce in einen kleinen Topf geben, die Speisestärke zugeben und unter häufigem Rühren auf mittlerer Flamme fast zum Kochen bringen.

**3** Wenn die Sauce fast kocht, die Hitze stark reduzieren. Weiterrühren, bis die Sauce andickt.

**4** Nach Belieben mit mehr Chipotle-Chilipulver abschmecken (vorsichtig dosieren; auch wenig hat einen starken Effekt). Vom Herd nehmen und beiseitestellen.

**5** Die Kichererbsen in den Mixer geben (Sie müssen ihn nicht erst spülen) und ein paarmal schnell pürieren, bis die Kichererbsen geraspelt, aber nicht zu Mus püriert sind.

**6** In eine Schüssel geben und mit Kreuzkümmel, Salsa und einer großzügigen Prise Chilipulver vermengen. Nach Belieben mit mehr Chilipulver abschmecken.

**7** Die Kichererbsenmischung auf 4 Tortillas aufteilen und in der Mitte jeder Tortilla verstreichen.

**8** Aufrollen und mit der Naht nach unten auf einen mikrowellengeeigneten Teller legen.

**9** 20 bis 30 Sekunden in der Mikrowelle erhitzen, bis die Enchiladas gerade warm und die Tortillas weich sind. Die Enchiladas mit der weißen Sauce übergießen und servieren.

# SUPPEN, EINTÖPFE & DAL

UNTER 400 KALORIEN

✔ SCHNELL ✔ FETTFREI ✔ GLUTENFREI ✔ SOJAFREI ✔ EIN-TOPF ✔ GÜNSTIG ✔ EINE PORTION

# Schnelle Süßkartoffelsuppe

## NÄHRWERTE

| | |
|---|---|
| 383 | Kalorien |
| 0,9 g | Fett |
| 87,6 g | Kohlenhydrate |
| 13,9 g | Ballaststoffe |
| 26,1 g | Zucker |
| 8,7 g | Eiweiß |

**Sie haben eine Süßkartoffel? Dann ist Ihr Mittagessen – oder Abendessen – in weniger als 10 Minuten fertig!**

## 1 PORTION

| | |
|---|---|
| 250 ml | Gemüsebrühe |
| 270 g | Süßkartoffeln, geschält und gewürfelt |
| 1 | Knoblauchzehe, fein gehackt |
| 2 TL | fein gehackter frischer Ingwer |
| | Salz und Pfeffer, nach Belieben |

**1** Alle Zutaten in einen mittelgroßen Topf geben und aufkochen.

**2** Sobald die Brühe kocht, die Hitze stark reduzieren, den Deckel auf den Topf setzen und circa 5 Minuten köcheln lassen, bis die Süßkartoffeln gar sind.

**3** In einen Mixer gießen und glatt pürieren oder nur kurz pürieren, sodass noch ein paar Stücke erhalten bleiben.

**4** Mit Salz und Pfeffer abschmecken und servieren.

### Anmerkungen

» Diese Suppe hat einen kräftigen Ingwergeschmack. Um sie etwas abzumildern, reduzieren Sie den Ingwer auf 1 ½ TL und dosieren Sie vorsichtig, wenn Sie das doppelte Rezept kochen.

» Wenn Sie einen Hochleistungsmixer haben, der gleichzeitig erhitzen kann (zum Beispiel einen BlendTech oder Vita-Mix), können Sie auch alle Zutaten in den Mixer geben und pürieren, bis die Suppe warm ist (dann müssen Sie Ingwer und Knoblauch nicht einmal hacken).

» Für eine gehaltvollere Mahlzeit können Sie gekochte Gerste oder Wildreis zugeben, falls Sie von einer anderen Mahlzeit gerade welchen übrig haben.

✔SCHNELL ✔FETTFREI ✔GLUTENFREI ✔SOJAFREI ✔GÜNSTIG ✔EINE PORTION

UNTER 200 KALORIEN

# Rauchige Blumenkohlsuppe

### NÄHRWERTE

157 . . . . . . . . . . . **Kalorien**
0,5 g . . . . . . . . . . . . . . **Fett**
27,8 g . . . . **Kohlenhydrate**
6,9 g . . . . . . . **Ballaststoffe**
19,4 g . . . . . . . . . . . **Zucker**
13,9 g . . . . . . . . . . . **Eiweiß**

**1 PORTION**

| | |
|---|---|
| 1 | Blumenkohl, in Röschen geschnitten |
| 250 ml | Pflanzendrink |
| ½ TL | Cajun-Gewürz (S. 295) |
| ¼ TL | Zwiebelgranulat |
| ½ TL | Knoblauchgranulat |
| | Prise Paprikapulver |
| ⅛ TL | flüssiger Rauchextrakt (Liquid Smoke) |
| | Prise Salz |
| | Saft von 1 Zitronenspalte |
| | Schwarzer oder weißer Pfeffer, nach Belieben (optional) |

**Ich liebe Blumenkohl und Blumenkohlsuppe. Das einzige Problem ist, dass ich Blumenkohl an sich zwar lecker, aber meist ziemlich langweilig finde. Hier helfe ich mit Cajun-Gewürz (S. 295) und einem Hauch von Rauch nach, um die Suppe geschmacklich interessanter zu machen.**

**1** Den Boden eines großen Topfes dünn mit Wasser bedecken, das Wasser aufkochen.

**2** Blumenkohl hineingeben, die Hitze reduzieren, den Deckel auf den Topf setzen und den Blumenkohl circa 10 Minuten dünsten, bis er so weich und zart ist, dass er fast zerfällt.

**3** Währenddessen Pflanzendrink, Gewürze, ein paar Tropfen flüssigen Rauchextrakt, Salz und Zitronensaft in den Mixer geben und ein paar Sekunden lang pürieren.

**4** Den gekochten Blumenkohl zugeben (wenn nötig, in mehreren Portionen) und sehr cremig pürieren. Nach Bedarf mehr Pflanzendrink zugeben. Die Suppe soll schön dick und cremig sein.

**5** Die Suppe in einen kleinen Topf gießen und auf mittlerer Flamme schonend erhitzen.

**6** Nach Bedarf mit mehr Cajun-Gewürz oder flüssigem Rauchextrakt und mehr Salz oder Pfeffer abschmecken.

**7** Wenn die Suppe warm ist, abdecken und ein paar Minuten ruhen lassen, damit sich die Aromen richtig entfalten können. Mit einer Prise Cajun-Gewürz garnieren.

UNTER 150 KALORIEN

✔ SCHNELL ✔ GLUTENFREI ✔ EIN-TOPF

# Shiitake-Miso-Suppe

**Ich nenne diese Suppe auch »Werd-gesund-Suppe«, denn sie ist genau das, was ich brauche, wenn ich krank bin. Sie können die Portionen gehaltvoller machen, indem Sie Ihren Kühlschrank ausräumen. Grünes Blattgemüse, gekochte Nudeln oder Reis vom Vortag, gewürfelter Tofu und so weiter machen sich gut in diesem Rezept. Für etwas Abwechslung gebe ich außerdem gern 1 Teelöffel gehackten frischen Ingwer zu.**

**1** Die Wurzeln der Frühlingszwiebeln entfernen. Die weißen und grünen Anteile in feine Scheiben schneiden und beiseitestellen.

**2** Den Boden eines mittelgroßen Topfes dünn mit Wasser bedecken.

**3** Die Pilze zugeben und auf hoher Flamme dünsten, bis sie beginnen weich zu werden.

**4** Die roten Chiliflocken und 1 Esslöffel Miso zugeben, ein paarmal umrühren, damit sich die Misopaste im Wasser auflöst, und ein paar Minuten mitköcheln.

**5** Zwiebeln und das übrige Wasser zugeben und fast aufkochen lassen.

**6** Wenn die Suppe fast kocht, die Hitze stark reduzieren.

**7** Nach Belieben mit mehr Miso abschmecken (ich verwende normalerweise insgesamt 2 ½ Esslöffel, aber alle Sorten unterscheiden sich). Manche Sorten sind weniger salzig als andere, eventuell müssen Sie also außerdem noch einen Spritzer natriumarme Sojasauce zugeben. Wenn Sie Misosuppe mit Fischgeschmack mögen (wie sie traditionell serviert wird), kochen Sie außerdem etwas Seetang mit.

**8** Beliebige andere Zutaten zugeben und köcheln lassen, bis alles gar und warm ist.

**9** Den Herd abschalten und die Suppe 5 Minuten ruhen lassen, damit sich die Aromen richtig entwickeln können.

## NÄHRWERTE

| | |
|---|---|
| 128 | **Kalorien** |
| 1,5 g | **Fett** |
| 28 g | **Kohlenhydrate** |
| 5,2 g | **Ballaststoffe** |
| 7,4 g | **Zucker** |
| 5,1 g | **Eiweiß** |

## 1 PORTION

| | |
|---|---|
| 3 | Frühlingszwiebeln |
| 500 ml | Wasser |
| 65 g | Shiitake, in Scheiben |
| | Kleine Prise rote Chiliflocken |
| 1 EL | gelbe Misopaste |
| | Natriumarme Sojasauce (optional) |
| | Seetang (optional) |

### Anmerkung

» Wenn Sie getrocknete Shiitake verwenden möchten, müssen sie vor Verwendung in heißem Wasser eingeweicht werden. Das Einweichwasser für die Brühe aufbewahren, aber vor Verwendung etwaigen Schmutz heraussieben. Circa 15 g getrocknete Shiitake entsprechen 65 g frischen Pilzen.

✔ SCHNELL ✔ FETTFREI ✔ GLUTENFREI ✔ SOJAFREI ✔ GÜNSTIG

UNTER 150 KALORIEN

# Schwarze-Bohnen- & Salsa-Suppe

## NÄHRWERTE

OHNE CHIPS

| | |
|---|---|
| 133 | **Kalorien** |
| 0,6 g | **Fett** |
| 23,8 g | **Kohlenhydrate** |
| 4,6 g | **Ballaststoffe** |
| 3,2 g | **Zucker** |
| 6,4 g | **Eiweiß** |

**4 PORTIONEN**

| | |
|---|---|
| 425 g | schwarze Bohnen (Dose), abgetropft und abgespült |
| 250 ml | Salsa |
| 375 ml | Gemüsebrühe |
| ½ TL | gemahlener Kreuzkümmel |
| 200 g | Tiefkühlmais, aufgetaut |
| | Spritzer Chilisauce |
| | Mais-Chips |

**Ich koche diese Suppe schon seit ich denken kann. Sie kostet weniger als € 1 pro Portion und wäre für mich an der Uni und während meines Jurastudiums, als ich ständig pleite war, nicht wegzudenken gewesen. Doch ich liebe die Suppe immer noch und koche sie häufig dann, wenn Kühlschrank und Vorratsschrank nicht viel hergeben.**

**1** 165 g Bohnen, Salsa, Brühe und Kreuzkümmel in einen Mixer geben und glatt pürieren.

**2** In einen Topf geben und die übrigen Bohnen, Mais und Chilisauce zugeben.

**3** Gut umrühren und auf niedriger Flamme durch und durch erhitzen.

**4** Wenn die Suppe warm ist, mit zerbrochenen Mais-Chips garnieren und servieren. Etwas frisch gehackter Koriander und ein Klecks Sour Cream (S. 292) oder veganer Joghurt machen sich ebenfalls gut als Garnierungen.

### Anmerkung

» Traditionelle Salsa auf Tomatenbasis ist für dieses Rezept am besten geeignet.

UNTER 250 KALORIEN

✔ GLUTENFREI ✔ SOJAFREI ✔ EIN-TOPF ✔ GÜNSTIG

# Mogel-Erdnuss-Eintopf

**Meine Freundin Bethany lebte eine Zeit lang in Uganda und brachte ein geniales Rezept für Erdnuss-Eintopf (Malakwang) mit. Erdnüsse, die dort auch »g-nuts« (kurz für »ground nuts«) heißen, werden in vielen der regionalen Rezepte verwendet und verleihen diesem Eintopf ein leckeres, cremiges Element und einen komplexen Geschmack. Ich nenne dieses Rezept ein »Mogelrezept«, da ich Erdnussbutter verwende, es nicht fettfrei ist und weil ich das traditionelle Rezept sehr vereinfacht habe.**

**NÄHRWERTE**

MIT ERDNUSSBUTTER

| | |
|---|---|
| 215 | **Kalorien** |
| 6,8 g | **Fett** |
| 30,4 g | **Kohlenhydrate** |
| 6,8 g | **Ballaststoffe** |
| 3,6 g | **Zucker** |
| 10,6 g | **Eiweiß** |

**4 PORTIONEN**

| | |
|---|---|
| 250 ml | Gemüsebrühe |
| 225 ml | Tomatensauce (Dose) |
| 2 ½ EL | Erdnussbutter (cremig) |
| 425 g | Kichererbsen (Dose), abgetropft und abgespült |
| 4 | Handvoll Babyspinat (oder ein anderes grünes Blattgemüse) |

1 Brühe und Tomatensauce in einem mittelgroßen Topf gut mit der Erdnussbutter verrühren.

2 Auf niedriger Flamme erhitzen. Kichererbsen und Spinat zugeben.

3 Unter regelmäßigem Rühren köcheln lassen, bis alles durch und durch warm ist und der Spinat zerfällt.

4 Vom Herd nehmen und 5 bis 15 Minuten ruhen lassen. Je länger Sie den Eintopf stehen lassen, desto cremiger wird er. Außerdem können die Aromen so mit dem Spinat und den Kichererbsen verschmelzen.

## FETTARMER ERDNUSS-EINTOPF

Anstelle der Erdnussbutter beliebige Menge Erdnussmehl verwenden; beginnen Sie mit circa 1 Esslöffel. Erdnussmehl ist über den Internethandel und in Reformhäusern erhältlich.

### Anmerkungen

» In Uganda wird Erdnuss-Eintopf traditionell zu (gedünstetem oder gekochtem) Maniok, auch bekannt als Cassava oder Yucca, serviert. Maniok ist eine stärkehaltige Wurzel ähnlich einer Kartoffel mit weißem Fleisch und einer braunen Schale.

» Maniok ist in den USA in manchen Supermärkten (insbesondere in lateinamerikanischen und asiatischen) erhältlich, aber ich peppe diesen Eintopf lieber mit Toast oder meinen kleinen Vollkorn-Salzbrötchen (S. 43) auf. Grob zerstampfte Süßkartoffeln sind zwar etwas völlig anderes, machen sich aber auch gut als Maniok-Ersatz.

✓ SCHNELL ✓ FETTFREI ✓ GLUTENFREI ✓ SOJAFREI ✓ EIN-TOPF ✓ GÜNSTIG

UNTER 150 KALORIEN

# Marokkanische Linsensuppe

## NÄHRWERTE

1 PORTION

| | |
|---|---|
| 128 | **Kalorien** |
| 0,5 g | **Fett** |
| 24,4 g | **Kohlenhydrate** |
| 10,4 g | **Ballaststoffe** |
| 5,5 g | **Zucker** |
| 7,7 g | **Eiweiß** |

**4 PORTIONEN**

| | |
|---|---|
| 1 | kleine Zwiebel, gewürfelt |
| 2 | Knoblauchzehen, fein gehackt |
| 750 ml | Gemüsebrühe |
| 90 g | rote Linsen |
| 425 g | Tomaten, stückig (Dose) |
| 1 | große Möhre, in Scheiben |
| 2 | Selleriestangen, in Scheiben |
| 1 TL | Garam Masala |
| 1 TL | Paprika |
| 1 TL | gemahlener Ingwer |
| ½ TL | gemahlener Kreuzkümmel |
| ½ TL | gemahlener Zimt |
| ½ TL | mildes Currypulver |
| | Salz |

**Quasi aus dem Schrank in die Schüssel! Diese köstliche Suppe habe ich vor Jahren während einer meiner »Vorratsschrank-Challenges« entwickelt. Hin und wieder zwinge ich mich dazu, nur mit Zutaten zu kochen, die ich in meinem Vorratsschrank finde, um mich daran zu erinnern, dass eine leckere und sättigende Mahlzeit immer zur Hand ist, auch wenn im Kühlschrank gähnende Leere herrscht. (Außerdem wirken Sie so einem Hamstern von Lebensmitteln entgegen!)**

**1** Den Boden eines mittelgroßen Topfs dünn mit Wasser bedecken und Zwiebeln und Knoblauch auf hoher Flamme darin dünsten, bis das Wasser verkocht ist.

**2** Die übrigen Zutaten außer dem Salz in der angegebenen Reihenfolge zugeben.

**3** Aufkochen, den Deckel auf den Topf setzen, die Hitze stark reduzieren und 15 Minuten kochen, bis die Linsen gar sind (sie gehen auf und nehmen einen orangenen Farbton an).

**4** Nach Belieben salzen.

**5** Die Hälfte der Suppe in einen Mixer geben und glatt pürieren, dann wieder unter die restliche Suppe mischen. Sie können dafür auch einen Pürierstab verwenden.

**6** Den Deckel wieder auf den Topf setzen und 5 bis 10 Minuten auf dem warmen Herd stehen lassen, damit die Aromen verschmelzen können.

UNTER 100 KALORIEN

✔ SCHNELL ✔ FETTFREI ✔ GLUTENFREI ✔ SOJAFREI ✔ EIN-TOPF ✔ GÜNSTIG

# Minestrone

**Ein hervorragendes Rezept zum Ende der Woche, wenn Sie vor dem nächsten Einkauf den Kühlschrank leeren müssen, denn zu dieser Minestrone passt einfach alles. Sie hat diesen wunderbaren Geschmack einer langsam geköchelten Suppe, ist aber in Wahrheit sehr schnell gemacht. Ich verwende meistens Möhren, Zucchini und Kürbis, aber wie gesagt, nehmen Sie einfach, was Sie schon da haben.**

## NÄHRWERTE

1 PORTION; NUR GEMÜSE, OHNE REIS, BOHNEN ODER NUDELN

| | |
|---|---|
| 60 | **Kalorien** |
| 0,9 g | **Fett** |
| 11,5 g | **Kohlenhydrate** |
| 4,7 g | **Ballaststoffe** |
| 3 g | **Zucker** |
| 2,3 g | **Eiweiß** |

## 8 PORTIONEN

| | |
|---|---|
| 1 | kleine Zwiebel, gewürfelt |
| 4 | Knoblauchzehen, fein gehackt |
| 500 g | geschnittenes/gehacktes Gemüse |
| | Rote Chiliflocken (optional) |
| 1 EL | italienische Gewürzmischung |
| 500 ml | Gemüsebrühe |
| 1 EL | Rotweinessig |
| 235 ml | Tomatensauce (Dose) |
| 425 g | Tomaten, stückig (Dose) |
| 425 g | weiße Bohnen (Dose, optional) |
| | Salz und Pfeffer, nach Belieben |

**1** Den Boden eines großen Topfs dünn mit Wasser bedecken und Zwiebeln, Knoblauch und eine Prise rote Chiliflocken (falls verwendet) eine Minute darin dünsten.

**2** Italienische Gewürzmischung zugeben und noch circa 1 weitere Minute köcheln lassen, bis die Mischung duftet. Alle übrigen Zutaten außer Bohnen, Salz und Pfeffer, aber einschließlich des gehackten Gemüses Ihrer Wahl, zugeben und umrühren.

**3** Aufkochen lassen, dann einen Deckel auf den Topf setzen, die Hitze stark reduzieren und 10 bis 20 Minuten köcheln lassen, bis das Gemüse weich ist.

**4** Bohnen (falls verwendet) und gekochten Reis oder Nudeln (siehe Anmerkung) zugeben und erhitzen, bis alles durch und durch warm ist.

**5** Mit Salz und Pfeffer abschmecken und servieren.

### Anmerkung

» Feuergeröstete Tomaten sind besonders lecker in diesem Rezept. Anstelle der optionalen Bohnen können Sie auch gekochten Reis oder Nudeln – oder alle drei! – verwenden.

✔ SCHNELL ✔ GLUTENFREI ✔ SOJAFREI ✔ GÜNSTIG

UNTER 250 KALORIEN

# Red Red

Dieser aromatische Bohneneintopf ist ein klassisches Gericht aus Ghana. Er verkörpert alles, was ich an der afrikanischen Küche so liebe: ein paar einfache Zutaten, die gemeinsam eine komplexe, sättigende und köstliche Mahlzeit kreieren. Traditionell wird er zu gebratenen Kochbananen serviert, aber ich nehme der Einfachheit halber gewöhnliche gebratene Bananen. Ich weiß, Bananen mit Tomateneintopf klingt ziemlich merkwürdig, aber vertrauen Sie mir – die Bananen machen die Sache rund!

## NÄHRWERTE

OHNE REIS ODER BANANEN

| | |
|---|---|
| 221 | Kalorien |
| 2 g | Fett |
| 42,7 g | Kohlenhydrate |
| 10,7 g | Ballaststoffe |
| 9,9 g | Zucker |
| 12,6 g | Eiweiß |

MIT BANANEN; OHNE REIS

| | |
|---|---|
| 342 | Kalorien |
| 2,5 g | Fett |
| 73,8 g | Kohlenhydrate |
| 14,3 g | Ballaststoffe |
| 26,5 g | Zucker |
| 14,1 g | Eiweiß |

## 2 PORTIONEN

| | |
|---|---|
| 400 g | Tomaten, stückig (Dose, mit Saft) |
| 1 | Brühwürfel |
| 1 | kleine rote Zwiebel, gewürfelt |
| 3 | Knoblauchzehen, fein gehackt |
| 1 EL | gehackter frischer Ingwer |
| | Großzügige Prise Paprikapulver |
| ¼ TL | Cayennepfeffer |
| 425 g | Augenbohnen (Dose), abgetropft und abgespült |
| | Salz und Pfeffer, nach Belieben |
| | Gekochter brauner Reis, nach Belieben |
| | Gebratene Bananen (S. 276) |

1 Die Hälfte der gewürfelten Tomaten mit dem Brühwürfel im Mixer zerkleinern, aber nicht glatt pürieren. Beiseitestellen.

2 Den Boden eines großen Topfs dünn mit Wasser bedecken und Zwiebeln, Knoblauch und Ingwer circa 2 Minuten dünsten, bis alles weich ist und einen helleren Farbton angenommen hat.

3 Paprikapulver und Cayennepfeffer zugeben und unterrühren.

4 Die Hitze reduzieren, dann die restlichen stückigen und die zerkleinerten Tomaten zugeben.

5 Einige Minuten erhitzen; dabei gut umrühren.

6 Die Bohnen zugeben und erneut gut umrühren.

7 Einen Deckel auf den Topf setzen und (auf niedriger Hitze) 5 bis 10 Minuten garen, bis die Bohnen warm sind.

8 Nach Belieben mit mehr Cayennepfeffer abschmecken und mit Salz und Pfeffer würzen. Wenn die Tomaten noch zu säuerlich sind, mit einem Tropfen Agavendicksaft oder einer Prise Zucker süßen.

9 Zu braunem Reis oder gebratenen Bananen servieren.

UNTER 300 KALORIEN

✔ SCHNELL ✔ GLUTENFREI ✔ SOJAFREI ✔ GÜNSTIG

# Äthiopischer Kichererbsen-eintopf

**Ich liebe diesen äthiopischen Eintopf, denn er schmeckt, als hätte er den ganzen Tag langsam vor sich hin geköchelt, ist aber in nur etwa 20 Minuten gemacht.**

1 Den Boden eines großen Topfs dünn mit Wasser bedecken und Zwiebeln, Knoblauch und Ingwer circa 2 Minuten dünsten, bis die Mischung duftet und die Zwiebeln weich sind.

2 1 bis 2 Teelöffel Berbere und eine Prise Kardamom unterrühren, dann Tomatensauce, 375 ml Brühe und Kichererbsen zugeben.

3 Aufkochen, einen Deckel auf den Topf setzen und köcheln lassen.

4 Währenddessen eine Pfanne erhitzen. Sie ist heiß genug, wenn ein Tropfen Wasser schnell darin zischt.

5 Kichererbsenmehl in die Pfanne geben und unter ständigem Rühren auf mittlerer Flamme rösten, bis es duftet. Das Mehl nimmt dabei erst einen dunklen, goldbraunen Farbton an und wird dann hellbraun. Lassen Sie es nicht anbrennen; es macht nichts, wenn es ein bisschen anbrennt, aber vermeiden Sie viele dunkelbraune oder schwarze Stellen.

6 Das geröstete Kichererbsenmehl mit den übrigen 125 ml Brühe (am besten kalt) ablöschen, alles verrühren, dann zur Suppe gießen.

7 Sehr gut unterrühren. Noch 5 Minuten auf niedriger Hitze köcheln lassen.

8 Nach Belieben mit mehr Berbere und Salz und Pfeffer abschmecken.

## NÄHRWERTE

| | |
|---|---|
| 256 | **Kalorien** |
| 3,1 g | **Fett** |
| 47,6 g | **Kohlenhydrate** |
| 10,6 g | **Ballaststoffe** |
| 7,5 g | **Zucker** |
| 11,4 g | **Eiweiß** |

## 4 PORTIONEN

| | |
|---|---|
| 1 | kleine rote Zwiebel, gewürfelt |
| 3 | Knoblauchzehen, fein gehackt |
| 1 | 2,5 cm großes Stück frischer Ingwer, fein gehackt |
| 2-4 TL | Berbere (S. 293) |
| | Prise Kardamom (optional) |
| 235 ml | Tomatensauce (Dose) |
| 500 ml | Gemüsebrühe |
| 425 g | Kichererbsen (Dose), abgetropft und abgespült |
| 35 g | Kichererbsenmehl |
| | Salz und Pfeffer, nach Belieben |

### Anmerkung

» Wenn Sie gekauftes Berbere verwenden, nehmen Sie am besten zunächst nur 1 Teelöffel. Manche Marken sind explosiv scharf.

✔SCHNELL ✔GLUTENFREI ✔SOJAFREI ✔EIN-TOPF ✔GÜNSTIG

UNTER 300 KALORIEN

# NOLA-Gumbo

## NÄHRWERTE

OHNE REIS

| | |
|---|---|
| 257 | **Kalorien** |
| 1,2 g | **Fett** |
| 52,2 g | **Kohlenhydrate** |
| 12,2 g | **Ballaststoffe** |
| 8,6 g | **Zucker** |
| 12,2 g | **Eiweiß** |

**4 PORTIONEN**

| | |
|---|---|
| 25 g | Vollkornweizenmehl |
| 4 | Knoblauchzehen, fein gehackt |
| 1 | kleine Zwiebel, fein gewürfelt |
| 2 | Selleriestangen, fein gewürfelt |
| 1 | grüne Paprika, entkernt und gewürfelt |
| 1 EL | Cajun-Gewürz (S. 295) |
| 1-2 EL | Tabasco (oder eine andere scharfe Sauce) |
| 400 g | Tomaten (Dose, mit Saft) |
| 425 g | Kidneybohnen (Dose), abgetropft und abgespült |
| 500 ml | Gemüsebrühe |
| | Prise getrockneter Oregano |
| | Prise getrockneter Thymian |
| | Prise getrocknetes Basilikum |

**Als ich das erste Mal mit meinen Eltern in New Orleans war, war ich erst 12 Jahre alt. Ich war vollkommen in die Stadt vernarrt: Wie die Leute dort sprachen, die wunderschöne Architektur und natürlich das Essen. Die beliebten Gerichte, die der kreolischen oder Cajun-Küche zugeschrieben werden, sind meistens nicht vegetarisch, aber manche von ihnen, wie Gumbo zum Beispiel, werden während der Fastenzeit vegetarisch zubereitet. Dieses Gumbo ist vegan, fängt aber den ganzen Geschmack, für den die Cajun-Küche so bekannt ist, ein. Das Geheimnis des großartigen Geschmacks ist der Roux oder die Mehlschwitze. Zu braunem Reis oder Bayou-Maisbrot (S. 72) servieren (wenn Sie Maisbrot nehmen, in Stücke brechen und ins Gumbo fallen lassen).**

1 Nehmen Sie einen großen Topf, der innen vollkommen trocken ist.

2 Das Mehl auf hoher Flamme unter regelmäßigem Rühren darin rösten, bis es dunkel wird und duftet, aber passen Sie auf, dass es nicht anbrennt.

3 Das Mehl aus dem Topf stürzen und beiseitestellen.

4 Den Boden des Topfs dünn mit Wasser bedecken und den Knoblauch eine Minute auf hoher Flamme dünsten.

5 Zwiebel, Staudensellerie und Paprika zugeben und 2 Minuten mitbraten, bis die Zwiebel glasig ist, die Paprika leuchtend grün und der Großteil der Flüssigkeit verkocht ist. Den Herd abschalten, das Mehl zugeben und gut unterrühren.

6 Cajun-Gewürz und scharfe Sauce unterrühren; dann die Tomaten inklusive Saft, Bohnen und Gemüsebrühe zugeben.

7 Oregano, Thymian und Basilikum (dosieren Sie ruhig nach Intuition!) einrühren.

8 Fast zum Kochen bringen, einen Deckel auf den Topf setzen, die Hitze reduzieren und ein paar Minuten köcheln lassen, bis alles gut warm ist.

9 Nach Belieben mit mehr Cajun-Gewürz, scharfer Sauce (oder Cayennepfeffer) und Salz abschmecken.

### Anmerkungen

» Anstelle des Vollkornweizenmehls können Sie ein glutenfreies Mehl verwenden.

» Für mehr Komplexität und einen traditionelleren Geschmack eine scharfe vegane Wurst in Scheiben schneiden und unterrühren.

UNTER 100 KALORIEN

✔ SCHNELL ✔ FETTFREI ✔ GLUTENFREI ✔ SOJAFREI ✔ GÜNSTIG

# Jalapeño-Butternusskürbis-Suppe

**Ich versuche immer wieder gerne Butternusskürbis-Suppe neu zu erfinden. Dieses Gericht entstand eines Nachmittags, als ich außer Butternusskürbis und Jalapeños nichts im Kühlschrank hatte – und ist wahrscheinlich meine bislang liebste Version von Butternusskürbis-Suppe!**

1 Den Boden eines großen Topfs dünn mit Brühe bedecken.

2 Knoblauch, Ingwer und Jalapeño circa 1 Minute dünsten, bis sie duften.

3 Die übrige Brühe und den Butternusskürbis zugeben und aufkochen lassen.

4 Die Hitze stark reduzieren und alles circa 8 Minuten köcheln lassen, bis die Kürbiswürfel weich sind.

5 Die Suppe (falls nötig portionsweise) in einen Mixer geben und glatt und cremig pürieren. Nach Bedarf mehr Brühe zugeben.

6 Anschließend wieder in den Topf geben und mit Ahornsirup und Chipotle-Chilipulver abschmecken. Wenn die Suppe zu scharf geworden ist, mit etwas Pflanzendrink abmildern. Zum Schluss mit natriumarmer Sojasauce oder (wenn es sojafrei sein soll) etwas Salz würzen.

## NÄHRWERTE

| | |
|---|---|
| 76 | **Kalorien** |
| 0,2 g | **Fett** |
| 18,9 g | **Kohlenhydrate** |
| 3,1 g | **Ballaststoffe** |
| 8,2 g | **Zucker** |
| 1,2 g | **Eiweiß** |

## 2 PORTIONEN

| | |
|---|---|
| 250 ml | Gemüsebrühe |
| 1 ½ EL | fein gehackter Knoblauch |
| 1 EL | gehackter frischer Ingwer |
| 1 EL | gehackte Jalapeño |
| 125 g | Butternusskürbis, gewürfelt |
| 1 EL | Ahornsirup |
| | Prise Chipotle-Chilipulver |
| ¼ TL | natriumarme Sojasauce (optional) |

### Anmerkung

» Den Butternusskürbis können Sie durch Süßkartoffeln oder Yamswurzeln ersetzen.

✔ SCHNELL ✔ GLUTENFREI ✔ EIN-TOPF ✔ GÜNSTIG

UNTER 300 KALORIEN

# Mexikanische Vischsuppe

**Ich liebe sämige Fischsuppen und ich liebe mexikanisches Essen; diese Kombination lag also nahe!**

## NÄHRWERTE

| | |
|---|---|
| 252 | **Kalorien** |
| 2,4 g | **Fett** |
| 43,4 g | **Kohlenhydrate** |
| 9,6 g | **Ballaststoffe** |
| 13 g | **Zucker** |
| 16 g | **Eiweiß** |

## 3 PORTIONEN

| | |
|---|---|
| 1 | kleine süße Zwiebel, fein gewürfelt |
| 2 | Knoblauchzehen, fein gehackt |
| 1 | rote Paprika, entkernt und gewürfelt |
| 1 | grüne Paprika, entkernt und gewürfelt |
| 2 TL | Chilipulver |
| ½ TL | Paprikapulver |
| ½ TL | gemahlener Kreuzkümmel |
| 10 g | Hefeflocken |
| 250 ml | Pflanzendrink |
| 2 EL | Ketchup |
| 1 EL | gelbe Misopaste |
| 200 g | Mais |
| 200 g | schwarze Bohnen (Dose) |
| | Saft von 1 oder mehr Limettenspalten |
| | Salz und Pfeffer, nach Belieben |
| | Mais-Chips (optional) |

**Garnierungen:** Sour Cream (S. 292), veganer Joghurt oder gehackter Koriander

1. Den Boden eines großen Topfes dünn mit Wasser bedecken, das Wasser aufkochen.
2. Zwiebel und Knoblauch hineingeben und 2 Minuten glasig dünsten.
3. Paprika und Gewürze zugeben, die Hitze etwas reduzieren und weiterköcheln lassen.
4. Währenddessen die Hefeflocken mit Pflanzendrink und Ketchup verquirlen, dann ebenfalls in den Topf gießen und alles gut verrühren.
5. Miso, Mais und schwarze Bohnen unterrühren.
6. Den Saft der Limettenspalte zugeben und umrühren.
7. Nach Belieben mit mehr Limettensaft und Salz und Pfeffer abschmecken.
8. Für einen kräftigeren Käsegeschmack mit 1 oder 2 weiteren Esslöffeln Hefeflocken abschmecken.
9. Dazu Mais-Chips servieren. Wenn Sie möchten, mit einem Klecks Sour Cream, veganem Joghurt oder gehacktem Koriander garnieren.

### Anmerkung

» Wenn die Suppe zu dick ist, geben Sie etwas Tomatensauce, Brühe oder mehr Pflanzendrink zu.

UNTER 250 KALORIEN

✓ SCHNELL ✓ FETTFREI ✓ GLUTENFREI ✓ SOJAFREI ✓ GÜNSTIG

# Süßkartoffel-Dal

**Diese Suppe ist dal-ikat! Sie ist so aromatisch, dass Sie sich garantiert einen Nachschlag holen – oder zwei!**

1 Den Boden eines mittelgroßen Topfs dünn mit Wasser bedecken und Zwiebel und Knoblauch eine Minute dünsten.

2 Rote Chiliflocken zugeben und köcheln lassen, bis das Wasser vollständig verkocht ist.

3 Kurkuma und ¼ Teelöffel Garam Masala zugeben und unterrühren.

4 250 ml Brühe und die getrockneten Linsen unterrühren und aufkochen lassen.

5 Sobald die Brühe kocht, die Hitze stark reduzieren, den Deckel auf den Topf setzen und circa 5 Minuten verdeckt köcheln lassen.

6 Die Süßkartoffeln zugeben, wieder aufkochen, Hitze reduzieren und noch etwa 5 Minuten köcheln lassen, bis die Linsen gar sind (sie gehen beim Kochen auf und die Suppe dickt an). Gelegentlich prüfen, ob Sie mehr Brühe zugießen müssen (normalerweise gebe ich noch 125 ml hinzu, aber das variiert).

7 Wenn die Linsen und Süßkartoffeln gar sind, können Sie die Suppe probieren.

8 Nach Belieben mit mehr Garam Masala abschmecken (ich nehme gern noch ¼ Teelöffel mehr, aber nicht alle Garam-Masala-Mischungen sind gleich kräftig im Geschmack).

9 Spinat unterrühren, bis er weich wird und zerfällt.

10 Mit Salz und Pfeffer abschmecken und servieren.

## NÄHRWERTE

232 ........... **Kalorien**
0,9 g .............. **Fett**
42,2 g .... **Kohlenhydrate**
17,7 g ...... **Ballaststoffe**
4,7 g ............ **Zucker**
15,4 g ........... **Eiweiß**

## 2 PORTIONEN

| | |
|---|---|
| 1 | kleine Süßkartoffel, geschält und in 1,5 cm große Würfel geschnitten |
| 1 | kleine Zwiebel, fein gehackt |
| 3 | Knoblauchzehen, fein gehackt |
| 1 od. 2 | Prisen rote Chiliflocken |
| ¼ TL | Kurkuma |
| ¼ TL | Garam Masala |
| 250 ml | Gemüsebrühe |
| 90 g | getrocknete rote Linsen |
| 4 | Handvoll Spinat |
| | Salz und Pfeffer |

✔ SCHNELL ✔ FETTFREI ✔ GLUTENFREI ✔ SOJAFREI ✔ GÜNSTIG

UNTER 300 KALORIEN

# Chili Rustikal

## NÄHRWERTE

| | |
|---|---|
| 253 | **Kalorien** |
| 2,9 g | **Fett** |
| 46,5 g | **Kohlenhydrate** |
| 15,1 g | **Ballaststoffe** |
| 18,9 g | **Zucker** |
| 18,1 g | **Eiweiß** |

**Chili ohne Bohnen? Ja! Chili ohne Bohnen! Blumenkohl ist die Überraschungszutat in diesem sättigenden und befriedigenden, aber kalorienarmen Chili.**

## 2 PORTIONEN

| | |
|---|---|
| 450 g | braune Champignons |
| 500 ml | Keine-Rinderbrühe (S. 316) |
| 1 | süße Zwiebel, gewürfelt |
| 3 | Knoblauchzehen, fein gehackt |
| 425 g | feuergeröstete Tomaten, stückig (Dose) |
| 1 EL | Apfelessig |
| 2 EL | Chilipulver |
| 1 TL | gemahlener Kreuzkümmel |
| 1 TL | getrockneter Oregano |
| 1 EL | Steaksauce (oder Ketchup) |
| 2 TL | gelber Senf |
| ½ TL | mildes Currypulver |
| 1 | Blumenkohl, in kleine Röschen geschnitten |
| | Cayennepfeffer oder Chilisauce (nach Belieben) |
| | Salz und Pfeffer, nach Belieben |

**1** Die Pilze im Mixer oder der Küchenmaschine so zerkleinern, dass sie an gehackte Oliven erinnern.

**2** Die Brühe in einen großen Topf gießen. Pilze, Zwiebel und Knoblauch zugeben und auf hoher Flamme einige Minuten erhitzen.

**3** Tomaten mit Saft, Essig und alle Gewürze bis zum Currypulver zugeben und unterrühren.

**4** Blumenkohl zugeben und aufkochen lassen.

**5** Sobald die Mischung kocht, die Hitze stark reduzieren, einen Deckel auf den Topf setzen und 10 Minuten köcheln lassen, bis der Blumenkohl weich und goldbraun ist. Das Chili dabei gelegentlich umrühren.

**6** Nach Belieben mit mehr Cayennepfeffer oder Chilisauce (zum Beispiel Tabasco oder Cholula) würzen und mit Salz und Pfeffer abschmecken.

# SALATE & DRESSINGS

✔ SCHNELL ✔ GLUTENFREI ✔ SOJAFREI ✔ IM VORRAUS

UNTER 200 KALORIEN

# Birnen-Rucola-Salat

## NÄHRWERTE

| | |
|---|---|
| 168 | **Kalorien** |
| 1,6 g | **Fett** |
| 37,2 g | **Kohlenhydrate** |
| 6,4 g | **Ballaststoffe** |
| 16,4 g | **Zucker** |
| 4,2 g | **Eiweiß** |

**2 PORTIONEN**

| | |
|---|---|
| 45 g | Quinoa |
| 125 ml | Wasser |
| 70 g | Rucola |
| 1 | Boscs-Flaschenbirne, in Scheiben |
| 1 | grüner Apfel, in Scheiben |
| | Balsamico-Dijon-Vinaigrette (S. 134) |

**Rucola und Birnen wurden dafür geschaffen, in einem Salat vereint zu werden. Die Schärfe des Rucolas passt so wunderbar zur Süße der Birne. Quinoa und ein herber Apfel verleihen diesem Salat noch mehr Nährwert und geschmackliche Tiefe.**

1. Quinoa und 125 ml Wasser in einen Topf geben.
2. Einen Deckel auf den Topf setzen und das Wasser aufkochen lassen.
3. Wenn das Wasser kocht, die Hitze stark reduzieren und die Quinoa circa 15 Minuten köcheln lassen, bis sie fluffig wird und das Wasser vollständig verkocht ist.
4. Währenddessen Rucola, Birnen- und Apfelscheiben auf Tellern anrichten und das Dressing vorbereiten.
5. Die gekochte Quinoa (warm oder abgekühlt) mit einem Löffel auf den Salat geben und großzügig mit Dressing beträufeln.

**Im Voraus** Um Zeit zu sparen, können Sie die Quinoa im Voraus kochen oder sogar den ganzen Salat vorbereiten: Dann alle Zutaten (außer dem Dressing) vermischen und später als gekühlten Salat servieren.

UNTER 350 KALORIEN

✔ SCHNELL ✔ GLUTENFREI ✔ SOJAFREI ✔ IM VORRAUS

# Curry-Quinoa-Salat

**Die Curry-Quinoa verpasst diesem erfrischenden Spinatsalat einen netten Proteinschub. Die Menge macht sich gut als Mahlzeit für zwei oder als Beilage für vier Personen.**

## NÄHRWERTE

OHNE JOGHURT

| | |
|---|---|
| 331 | **Kalorien** |
| 4,1 g | **Fett** |
| 66,9 g | **Kohlenhydrate** |
| 8,01 g | **Ballaststoffe** |
| 29,5 g | **Zucker** |
| 12,1 g | **Eiweiß** |

## 2 PORTIONEN

| | |
|---|---|
| 100 g | Quinoa |
| 250 ml | Gemüsebrühe |
| 1 TL | mildes gelbes Currypulver |
| | Prise Paprikapulver |
| 4 | Handvoll frischer Babyspinat |
| 1 | Mango, gewürfelt |
| 1 | Gurke, in Scheiben |
| 2 | Stangen Staudensellerie, in Scheiben (optional) |
| 25 g | Rosinen (optional) |
| 170 g | veganer Jogurt (optional) |
| | Frische Minze oder Koriander, fein gehackt, nach Belieben (optional) |

1 Die ungekochte Quinoa, Brühe, Currypulver und Paprikapulver in einem Topf verrühren.

2 Einen Deckel auf den Topf setzen und das Wasser aufkochen lassen.

3 Wenn es kocht, die Hitze stark reduzieren und die Quinoa 15 Minuten köcheln lassen, bis das Wasser vollständig verkocht ist.

4 Den Spinat mit den restlichen Zutaten (außer dem Joghurt) vermischen und auf Tellern anrichten.

5 Die Quinoa (warm oder abgekühlt) auf dem Spinat anrichten.

6 Zusätzlich einen Klecks Naturjoghurt auf die Teller geben oder für ein kühles Dressing fein gehackte frische Minze oder Koriander unter den Joghurt rühren.

**Im Voraus** Um Zeit zu sparen, können Sie die Quinoa im Voraus kochen oder sogar den ganzen Salat vorbereiten: Dann alle Zutaten (außer dem Joghurt) vermischen und später als gekühlten Salat servieren.

### Anmerkungen

» Da sich viele Nährstoffe in der Schale befinden, lasse ich die Gurke gern ungeschält, aber Sie können sie auch schälen.

» Für etwas Kick Chilipulver auf die Mangowürfel rieseln, bevor Sie sie unter den Salat mischen.

✔ SCHNELL ✔ GLUTENFREI ✔ SOJAFREI ✔ IM VORRAUS ✔ GÜNSTIG

UNTER 600 KALORIEN

# Kirsch-Quinoa-Salat

**Kirschen bringen eine angenehme, natürliche Süße mit, daher kommt dieser Salat völlig ohne Dressing aus. Er gehört zu meinen Lieblingssommergerichten und ist zwar leicht, aber sehr sättigend. Lecker dazu sind zum Beispiel auch Apfelscheiben und gehackte, rohe Walnüsse. Dieser Salat macht sich gut als Mahlzeit für zwei oder als Beilage für vier Personen.**

## NÄHRWERTE

| | |
|---|---|
| 531 | **Kalorien** |
| 8 g | **Fett** |
| 95,1 g | **Kohlenhydrate** |
| 20,1 g | **Ballaststoffe** |
| 20,8 g | **Zucker** |
| 24,3 g | **Eiweiß** |

## 2 PORTIONEN

| | |
|---|---|
| 250 ml | Wasser |
| 30 g | getrocknete Kirschen |
| 100 g | Quinoa |
| 4 | Handvoll Babyspinat |
| 185 g | Kichererbsen |
| 1 | Gurke, der Länge nach halbiert, dann in Scheiben geschnitten |
| | Getrocknete Kirschen, zum Garnieren |
| | Saft von 1 oder mehr Zitronenspalten |

**Im Voraus** Die Kirschen über Nacht oder tagsüber, wenn Sie bei der Arbeit sind, im Wasser einweichen und das Kochen überspringen. Um Zeit zu sparen, können Sie die Quinoa im Voraus kochen oder sogar den ganzen Salat vorbereiten: Dann alle Zutaten vermischen und später als gekühlten Salat servieren.

1 Das Wasser aufkochen.

2 Sobald es kocht, die Kirschen hineingeben, einen Deckel auf den Topf setzen, den Herd abschalten und 10 Minuten ruhen lassen.

3 Nach 10 Minuten sollte das Wasser einen pinkfarbenen Stich angenommen haben, die Kirschen aufgedunsen sein und einige von ihnen im Wasser treiben.

4 In einen Mixer geben und glatt pürieren (ein paar kleine Stückchen machen nichts). Gleichen Sie die Menge mit den Markierungen auf Ihrem Mixer ab; Sie sollten 250 ml Flüssigkeit haben. Falls nicht, etwas mehr Wasser hineingießen. Falls Sie mehr als 250 ml haben, gießen Sie den Überschuss ab.

5 Zurück in den Topf gießen und die Quinoa einrühren.

6 Aufkochen lassen. Sobald die Mischung kocht, die Hitze stark reduzieren und circa 15 Minuten köcheln lassen, bis das Wasser verkocht ist.

7 Währenddessen den Spinat mit den restlichen Zutaten vermischen und auf Tellern anrichten.

8 Die Quinoa darüberstreuen (warm oder gekühlt) und etwas frisch gepressten Zitronensaft auf den Salat träufeln.

### Anmerkungen

» Ich verwende in diesem Rezept gern rote Quinoa, damit die Farbe zum Kirschgeschmack passt. Gewöhnliche (weiße) Quinoa ist aber ebenso geeignet.

» Meistens verwende ich in diesem Rezept getrocknete Cranberrys mit Kirschgeschmack, da es getrocknete Kirschen auf Sint Maarten nicht gibt. Es sind aber alle getrockneten Kirschen, die wie Rosinen aussehen (nicht die großen, plumpen, herben Sorten), für dieses Rezept geeignet. Getrocknete Cranberrys mit Granatapfelgeschmack sind ebenfalls eine gute Alternative.

UNTER 250 KALORIEN

✓ SCHNELL ✓ GLUTENFREI ✓ SOJAFREI ✓ EIN-TOPF ✓ GÜNSTIG ✓ EINE PORTION

# Südwest-Salat

**Mein unangefochtener Lieblingssalat und Mittagessen der Wahl, wenn es fürs Kochen einfach zu heiß ist.**

**1** Alle Zutaten außer den Mais-Chips vermischen.

**2** Die Chips (falls verwendet) auf den Salat bröseln.

**3** Als Dressing macht sich gut eine scharfe Sauce, zum Beispiel Tabasco oder Cholula, mit frischem Limettensaft oder Salsa. Barbecuesauce ist ebenfalls ein tolles Salatdressing!

### Anmerkung

» Den braunen Reis können Sie durch gekochte Gerste ersetzen.

## NÄHRWERTE

OHNE DRESSING UND MAIS-CHIPS

| | |
|---|---|
| 206 | **Kalorien** |
| 1,4 g | **Fett** |
| 41,3 g | **Kohlenhydrate** |
| 7,9 g | **Ballaststoffe** |
| 5,3 g | **Zucker** |
| 10,1 g | **Eiweiß** |

## 1 PORTION

| | |
|---|---|
| 100 g | gehackter Blattsalat |
| 50 g | gekochter brauner Reis |
| 50 g | schwarze Bohnen (Dose), abgetropft und abgespült |
| 50 g | Mais |
| 50 g | gehackte Tomaten |
| 2 EL | gehackter Koriander |
| 2 EL | gehackte Frühlingszwiebeln |
| | Mais-Chips (optional) |

SCHNELL · FETTFREI · GLUTENFREI · SOJAFREI · GÜNSTIG · EINE PORTION

UNTER 150 KALORIEN

# Erdbeer-Spinat-Salat

**NÄHRWERTE**

SALAT OHNE DRESSING UND NÜSSE

| | |
|---|---|
| 112 | **Kalorien** |
| 1,7 g | **Fett** |
| 17,4 g | **Kohlenhydrate** |
| 6 g | **Ballaststoffe** |
| 7,6 g | **Zucker** |
| 10,4 g | **Eiweiß** |

VINAIGRETTE (1 TL)

| | |
|---|---|
| 1 | **Kalorien** |
| 0,1 g | **Fett** |
| 0,1 g | **Kohlenhydrate** |
| 0 g | **Ballaststoffe** |
| 0 g | **Zucker** |
| 0,1 g | **Eiweiß** |

**1 PORTION**

| | |
|---|---|
| | Balsamico-Dijon-Vinaigrette (S. 134) oder frischer Zitronensaft |
| 2 | Handvoll Babyspinat |
| 200 g | Erdbeeren, in Scheibchen |
| 2-3 | Palmherzen, in Scheiben |
| 50 g | weiße Bohnen oder Kichererbsen (Dose) oder gewürfelter Tofu |
| 1 EL | gehackte Pekannüsse oder Walnüsse (optional) |

**Dieser Salat hat Gourmet-Qualität und ist der perfekte Augenschmaus für Dinnerpartys. Zur Erdbeerzeit geht einfach nichts über frische, reife Erdbeeren.**

**1** Das Dressing zubereiten und beiseitestellen.

**2** Den Spinat mit den übrigen Zutaten auf Tellern anrichten.

**3** Großzügig mit dem Dressing beträufeln und servieren.

### Anmerkung

» Wenn es keine frischen saisonalen Erdbeeren gibt, können Sie zwar auch tiefgekühlte verwenden (vorher auftauen), aber die frischen sind definitiv vorzuziehen.

# Balsamico-Dijon-Vinaigrette

**1 PORTION**

| | |
|---|---|
| 2 TL | Dijon-Senf |
| 1 TL | Balsamico-Essig |
| 1 TL | Rotweinessig |
| 1 EL | Wasser |
| | Agavendicksaft, nach Belieben |

**Eines meiner Lieblings-Dressings, denn es ist so schnell gemacht. Als gesunden Snack dippe ich gern Birnenscheiben direkt hinein.**

**1** Dijon-Senf mit Essig und Wasser verquirlen.

**2** Wenn das Dressing zu herb ist, mit ein paar Tropfen Agavendicksaft abschmecken.

UNTER 50 KALORIEN

✔ SCHNELL ✔ FETTFREI ✔ GLUTENFREI ✔ SOJAFREI ✔ GÜNSTIG ✔ EINE PORTION

# Italienisches Dressing

**Wo andere nach Ranch-, Thousand-Island oder französischem Dressing greifen, war meine Wahl schon immer italienisches Dressing. Es bringt die milden Aromen von Salat, Tomaten, Möhren und anderen Salatzutaten wunderbar zur Geltung, anstatt sie wie cremige Dressings völlig zu erdrücken. Hier ist mein schnelles Lieblingsrezept für italienisches Dressing.**

**1** Essig und Dijon-Senf verquirlen.

**2** Eine großzügige Prise italienische Gewürzmischung zugeben und unterrühren – das Dressing sollte viele kleine grüne Fleckchen haben.

**3** Jeweils 2 Prisen Zwiebel- und Knoblauchgranulat zugeben und erneut umrühren.

**4** Wenn das Dressing zu herb oder säuerlich ist, mit ein paar Tropfen Agavendicksaft abschmecken. Wenn es immer noch zu herb ist, mit etwas mehr Agavendicksaft nachsüßen und mit 1 bis 2 Teelöffeln Wasser oder Brühe verdünnen (manche Essig- und Senfsorten sind besonders intensiv).

## Anmerkungen

» Als Beilage Römersalat, Tomaten, rote Zwiebeln, Gurken und entsteinte schwarze Oliven vermischen und mit dem Dressing anrichten.

» Anstelle von Apfelessig können Sie auch einen anderen Essig verwenden, zum Beispiel Branntwein- oder Rotweinessig.

## NÄHRWERTE

CIRCA 3 EL

| | |
|---|---|
| 11 | **Kalorien** |
| 0,2 g | **Fett** |
| 0,9 g | **Kohlenhydrate** |
| 0 g | **Ballaststoffe** |
| 0 g | **Zucker** |
| 0,1 g | **Eiweiß** |

## 1 PORTION

| | |
|---|---|
| 2 EL | Apfelessig |
| ¼ TL | Dijon-Senf |
| | Italienische Gewürzmischung |
| 2 Prisen | Zwiebelgranulat |
| 2 Prisen | Knoblauchgranulat |
| | Agavendicksaft, nach Belieben |

✓SCHNELL ✓FETTFREI ✓GLUTENFREI ✓GÜNSTIG

UNTER 50 KALORIEN

# Göttliches Dressing

**Hier ist meine fettarme Variation des berühmten »Goddess Dressing« der Marke Annie's. Es ist reichhaltig, cremig und toll zu Salat oder als Dip für Gemüsestäbchen.**

## NÄHRWERTE

2 EL, OHNE TAHINA

| | |
|---|---|
| 19 | **Kalorien** |
| 0,6 g | **Fett** |
| 1,5 g | **Kohlenhydrate** |
| 0 g | **Ballaststoffe** |
| 0,8 g | **Zucker** |
| 1,8 g | **Eiweiß** |

2 EL, MIT 1 TL TAHINA

| | |
|---|---|
| 23 | **Kalorien** |
| 0,9 g | **Fett** |
| 1,6 g | **Kohlenhydrate** |
| 0 g | **Ballaststoffe** |
| 0,8 g | **Zucker** |
| 2 g | **Eiweiß** |

2 EL, MIT 2 TL TAHINA

| | |
|---|---|
| 26 | **Kalorien** |
| 1,3 g | **Fett** |
| 1,8 g | **Kohlenhydrate** |
| 0 g | **Ballaststoffe** |
| 0,8 g | **Zucker** |
| 2,1 g | **Eiweiß** |

**250 ML**

| | |
|---|---|
| 2 | Frühlingszwiebeln |
| 170 g | Seidentofu |
| 60 ml | Pflanzendrink |
| 1 | kleine Knoblauchzehe |
| 2 EL | Apfelessig |
| 1 EL | frischer Zitronensaft |
| ¼ TL | natriumarme Sojasauce |
| ⅛ TL | flüssiges Rauchextrakt (Liquid Smoke) |
| 1-2 TL | Tahina (optional) |

**1** Die Wurzeln der Frühlingszwiebeln entfernen.

**2** Alle Zutaten im Mixer glatt und cremig pürieren.

**3** Wenn Sie möchten, mit mehr natriumarmer Sojasauce oder Zitronensaft abschmecken.

UNTER 50 KALORIEN

✔ SCHNELL ✔ FETTFREI ✔ GLUTENFREI ✔ GÜNSTIG

# Caesar-Dressing

**Dieses Dressing verwandelt Kopfsalat in ein befriedigendes Salaterlebnis.**

1 Alle Zutaten im Mixer glatt pürieren.

2 Bei Bedarf mit mehr Zitronensaft, Kapernflüssigkeit oder Agavendicksaft abschmecken.

3 Wenn das Dressing zu dick ist, noch 1 Esslöffel Pflanzendrink unterrühren.

## NÄHRWERTE

2 EL

| | |
|---|---|
| 28 | **Kalorien** |
| 0,5 g | **Fett** |
| 3,2 g | **Kohlenhydrate** |
| 0,9 g | **Ballaststoffe** |
| 0,8 g | **Zucker** |
| 3,3 g | **Eiweiß** |

## 250 ML

| | |
|---|---|
| 170 g | Seidentofu |
| 1 | Knoblauchzehe |
| 3 EL | Pflanzendrink |
| 2 EL | Hefeflocken |
| 1 EL | Rotweinessig |
| 4 TL | gelbe Misopaste |
| 1 TL | Zwiebelgranulat |
| 1 TL | Dijon-Senf |
| ½ TL | vegane Worcestershire-Sauce |
| 1-2 TL | Flüssigkeit von Kapern oder grünen Oliven |
| 2-3 EL | frischer Zitronensaft |

✔ SCHNELL ✔ FETTFREI ✔ GLUTENFREI

UNTER 100 KALORIEN

# Thai-Salat-Wraps

## NÄHRWERTE

1 WRAP, OHNE SAUCE

| | |
|---|---|
| 82 | **Kalorien** |
| 0,7 g | **Fett** |
| 15,7 g | **Kohlenhydrate** |
| 1,3 g | **Ballaststoffe** |
| 1,6 g | **Zucker** |
| 3,8 g | **Eiweiß** |

**Diese kühlen, erfrischenden Salat-Wraps sind ideal als schnelles Mittagessen, insbesondere dann, wenn Sie bereits gekochten Reis zur Hand haben.**

**6 WRAPS**

| | |
|---|---|
| | Thai-Erdnuss-Sauce (S. 139), nach Belieben |
| 100 g | gekochter brauner Reis |
| 1 | Gurke, fein geschnitten |
| 150 g | gewürfelter Tofu |
| 1 | Möhre, geraspelt |
| 6 | Salatblätter |
| 3 | Frühlingszwiebeln, in Ringen (optional) |
| | Bohnensprossen (optional) |
| | Frischer Koriander (optional) |
| | Saft von Limettenspalten (optional) |

**1** Zuerst die Erdnuss-Sauce zubereiten und beiseitestellen, damit sich die Aromen entfalten können, während Sie die Wraps zusammenstellen.

**2** Die übrigen Zutaten außer den Limettenspalten in die Salatblätter füllen.

**3** Wenn Sie möchten, mit frisch gepresstem Limettensaft beträufeln.

**4** Mit der Thai-Erdnuss-Sauce beträufeln und servieren.

UNTER 50 KALORIEN

✔ GLUTENFREI ✔ GÜNSTIG

# Thai-Erdnuss-Sauce

**Diese cremige, asiatisch inspirierte Erdnuss-Sauce macht sich toll als Dip oder Salatdressing.**

1 Erdnussbutter, Wasser, Chilisauce, Limettensaft, natriumarme Sojasauce, Reisessig, Knoblauchgranulat, gemahlenen Ingwer und Sriracha in einer kleinen, mikrowellengeeigneten Schüssel verrühren. Wenn Sie ungesüßte Erdnussbutter verwenden, können Sie nach Belieben mit einem oder zwei Tropfen Agavendicksaft nachsüßen.

2 20 Sekunden in der Mikrowelle erhitzen, gut umrühren, dann den Pflanzendrink einrühren.

3 Nach Belieben mit mehr Chilisauce abschmecken.

## NÄHRWERTE

(1 EL)

| | |
|---|---|
| 19 | Kalorien |
| 1,4 g | Fett |
| 1 g | Kohlenhydrate |
| 0 g | Ballaststoffe |
| 0 g | Zucker |
| 0,9 g | Eiweiß |

## 4 PORTIONEN

| | |
|---|---|
| 1 EL | Erdnussbutter |
| 1 EL | warmes Wasser |
| 1 EL | süße Chilisauce |
| | Saft von 1 Limettenspalte |
| 2 TL | natriumarme Sojasauce |
| 1 ¼ TL | Reisessig |
| | Ein paar Prisen Knoblauchgranulat |
| | Ein paar Prisen gemahlener Ingwer |
| 1-2 | Tropfen Sriracha (asiatische Chilisauce) |
| 1 EL | Pflanzendrink |
| | Agavendicksaft (optional) |

# GEMÜSE-GERICHTE: PFANNEN & CURRYS

✔ SCHNELL ✔ GLUTENFREI ✔ GÜNSTIG ✔ EINE PORTION

UNTER 200 KALORIEN

# Brokkoli-Paprika-Pfanne

## NÄHRWERTE

OHNE REIS

| | |
|---|---|
| 189 | Kalorien |
| 2,5 g | Fett |
| 33,1 g | Kohlenhydrate |
| 12,5 g | Ballaststoffe |
| 8,5 g | Zucker |
| 15,8 g | Eiweiß |

**Diese Gemüsepfanne erinnert mich an das Rindfleisch-Gemüse-Gericht vom Chinesen, nur eben ohne das Rindfleisch. Sie ist superschnell gemacht, und die Sauce ist wirklich unwiderstehlich gut.**

## 2 PORTIONEN

| | |
|---|---|
| 500 ml | Wasser |
| 2 EL | natriumarme Sojasauce |
| 2 EL | Hefeflocken |
| 2 EL | Dijon-Senf |
| ½ TL | Knoblauchgranulat |
| ½ TL | Zwiebelgranulat |
| ½ TL | gemahlener Ingwer |
| 1 TL | vegane Worcestershire-Sauce (S. 320) |
| 1 | Kopf Brokkoli, in Röschen geschnitten |
| 1 TL | Speisestärke |
| 1 | rote Paprika, entkernt und in Streifen |
| | Gekochter brauner Reis, nach Belieben |

1 Wasser, natriumarme Sojasauce, Hefeflocken, Dijon-Senf, Gewürze und vegane Worcestershire-Sauce in einer kleinen Schüssel verquirlen.

2 Die Hälfte davon in eine Pfanne gießen und aufkochen lassen.

3 Den Brokkoli in die Pfanne geben und auf hoher Flamme ein paar Minuten garen, bis er hellgrün wird und der Großteil der Sauce verkocht ist.

4 Die Speisestärke gut in die restliche Sauce einrühren, dann zum Brokkoli gießen.

5 Paprika zum Brokkoli zugeben und weiter auf hoher Flamme köcheln lassen, bis der Brokkoli dunkelgrün, die Paprika zart, aber noch knackig ist und sich die Sauce reduziert hat, aber noch nicht vollkommen verkocht ist (es sollte noch reichlich Sauce da sein).

6 Brokkoli und Paprika zu gekochtem braunem Reis servieren und mit der Sauce beträufeln.

UNTER 300 KALORIEN

✔ GLUTENFREI ✔ EIN-TOPF ✔ IM VORRAUS

# Ananas-Tempeh-Teriyaki-Pfanne

**Ananassaft verleiht dieser Tempeh-Teriyaki-Pfanne einen Hauch von Hawaii.**

**1** Den Tempeh in ungefähr fingergroße Streifen schneiden.

**2** Teriyakisauce und Ananassaft verquirlen und den Tempeh über Nacht oder für ein paar Stunden (zum Beispiel, während Sie bei der Arbeit sind) in der Marinade ziehen lassen.

**3** Den Boden einer Pfanne dünn mit Wasser bedecken und Zwiebeln und Paprika auf hoher Flamme dünsten, bis die Zwiebeln weich und glasig sind und die Paprika al dente (etwas weicher, aber noch knackig). Auf einen Teller oder in eine Schüssel geben und beiseitestellen.

**4** Tempeh und etwas Marinade in die Pfanne geben und auf mittlerer Flamme für circa 3 Minuten garen, bis der Tempeh warm und der Großteil der Flüssigkeit verkocht ist.

**5** Währenddessen die Speisestärke in die übrige Marinade einrühren.

**6** Sobald der Tempeh gut warm ist, mit der Marinade übergießen, dann gut umrühren.

**7** Auf hoher Flamme für ein bis zwei Minuten köcheln lassen, bis die Sauce andickt. Dabei hin und wieder umrühren.

**8** Jetzt probieren. Wenn die Sauce zu süß ist, mit 1 Esslöffel (oder beliebiger Menge) natriumarmer Sojasauce abschmecken.

**9** Erneut umrühren, dann Paprika und Zwiebeln einrühren.

**10** Auf braunem Reis servieren und, wenn Sie möchten, großzügig mit zerdrückten Ananasstücken garnieren.

## NÄHRWERTE

OHNE REIS

| | |
|---|---|
| 264 | **Kalorien** |
| 8,5 g | **Fett** |
| 32,6 g | **Kohlenhydrate** |
| 2,5 g | **Ballaststoffe** |
| 16,7 g | **Zucker** |
| 17,3 g | **Eiweiß** |

## 3 PORTIONEN

| | |
|---|---|
| 225 g | Tempeh |
| 60 ml | Teriyakisauce |
| 250 ml | Ananassaft |
| 1 | Zwiebel, in Scheiben |
| 1 | grüne Paprika, entkernt und in Streifen |
| 1 | rote Paprika, entkernt und in Streifen |
| 1 EL | Speisestärke |
| 1 EL | natriumarme Sojasauce |
| | Gekochter brauner Reis, nach Belieben |
| | Zerdrückte Ananas (optional) |

### Anmerkung

» Mit etwas Ingwer bringen Sie die Ananas in diesem Gericht richtig zur Geltung. Sie können gemahlenen Ingwer in die Marinade einrühren oder zum Schluss auf die Teller rieseln.

✔ SCHNELL ✔ GLUTENFREI ✔ EIN-TOPF ✔ GÜNSTIG

UNTER 150 KALORIEN

# Ingwer-Pak-Choi-Pfanne

## NÄHRWERTE

| | |
|---|---|
| 106 | **Kalorien** |
| 1,3 g | **Fett** |
| 19,6 g | **Kohlenhydrate** |
| 7 g | **Ballaststoffe** |
| 5,6 g | **Zucker** |
| 8,7 g | **Eiweiß** |

## 2 PORTIONEN

| | |
|---|---|
| 1 Bund | Frühlingszwiebeln, halbiert |
| 2 | junge Pak Chois, geviertelt |
| 1 | rote Paprika, entkernt und in Streifen |
| 250 ml | Gemüsebrühe |
| 3 | Knoblauchzehen, fein gehackt |
| | Prise rote Chiliflocken |
| 1 EL | natriumarme Sojasauce |
| 3 TL | fein gehackter frischer Ingwer |

**Erst durch das Leben in der Karibik habe ich frischen Ingwer für mich entdeckt. In diesem Rezept kombiniere ich ihn mit jungem Pak Choi, einem meiner Lieblingsgemüse, das viel zu wenig Beachtung findet. Servieren Sie diese Pfanne zu gekochter Quinoa, Vollkorn-Couscous oder braunem Reis. Für den Extra-Eiweißschub mischen Sie außerdem ein paar geschälte Edamame unter.**

**1** Die dunkelgrünen Anteile und die Wurzeln der Frühlingszwiebeln entfernen, die restlichen weißen und hellgrünen Anteile der Länge nach halbieren. Den Strunk des Pak Chois entfernen, dann der Länge nach vierteln. Zwiebeln, Pak Choi und die Paprikastreifen beiseitestellen.

**2** 80 ml Gemüsebrühe in eine große Pfanne gießen.

**3** Knoblauch, Prise rote Chiliflocken und natriumarme Sojasauce zugeben.

**4** Auf hoher Flamme aufkochen lassen und den Knoblauch 2 Minuten dünsten.

**5** Die Frühlingszwiebeln zugeben und eine weitere Minute garen, dann weitere 80 ml Brühe und den gehackten Ingwer zugeben und noch eine oder zwei Minuten köcheln lassen.

**6** Paprika, Pak Choi und die restliche Brühe zugeben.

**7** Die Hitze reduzieren und weiterköcheln lassen, bis das Gemüse gar, aber noch etwas knackig ist. Dann servieren.

✔ SCHNELL ✔ GLUTENFREI

UNTER 400 KALORIEN

# Ingwer-Miso-Quinoa-Pfanne

**NÄHRWERTE**

| | |
|---|---|
| 357 | Kalorien |
| 4,7 g | Fett |
| 63,9 g | Kohlenhydrate |
| 11,9 g | Ballaststoffe |
| 12,5 g | Zucker |
| 16,7 g | Eiweiß |

**Mit Quinoa geht dieses Gericht superschnell, außerdem bringt sie eine nette Portion Eiweiß.**

**2 PORTIONEN**

| | |
|---|---|
| 100 g | Quinoa |
| 250 ml | Wasser |
| 250 ml | Gemüsebrühe |
| 1 EL | gelbe Misopaste |
| 1 | 2,5 cm großes Stück frischer Ingwer, fein gehackt |
| 1 EL | Reisessig |
| 1 TL | natriumarme Sojasauce |
| | Prise rote Chiliflocken |
| | Einige Tropfen Agavendicksaft |
| 225 g | Shiitake, in Scheiben (optional) |
| 1 | rote Paprika, entkernt und in Streifen |
| 170 g | Zuckerschoten |
| 2 | junge Pak Chois, gehackt |

1 Quinoa und Wasser in einen kleinen Topf geben, einen Deckel auf den Topf setzen und aufkochen lassen. Wenn das Wasser kocht, die Hitze stark reduzieren. Circa 15 Minuten köcheln lassen, bis die Quinoa die Flüssigkeit aufgenommen hat und gar ist.

2 Währenddessen den Boden einer großen Pfanne oder eines Topfs dünn mit Brühe bedecken. Miso, die Hälfte des Ingwers, Reisessig, natriumarme Sojasauce, rote Chiliflocken und ein paar Tropfen Agavendicksaft einrühren.

3 Auf hoher Flamme für ein, zwei Minuten heiß werden lassen, bis der Ingwer duftet und die Sauce kocht. Die Pilze zugeben und noch eine Minute garen.

4 Die restliche Brühe und Paprika zugeben und etwa 3 Minuten köcheln lassen, bis die Paprika beginnt weich zu werden. Den übrigen Ingwer und die Zuckerschoten zugeben.

5 Die Hitze reduzieren, Pak Choi zugeben und einen Deckel auf die Pfanne setzen.

6 Noch ein paar Minuten köcheln lassen, dann erneut umrühren. So lange garen, bis Paprika und Pak Choi gar, aber noch knackig sind (quasi al dente).

7 Währenddessen nach Bedarf mit etwas mehr Miso oder natriumarmer Sojasauce abschmecken (nicht alle Misopasten sind gleich salzig).

**Anmerkung**

» Zum Servieren kleine runde Quinoaberge auf zwei Teller häufen, die Gemüsepfanne darauf anrichten und zum Schluss mit der übrigen Kochflüssigkeit beträufeln.

UNTER 100 KALORIEN

✔ SCHNELL ✔ FETTFREI ✔ GLUTENFREI ✔ GÜNSTIG ✔ EINE PORTION

# Paprikapfanne

**Ich liebe Paprikas, insbesondere in Pfannengerichten. Sie machen mit ihrer wunderschönen Farbe aus jedem Gericht einen Hingucker und ihr zarter Geschmack trägt immer eine süße Komplexität bei. Allerdings ist in diesem Gericht die Sauce der wahre Star. Für eine vollständige Mahlzeit mischen Sie außerdem 215 g Adzukibohnen oder gewürfelten Tofu unter.**

**1** Den Boden einer Pfanne mit 125 ml Wasser bedecken.

**2** Knoblauch, Schalotte und Ingwer auf hoher Flamme für eine Minute dünsten, dann die Sojasauce und Gewürze einrühren.

**3** Paprikastreifen zugeben und köcheln lassen, bis sie etwas weicher, aber noch knackig sind (al dente). Bei Bedarf mehr Wasser zugeben. (Die Sauce soll den gesamten Boden der Pfanne bedecken.)

**4** Zu warmem braunem Reis servieren.

## Anmerkung

» Anstelle der Schalotte können Sie 2 bis 3 Esslöffel fein gewürfelte rote Zwiebeln verwenden.

## NÄHRWERTE

OHNE REIS

| | |
|---|---|
| 87 | **Kalorien** |
| 0,8 g | **Fett** |
| 17 g | **Kohlenhydrate** |
| 4,6 g | **Ballaststoffe** |
| 8,6 g | **Zucker** |
| 3,5 g | **Eiweiß** |

## 2 PORTIONEN

| | |
|---|---|
| 3 | Knoblauchzehen, fein gehackt |
| 1 | Schalotte, fein gewürfelt |
| 1 | 2,5 cm großes Stück frischer Ingwer, fein gehackt |
| 2 EL | natriumarme Sojasauce |
| ¼ TL | gemahlener Koriander |
| ¼ TL | gemahlener Kreuzkümmel |
| | Prise rote Chiliflocken |
| 3 | Paprikaschoten, entkernt und in Streifen |
| | Gekochter brauner Reis, nach Belieben |

UNTER 100 KALORIEN

✔ SCHNELL ✔ GLUTENFREI ✔ EIN-TOPF ✔ GÜNSTIG

# Scharfe Pilzpfanne

**Pilze haben so etwas an sich, ich kann im Supermarkt einfach nicht an ihnen vorbeigehen, selbst wenn ich bereits welche im Haus habe. Da Pilze in meinen Rezepten meistens eher akzentuieren und nur selten die Hauptrolle spielen, wollte ich ein Pfannengericht entwickeln, in dem es in erster Linie um die Pilze und ihre einzigartige Konsistenz geht. Für eine vollständige Mahlzeit außerdem Edamame oder gewürfelten Tofu zugeben.**

**1** Den Boden einer Pfanne dünn mit Brühe bedecken, dann Sojasauce, Reisessig, Chilisauce und rote Chiliflocken (falls verwendet) einrühren.

**2** Ingwer und Knoblauch zugeben und für circa 1 Minute dünsten, bis sie duften.

**3** Die Pilze zugeben und ebenfalls circa eine Minute garen, bis sie gerade beginnen weich zu werden.

**4** Paprika und Zuckerschoten zugeben und al dente dünsten (gar, aber noch knackig). Währenddessen die restliche Brühe zugeben.

**5** Asiatische Nudeln in der Sauce schwenken oder auf Reis servieren.

## NÄHRWERTE

OHNE REIS

| | |
|---|---|
| 97 | **Kalorien** |
| 0,7 g | **Fett** |
| 16,9 g | **Kohlenhydrate** |
| 5,5 g | **Ballaststoffe** |
| 7,3 g | **Zucker** |
| 7 g | **Eiweiß** |

## 2 PORTIONEN

| | |
|---|---|
| 250 ml | Gemüsebrühe |
| 2 EL | natriumarme Sojasauce |
| 1 TL | Reisessig |
| 1-2 EL | süße Chilisauce |
| | Prise rote Chiliflocken (optional) |
| 1 | 2,5 cm großes Stück Ingwer, fein gehackt |
| 3 | Knoblauchzehen, fein gehackt |
| 225 g | weiße Champignons, in Scheiben |
| 1 | rote Paprika, entkernt und in Streifen |
| 225 g | Zuckerschoten |
| | Gekochter brauner Reis, nach Belieben, oder asiatische Nudeln |

✔ SCHNELL ✔ GLUTENFREI ✔ EIN-TOPF ✔ GÜNSTIG

UNTER 150 KALORIEN

# Tempeh süßsauer

## NÄHRWERTE

4 STREIFEN

| | |
|---|---|
| 129 | **Kalorien** |
| 6,1 g | **Fett** |
| 8,6 g | **Kohlenhydrate** |
| 1,9 g | **Zucker** |
| 2,5 g | **Kohlenhydrate** |
| 11,2 g | **Eiweiß** |

**4 PORTIONEN**

| | |
|---|---|
| 225 g | Tempeh |
| 2 EL | Reisessig |
| 2 EL | natriumarme Sojasauce |
| 2 EL | Ketchup |
| ½ TL | gemahlener Ingwer |
| | Agavendicksaft, nach Belieben |
| 1 TL | Speisestärke |
| 125 ml | Wasser |
| | Chilisauce, nach Belieben |

### Anmerkung

» Ich nehme in diesem Rezept gern einen Gemüse-Tempeh anstelle des herkömmlichen Tempehs, der nur aus Sojabohnen hergestellt wird.

**Chinesisch wie vom Lieferservice! Wenn es schmecken soll wie frisch vom Chinesen, servieren Sie dieses klassische Gericht zu braunem Reis mit Brokkoli oder bereiten Sie etwas mehr Sauce zu und garen darin eine Mischung aus Paprika, Zwiebeln, Möhren und Ananas.**

1 Den Tempeh in dünne, kurze Streifen schneiden (aber nicht so dünn, dass sie leicht zerbrechen – schneiden Sie sie lieber etwas zu dick als zu dünn). Sie sollten ungefähr 13 Streifen haben; beiseitestellen.

2 Reisessig, Sojasauce, Ketchup und Ingwer in einer kleinen Schüssel oder einem Messbecher verquirlen.

3 Für eine süßere Sauce mit ein paar Tropfen Agavendicksaft abschmecken.

4 Speisestärke und Wasser glatt rühren und beiseitestellen.

5 Den Boden einer großen Pfanne dünn mit Wasser und einem Spritzer Chilisauce bedecken. Aufkochen lassen.

6 Sobald das Wasser kocht, den Tempeh in die Pfanne legen; nach Möglichkeit ohne zu überlappen. Die Tempehstreifen gelegentlich wenden, bis der Großteil der Flüssigkeit verkocht ist.

7 Die Hitze reduzieren und den Tempeh mit der Sauce übergießen.

8 Weiterköcheln lassen. Die Tempehstreifen vorsichtig wenden, um sie gleichmäßig mit Sauce einzudecken, und weitergaren, bis sich die Sauce reduziert hat und glasurähnlich angedickt ist (es soll aber kein Wackelpudding werden).

UNTER 100 KALORIEN

✔ SCHNELL ✔ GLUTENFREI ✔ SOJAFREI ✔ EIN-TOPF ✔ GÜNSTIG

# Blumenkohl-Kürbis-Curry

**Dieses Curry ist superschnell fertig und ideal, wenn Sie eine angebrochene Dose Kürbispüree aufbrauchen müssen. Um daraus eine vollständige Mahlzeit zu machen, auf braunem Reis servieren und für etwas mehr Eiweiß ein paar Kichererbsen oder gewürfelten Tofu untermischen.**

## NÄHRWERTE

88 ............ **Kalorien**
1,3 g .............. **Fett**
16,3 g .... **Kohlenhydrate**
6,7 g ....... **Ballaststoffe**
6,5 g ............ **Zucker**
5,8 g ............ **Eiweiß**

## 2 PORTIONEN

| | |
|---|---|
| 1 | Blumenkohl, in Röschen geschnitten |
| 150 g | Kürbispüree (aus der Dose oder selbst gemachtes. Hierfür Kürbis mit ein wenig Wasser weich kochen und pürieren) |
| 180 ml | Gemüsebrühe |
| 2 TL | mildes Currypulver |
| ½ TL | gemahlener Kreuzkümmel |
| ¼ TL | gemahlener Ingwer |
| | Kleine Prise Paprikapulver |
| | Prise Salz |

**1** Die Blumenkohlröschen gerade gar dünsten.

**2** Kürbispüree, Brühe, 2 Teelöffel Currypulver, Kreuzkümmel, Ingwer, Paprika und Salz in einem kleinen Topf verquirlen.

**3** Behutsam auf niedriger Flamme erhitzen und nach Belieben mit mehr Currypulver abschmecken. (Ich habe festgestellt, dass manche Sorten schärfer sind als andere.)

**4** Bei Bedarf nachsalzen, dann den gedünsteten Blumenkohl gut in der Sauce schwenken.

### Anmerkungen

» Machen Sie Erdnuss-Kürbis-Curry, indem Sie teelöffelweise cremige Erdnussbutter (oder Erdnussmehl für eine fettarme Variante) einrühren, bis Sie den gewünschten Geschmack erreicht haben.

» Wenn der Kürbis gern richtig herausstechen darf, bringt eine kleine Prise Zimt oder Kürbiskuchen-Gewürzmischung den Kürbisgeschmack voll zur Geltung.

» Für eine rustikalere Konsistenz und einen nussigen Geschmack den Blumenkohl für 35 bis 40 Minuten bei 215 °C rösten, anstelle ihn zu dünsten.

✔SCHNELL ✔FETTFREI ✔GLUTENFREI ✔SOJAFREI ✔EIN-TOPF ✔GÜNSTIG

UNTER 500 KALORIEN

# Chana Saag

**Saag ist ein traditionelles nordindisches Spinatgericht, das gewöhnlich als Beilage serviert wird. Herzhafte Kichererbsen (chana) machen daraus ein Hauptgericht. Für eine vollständige Mahlzeit zu braunem Reis, Vollkornweizen-Roti oder Naan servieren.**

## NÄHRWERTE

OHNE JOGHURT

| | |
|---|---|
| 493 | **Kalorien** |
| 0,4 g | **Fett** |
| 15,9 g | **Kohlenhydrate** |
| 1,9 g | **Ballaststoffe** |
| 9,6 g | **Zucker** |
| 2,5 g | **Eiweiß** |

## 2 PORTIONEN

| | |
|---|---|
| 1 | kleine Zwiebel, gewürfelt |
| 4 | Knoblauchzehen, fein gehackt |
| 1 | 2,5 cm großes Stück frischer Ingwer, fein gehackt |
| 60 ml | Tomatensauce |
| 1 TL | gemahlener Koriander |
| ½ TL | gemahlener Kreuzkümmel |
| 1 TL | Garam Masala |
| ¼ TL | Kurkuma |
| ⅛ TL | gemahlener Kardamom (optional) |
| 425 g | Kichererbsen (Dose), abgetropft und abgespült |
| ¾ TL | mildes gelbes Currypulver |
| 6 | Handvoll Babyspinat, gewaschen |
| | Salz und Pfeffer, nach Belieben |
| | Tofu-Joghurt S. 27 (optional) |

**1** Den Boden eines großen Topfes dünn mit Wasser bedecken, das Wasser zum Kochen bringen.

**2** Zwiebeln, Knoblauch und frischen Ingwer zugeben.

**3** Auf hoher Flamme circa 3 Minuten garen, bis die Zwiebeln glasig werden.

**4** Tomatensauce, Koriander, Kreuzkümmel, Garam Masala, Kurkuma und Kardamom (falls verwendet) zugeben.

**5** Die Zwiebelmischung gut umrühren. Bei Bedarf einen Spritzer Wasser zugeben – es soll sich immer eine gute Menge Sauce im Topf befinden.

**6** Die Kichererbsen einrühren.

**7** Die Hitze reduzieren und noch etwa eine Minute unter Rühren weiterköcheln lassen.

**8** Das Currypulver einrühren.

**9** Falls nötig, noch etwas Wasser und den Spinat zugeben. Den Spinat in die Sauce einrühren, bis er dunkelgrün wird und zerfällt.

**10** Mit Salz und Pfeffer abschmecken und, falls gewünscht, mit einem Klecks Tofu-Joghurt servieren.

### Anmerkung

» Sie mögen's scharf? Dann etwas Cayennepfeffer mit den restlichen Gewürzen einrühren.

» Anstelle des frischen Ingwers können Sie 2 Teelöffel gemahlenen Ingwer verwenden. Mit den restlichen Gewürzen einrühren.

✔ GLUTENFREI ✔ SOJAFREI ✔ EIN-TOPF ✔ GÜNSTIG

UNTER 450 KALORIEN

# Gobi Palak

**Gobi Palak bedeutet übersetzt »Blumenkohl-Spinat«, und genau das ist es. Ein leckeres Gericht aus gelben Erbsen und Spinat mit Blumenkohl, das wunderhübsch aussieht und mit wenig Mühe gemacht ist. Für eine gehaltvollere Mahlzeit zu braunem Reis, Vollkornweizen-Roti oder Naan servieren.**

## NÄHRWERTE

| | |
|---|---|
| 446 | **Kalorien** |
| 3,8 g | **Fett** |
| 71,2 g | **Kohlenhydrate** |
| 29,3 g | **Ballaststoffe** |
| 13,3 g | **Zucker** |
| 35,6 g | **Eiweiß** |

## 2 PORTIONEN

| | |
|---|---|
| 750 ml | Gemüsebrühe |
| 1 EL | Ketchup |
| | Prise rote Chiliflocken |
| 250 g | getrocknete gelbe Spalterbsen |
| 1 TL | Garam Masala |
| ½ TL | Kurkuma |
| ½ TL | gemahlener Kreuzkümmel |
| ¼ TL | gemahlener Ingwer |
| 1 TL | gelber Senf |
| 260 g | Blumenkohlröschen |
| 4 | Handvoll Babyspinat |
| | Salz und Pfeffer, nach Belieben |

**1** 500 ml Brühe, Ketchup und rote Chiliflocken in einen großen Topf geben und auf hoher Flamme aufkochen lassen. Die getrockneten Erbsen zugeben, einen Deckel auf den Topf setzen und erneut aufkochen.

**2** Wenn die Brühe kocht, die Hitze stark reduzieren und für 45 bis 60 Minuten köcheln lassen, bis der Großteil der Flüssigkeit verkocht ist und die Erbsen weicher, aber nicht matschig sind (al dente).

**3** Die übrigen Gewürze und den Senf einrühren, dann den Blumenkohl und die restlichen 250 ml Brühe zugeben. Einen Deckel auf den Topf setzen, dann wieder auf hoher Flamme zum Kochen bringen.

**4** Die Hitze stark reduzieren und köcheln lassen. Hin und wieder umrühren, damit die Flüssigkeit den Blumenkohl gut eindeckt (er soll schön gelb werden).

**5** Wenn der Blumenkohl gar, aber noch nicht matschig ist und zerfällt, den Herd abschalten und den Spinat vorsichtig mit einem Spatel unterheben. Er sollte recht schnell zerfallen und einen dunkleren grünen Farbton annehmen. So lange rühren, bis sich sein Volumen merklich reduziert hat und er gut untergemischt ist.

**6** Den Deckel wieder auf den Topf setzen und noch ein paar Minuten ruhen lassen, damit sich die Aromen richtig entfalten können. Mit Salz und Pfeffer würzen.

### Anmerkung

» Sie können frische oder tiefgekühlte Blumenkohlröschen verwenden.

# AUFLÄUFE & REISGERICHTE

UNTER 100 KALORIEN

✔ GLUTENFREI ✔ IM VORRAUS ✔ GÜNSTIG

# Gemüse-Quiche

**Dieses Rezept rettete eine Ladung grünes Blattgemüse, das in meinem Kühlschrank dahinsiechte. Sie können beliebiges grünes Blattgemüse nehmen, insbesondere robustere Sorten wie Grünkohl, Mangold und Blattkohl. Diese Quiche hat zwar keinen Boden, wird aber wunderbar fest und lässt sich in perfekte Stücke schneiden. Wer hätte gedacht, dass Resteessen so lecker schmecken kann?**

## NÄHRWERTE

| | |
|---|---|
| 84 | **Kalorien** |
| 1,2 g | **Fett** |
| 10,7 g | **Kohlenhydrate** |
| 2,4 g | **Ballaststoffe** |
| 0,8 g | **Zucker** |
| 9,2 g | **Eiweiß** |

## 6 PORTIONEN

| | |
|---|---|
| 450 g | sehr fester Tofu |
| 10 g | Hefeflocken |
| 4 EL | Speisestärke |
| 1 ½ EL | Dijon-Senf |
| 1 EL | Zitronensaft |
| 1 TL | Zwiebelgranulat |
| 1 TL | Knoblauchgranulat |
| ½ TL | Kurkuma |
| ½ TL | Salz |
| ¼ TL | rote Chiliflocken |
| 4 | große Handvoll grünes Blattgemüse, gehackt |

1. Den Backofen auf 175 °C vorheizen.
2. Eine flache, 23 cm große Quicheform fetten und beiseitestellen.
3. Alle Zutaten außer dem Blattgemüse in einer Küchenmaschine oder einem Mixer glatt und cremig pürieren. Bei Bedarf die Seiten abstreichen und größere Stücke im Mixer zerbrechen.
4. Dann das Blattgemüse einrühren und den Teig in die Quicheform füllen.
5. Mit einem Spatel gleichmäßig in der Form verstreichen.
6. Für 30 bis 40 Minuten backen, bis die Quiche goldgelb und in der Mitte fest ist (nicht matschig).
7. Vor dem Anschneiden mindestens 10 Minuten abkühlen lassen (idealerweise bis auf Zimmertemperatur).

**Im Voraus** Sie können den Teig zubereiten und bis zum Backen in einem luftdicht verschlossenen Behälter lagern. Sie können die Quiche auch einen oder zwei Tage im Voraus backen, dann 10 bis 20 Minuten schonend im Backofen wieder aufwärmen.

✔ GLUTENFREI ✔ SOJAFREI ✔ GÜNSTIG

UNTER 300 KALORIEN

# Cajun-Maisbrot-Auflauf

### NÄHRWERTE

| | |
|---|---|
| 269 | Kalorien |
| 1,9 g | Fett |
| 54,3 g | Kohlenhydrate |
| 10,9 g | Ballaststoffe |
| 11,1 g | Zucker |
| 11,6 g | Eiweiß |

**Meiner Meinung nach ist jede Ausrede für Maisbrot zum Abendessen gut genug. Dieser leckere, scharfe Maisbrot-Auflauf ist eine ganze Mahlzeit, die das Beste aus Getreide, Bohnen und Gemüse in sich vereint. Dazu am Tisch Tabasco oder eine andere Chilisauce servieren.**

### 4 PORTIONEN

| | |
|---|---|
| 425 g | Tomaten, stückig (Dose, mit Saft) |
| 1 | kleine Zwiebel, gewürfelt |
| 2 | Selleriestangen, fein gehackt |
| 3 | Knoblauchzehen, fein gehackt |
| 1 | Paprika, entkernt und gewürfelt |
| 2 EL | Cajun-Gewürz (S. 295) |
| 425 g | Kidneybohnen (Dose), abgetropft und abgespült |
| 165 g | Maismehl |
| 1 ½ TL | Backpulver |
| | Prise Salz |
| 1-2 EL | Rohzucker (optional) |
| 180 ml | Pflanzendrink |
| 60 ml | ungezuckertes Apfelmus |

1 Den Backofen auf 205 °C vorheizen. Eine 20 oder 23 cm große quadratische Back- oder Auflaufform fetten.

2 Den Saft der Tomaten in eine Pfanne gießen und die Tomaten in noch kleinere Stücke hacken; beiseitestellen.

3 Bei Bedarf etwas Wasser zugeben, bis der Boden der Pfanne dünn mit Flüssigkeit bedeckt ist.

4 Zwiebeln, Sellerie, Knoblauch und Paprika auf hoher Flamme für circa 4 Minuten dünsten, bis die Zwiebeln glasig und die Paprikastreifen etwas weicher geworden sind. Das Wasser sollte vollständig verkocht sein.

5 Den Herd abschalten und 1 bis 2 Esslöffel Cajun-Gewürz, die Tomaten und Kidneybohnen einrühren. Beiseitestellen.

6 Maismehl, Backpulver, Salz und, falls gewünscht, etwas mehr Cajun-Gewürz (eine ordentliche Prise, sodass die Speisestärke nach dem Mischen kleine Fleckchen hat) vermischen. Für ein eher süßes Maisbrot-Topping können Sie zusätzlich 1 bis 2 Esslöffel Zucker hinzugeben. Dann Pflanzendrink und Apfelmus einrühren. Die Mischung sollte recht dick, aber leicht zu verstreichen sein (ähnlich wie Hummus). Sie soll nicht trocken sein.

7 Die Bohnenmischung in die Backform gießen und fest mit einem Spatel oder Pfannenwender hineindrücken. Die Maisbrotmischung darauf verteilen, dann für 30 bis 35 Minuten backen, bis das Maismehl einen tief goldgelben Farbton hat, etwas aufgebrochen ist und sich fest anfühlt. Vor dem Servieren 15 Minuten ruhen lassen.

### Anmerkung

» Grüne Paprika ist in diesem Rezept am authentischsten, aber es ist jede Farbe geeignet.

### Anmerkungen

» Für das Süßkartoffelpüree die Süßkartoffeln schälen und weich kochen. Mit einem elektrischen Handmixer cremig schlagen; dabei nach Bedarf löffelweise Pflanzendrink zugeben. Süßkartoffeln benötigen dabei grundsätzlich mehr Flüssigkeit als normale Kartoffeln. Wenn das Püree die gewünschte Konsistenz hat, mit Salz und Pfeffer sowie einer Prise Chilipulver abschmecken.

» Dieser Auflauf macht sich auch toll als Dip: Auf Partys zu gebackenen Mais-Chips servieren.

UNTER 350 KALORIEN

✓ SCHNELL ✓ GLUTENFREI ✓ SOJAFREI ✓ GÜNSTIG

# Tex-Mex Shepherd's Pie

**Ein farbenfroher Shepherd's Pie mit dem Geschmack der Tex-Mex-Küche.**

## NÄHRWERTE

| | |
|---|---|
| 319 | **Kalorien** |
| 1,2 g | **Fett** |
| 67,5 g | **Kohlenhydrate** |
| 11,4 g | **Ballaststoffe** |
| 8,2 g | **Zucker** |
| 9,4 g | **Eiweiß** |

## 4 PORTIONEN

| | |
|---|---|
| 425 g | feuergeröstete Tomaten, stückig (Dose) |
| 2 | Knoblauchzehen, fein gehackt |
| 1 | kleine süße Zwiebel, gewürfelt |
| 1 | grüne Paprika, entkernt und gewürfelt |
| 1 TL | Chilipulver |
| ½ TL | gemahlener Kreuzkümmel |
| ½ TL | getrockneter Oregano |
| | Salz und Pfeffer |
| 310 g | Mais (Dose, abgetropft) |
| 425 g | schwarze Bohnen (Dose), abgetropft und abgespült |
| 3 | Süßkartoffeln, gekocht und zerstampft |
| | Chilisauce (optional) |

**1** Den Saft der Tomaten direkt in eine große Pfanne abgießen. Bei Bedarf einen Spritzer Wasser zugeben, bis der Boden der Pfanne dünn mit Flüssigkeit bedeckt ist.

**2** Knoblauch, Zwiebeln und Paprika zugeben und auf hoher Flamme für circa 3 Minuten dünsten, bis die grüne Paprika beginnt weicher zu werden.

**3** Chilipulver, Kreuzkümmel, Oregano, Prise Salz und ein paar Prisen schwarzen Pfeffer einrühren.

**4** Probieren Sie die Sauce. Wenn Sie es gern schärfer mögen, schmecken Sie sie mit etwas Chilisauce oder mehr Chilipulver ab.

**5** Mais, schwarze Bohnen und Tomaten zugeben und alles gut vermischen.

**6** Auf mittlerer Flamme köcheln lassen, bis alles durch und durch warm ist.

**7** In die Auflauf- bzw. Backform füllen, dann die zerstampften Süßkartoffeln darauf verstreichen (dieser Shepherd's Pie wird nicht gebacken).

**8** Dazu am Tisch Chilisauce servieren.

✔GLUTENFREI ✔SOJAFREI ✔GÜNSTIG

UNTER 500 KALORIEN

# Fiesta-Auflauf

**Wenn Sie Nudelaufläufe für öde halten, dann überlegen Sie es sich schnell anders, denn dieser Nudelauflauf hat es in sich. Er vereint typisch mexikanische Aromen mit Käsemakkaroni. Verwenden Sie in diesem Rezept eine traditionelle Salsa auf Tomatenbasis – ob mild oder scharf, ist Ihnen überlassen!**

## NÄHRWERTE

MIT CHEDDAR-KÄSE-SAUCE

| | |
|---|---|
| 486 | **Kalorien** |
| 3,7 g | **Fett** |
| 90,6 g | **Kohlenhydrate** |
| 14,1 g | **Ballaststoffe** |
| 11,2 g | **Zucker** |
| 24,2 g | **Eiweiß** |

## 4 PORTIONEN

| | |
|---|---|
| 225 g | Vollkornweizennudeln |
| 310 g | Mais (Dose), abgetropft und abgespült |
| 425 g | schwarze Bohnen (Dose), abgetropft und abgespült |
| 110 g | grüne Chilis (Dose), abgetropft und gewürfelt (optional) |
| 310 ml | Pflanzendrink |
| 15 g | Hefeflocken |
| 2 EL | gelbe Misopaste |
| 2 EL | Speisestärke |
| 1 TL | Zwiebelgranulat |
| 1 TL | Knoblauchgranulat |
| ½ TL | Paprikapulver |
| ¼ TL | Kurkuma |
| 250 ml | Salsa |
| 1 | Tomate, in Scheiben (optional) |
| | Frischer Koriander, zum Garnieren |

**1** Den Backofen auf 175 °C vorheizen.

**2** Die Nudeln nach Packungsanweisung kochen, dann sofort mit kaltem Wasser abschrecken.

**3** Währenddessen oder im Anschluss, um Ihnen zusätzlichen Abwasch zu ersparen (indem Sie denselben Topf nehmen), die Käsesauce zubereiten: Alle Zutaten von Pflanzendrink bis einschließlich Kurkuma in einem Topf verrühren. Auf mittlerer Flamme erhitzen, bis die Sauce andickt. Dann die Salsa, angefangen mit 250 ml, in die Käsesauce einrühren. Wenn die Salsa sehr stückig ist, nehmen Sie 60 bis 125 ml mehr, aber nicht, wenn sie eher wässrig ist.

**4** Die Käsesauce mit Nudeln, Bohnen und Mais vermengen.

**5** Die Mischung in eine Auflaufform füllen und für 15 bis 25 Minuten backen, bis die Oberfläche knusprig wird und der Auflauf durch und durch warm ist.

**6** Wenn gewünscht, mit gehacktem Koriander und Tomatenscheiben garnieren.

### Anmerkung

» Mit Nudeln aus braunem Reis wird der Auflauf glutenfrei; um ihn sojafrei zuzubereiten, nehmen Sie eine sojafreie Misopaste, zum Beispiel Kichererbsen-Miso.

UNTER 350 KALORIEN

✔ GLUTENFREI ✔ SOJAFREI ✔ EIN-TOPF ✔ IM VORRAUS ✔ GÜNSTIG

# Arroz Amarillo

**Arroz Amarillo bedeutet »gelber Reis« und ist eine leckere Beilage der kubanischen Küche. Hier wird daraus durch die Zugabe von Erbsen (wie der Reis traditionell serviert wird) und schwarzen Bohnen eine vollständige Mahlzeit.**

**1** Den ungekochten Reis, Brühe und Gewürze in einen mittelgroßen Topf geben und umrühren.

**2** Einen Deckel auf den Topf setzen und aufkochen lassen.

**3** Wenn der Reis kocht, die Hitze stark reduzieren und für 45 Minuten köcheln lassen, bis der Reis gar ist und die Flüssigkeit vollständig aufgenommen wurde.

**4** Die Erbsen nach Packungsanweisung garen (in der Mikrowelle geht es am schnellsten), dann unter den Reis mischen.

**5** Dazu schwarze Bohnen servieren oder die Bohnen mit den Erbsen unter den Reis mischen.

**6** Wenn Sie möchten, mit gewürfelten Tomaten und Frühlingszwiebeln garnieren.

**Im Voraus** Sie können den Reis oder die gesamte Mahlzeit im Voraus zubereiten. Das hat sogar noch einen zusätzlichen Vorteil, denn der Reis hat am nächsten Tag noch mehr Geschmack. Falls der Reis zu trocken wirkt, beim Erhitzen etwas Wasser oder Gemüsebrühe zugeben.

## NÄHRWERTE

| | |
|---|---|
| 323 | **Kalorien** |
| 1,9 g | **Fett** |
| 62,1 g | **Kohlenhydrate** |
| 10,7 g | **Ballaststoffe** |
| 4,1 g | **Zucker** |
| 14,2 g | **Eiweiß** |

## 3 PORTIONEN

| | |
|---|---|
| 100 g | brauner Reis |
| 250 ml | Gemüsebrühe |
| 1 TL | Zwiebelgranulat |
| 1 TL | Knoblauchgranulat |
| ½ TL | Kurkuma |
| ¼ TL | gemahlener Kreuzkümmel |
| ⅛ TL | Paprikapulver |
| | Prise gemahlener Ingwer |
| 280 g | tiefgekühlte Erbsen |
| 330 g | schwarze Bohnen (Dose), abgetropft und abgespült |
| | Gewürfelte Tomate, zum Garnieren (optional) |
| | Fein geschnittene Frühlingszwiebel, zum Garnieren (optional) |

✔ SCHNELL ✔ FETTFREI ✔ SOJAFREI ✔ GÜNSTIG

UNTER 200 KALORIEN

# Brötchen-Potpie

**Bodenständige Küche! Dieses Rezept habe ich vor laufender Kamera für die *Huffington Post* gekocht, da eine Journalistin True Blood gesehen hatte und daraufhin veganes Essen ausprobieren wollte. Deshalb ist dieser Potpie für dich, Sookie Stackhouse!**

## NÄHRWERTE

OHNE BRÖTCHEN

| | |
|---|---|
| 186 | **Kalorien** |
| 1,3 g | **Fett** |
| 34,1 g | **Kohlenhydrate** |
| 6,4 g | **Ballaststoffe** |
| 11,2 g | **Zucker** |
| 12,4 g | **Eiweiß** |

## 2 PORTIONEN

| | |
|---|---|
| | Kleine Vollkorn-Salzbrötchen (S. 43) |
| 250 ml | Gemüsebrühe oder Keine-Hühnerbrühe (S. 317) |
| 2 EL | Speisestärke |
| 250 ml | Pflanzendrink |
| 2 TL | Geflügelgewürz (S. 294) |
| 250 g | gemischtes Tiefkühlgemüse |
| 2 EL | Hefeflocken |
| ½ TL | Zwiebelgranulat |
| ½ TL | Knoblauchgranulat |

**1** Die Brötchen zubereiten und backen.

**2** Während die Brötchen im Ofen sind, Speisestärke und Brühe glatt rühren.

**3** Dann alle Zutaten (außer den Brötchen) in einen Topf geben und auf mittlerer Flamme zum Kochen bringen. Die Sauce andicken lassen, bis sie die gewünschte Konsistenz hat.

**4** Nach Belieben mit mehr Knoblauch, Zwiebeln, Salz oder Pfeffer abschmecken.

**5** Die gebackenen Brötchen mit der Sauce übergießen und servieren.

### Anmerkung

» Mit einer Prise getrockneter Petersilie wird diese Sauce richtig hübsch!

UNTER 200 KALORIEN

✔ SCHNELL ✔ FETTFREI ✔ GLUTENFREI ✔ GÜNSTIG

# Dijon-Reis mit Brokkoli

**Dijon-Senf und Brokkoli ergänzen einander wunderbar und haben sich hier zusammengeschlossen, um die herkömmliche Reisbeilage aufzumotzen. Da nicht jeder Dijon-Senf und jede Chilisauce gleich sind, können Sie in diesem Rezept sehr viel »abschmecken«.**

## NÄHRWERTE

| | |
|---|---|
| 150 | Kalorien |
| 1,4 g | Fett |
| 30,6 g | Kohlenhydrate |
| 3,6 g | Ballaststoffe |
| 1,7 g | Zucker |
| 5,3 g | Eiweiß |

## 2 PORTIONEN

| | |
|---|---|
| 200 g | gekochter brauner Reis |
| 150 g | Brokkoliröschen, frisch oder tiefgekühlt |
| 2-3 TL | Dijon-Senf |
| 1 ½ TL | natriumarme Sojasauce |
| ¼-½ TL | Chilisauce |
| | Agavendicksaft oder Zucker, nach Belieben (optional) |

**1** Den Brokkoli dünsten oder, falls tiefgekühlt, nach Packungsanweisung in der Mikrowelle garen.

**2** Währenddessen 2 Teelöffel Dijon-Senf, natriumarme Sojasauce und Chilisauce verrühren.

**3** Nach Bedarf mit mehr Chilisauce und Dijon-Senf abschmecken. (Ich nehme meistens bis zu 1 ½ Teelöffel Chilisauce und 3 bis 4 Teelöffel Senf.) Wenn der Senf zu scharf ist, können Sie den Geschmack mit ein paar Tropfen Agavendicksaft oder einer Prise Zucker abmildern.

**4** Mit gekochtem Reis vermischen (wenn Sie Reis vom Vortag nehmen, vor dem Aufwärmen etwas Brühe oder Wasser zugeben).

**5** Dann den gedünsteten Brokkoli untermischen, mit Salz und Pfeffer würzen und servieren.

### Anmerkung

» Rübstiel macht sich anstelle des Brokkolis auch gut in diesem Rezept.

✔ GLUTENFREI ✔ SOJAFREI ✔ EIN-TOPF ✔ GÜNSTIG

UNTER 350 KALORIEN

# Karibischer Reis mit Bohnen

**NÄHRWERTE**

| | |
|---|---|
| 322 | **Kalorien** |
| 3,7 g | **Fett** |
| 63,3 g | **Kohlenhydrate** |
| 5 g | **Ballaststoffe** |
| 3 g | **Zucker** |
| 14,9 g | **Eiweiß** |

**4 PORTIONEN**

| | |
|---|---|
| 625 ml | Gemüsebrühe |
| 1 | Bund Frühlingszwiebeln |
| 2 | Selleriestangen, fein gehackt |
| 4 | Knoblauchzehen, fein gehackt |
| 1 EL | gehackter frischer Ingwer |
| 4 | frische Zweige Thymian |
| 1 ½ TL | »Green Pepper«-Tabasco |
| 2 TL | Jerk-Gewürz |
| 220 g | brauner Reis |
| 2 EL | Ketchup |
| ½ TL | Kurkuma |
| 1 | Bund Grünkohl |
| 425 g | Augenbohnen (Dose), abgetropft und abgespült |

**Erbsen und Reis sind ein beliebtes Gericht in der Karibik. Traditionell werden Straucherbsen verwendet, die zu den Hülsenfrüchten zählen, aber wie grüne Erbsen rund sind. In dieser Variante verwende ich Augenbohnen, die einfacher erhältlich sind, und habe dem Ganzen außerdem eine kreolische Note verpasst. Dazu am Tisch Jalapeño-Chilisauce servieren.**

**1** Die weißen Anteile der Frühlingszwiebeln fein schneiden. Die dunkelgrünen Anteile für die Garnierung oder ein anderes Rezept verwenden. Beiseitestellen.

**2** Den Boden eines großen Topfs dünn mit Brühe bedecken und Frühlingszwiebeln, Sellerie, Knoblauch, Ingwer, Thymian, Tabasco und 1 Teelöffel Jerk-Gewürz hineingeben.

**3** Auf hoher Flamme für circa 3 Minuten köcheln lassen, bis der Sellerie weich ist. Bei Bedarf mehr Brühe zugeben.

**4** Das restliche Jerk-Gewürz einrühren.

**5** Reis und 500 ml Gemüsebrühe einrühren, dann circa 2 Esslöffel Ketchup und die Kurkuma (sie verleiht dem Reis die hübsche Farbe) zugeben und gut umrühren.

**6** Einen Deckel auf den Topf setzen und aufkochen lassen.

**7** Wenn die Mischung kocht, die Hitze stark reduzieren und für 40 bis 50 Minuten köcheln lassen, bis der Reis gar ist. Dabei gut im Auge behalten, da Sie eventuell mehr Brühe oder Wasser zugeben müssen (brauner Reis ist oft sehr durstig).

**8** Währenddessen die Grünkohlblätter vom Stängel abziehen und in mundgerechte Stücke schneiden oder zupfen.

**9** Den Grünkohl dünsten oder kochen, dann überschüssiges Wasser auspressen (siehe Zubereitungsarten auf S. 200).

**10** Wenn der Reis gar ist, mit einem Küchenspatel etwas auflockern, dann den Grünkohl und die Bohnen unterheben. Mit Salz abschmecken.

UNTER 650 KALORIEN

✔ GLUTENFREI ✔ SOJAFREI ✔ GÜNSTIG

# Mardi-Gras-Reis mit Bohnen

**Ein Gericht zum Aufspringen und »Hallelujah!«-Rufen!**

## NÄHRWERTE

| | |
|---|---|
| 608 | **Kalorien** |
| 3,9 g | **Fett** |
| 123,9 g | **Kohlenhydrate** |
| 22,9 g | **Ballaststoffe** |
| 7,5 g | **Zucker** |
| 21,8 g | **Eiweiß** |

## 2 PORTIONEN

| | |
|---|---|
| 425 g | feuergeröstete Tomaten, stückig (Dose) |
| 220 g | brauner Reis |
| 500 ml | Gemüsebrühe |
| 1 | kleine Zwiebel, fein gehackt |
| 2 | Selleriestangen, fein gehackt |
| 1 TL | Cajun-Gewürz (S. 295) |
| 425 g | Kidneybohnen (Dose), abgetropft und abgespült |
| | Agavendicksaft oder Zucker, nach Belieben (optional) |
| | Chilisauce (z. B. Tabasco oder Cholula) |

**1** Den Saft der Tomaten in einen kleinen Topf abgießen, dann den ungekochten Reis und die Gemüsebrühe zugeben.

**2** Zum Kochen bringen, einen Deckel auf den Topf setzen und die Hitze stark reduzieren. 40 bis 45 Minuten köcheln lassen, bis der Reis gar ist.

**3** Währenddessen den Boden einer Pfanne dünn mit Wasser bedecken und Zwiebeln und Sellerie für etwa eine Minute glasig dünsten.

**4** Cajun-Gewürz einrühren und den Herd abschalten.

**5** Die Hälfte der Tomaten im Mixer oder einer Küchenmaschine zu einer völlig glatten Tomatensauce pürieren.

**6** Zu der Zwiebel-Sellerie-Mischung gießen und umrühren.

**7** Auf mittlerer Flamme ein paar Minuten köcheln lassen.

**8** Probieren Sie. Wenn die Sauce zu säuerlich ist, mit ein paar Tropfen Agavendicksaft oder etwas Zucker abmildern. Wenn Sie möchten, mit etwas mehr Cajun-Gewürz abschmecken.

**9** Tomaten und Kidneybohnen zugeben und untermischen.

**10** Den Deckel auf die Pfanne setzen und auf niedriger Hitze weiterköcheln lassen. Hin und wieder umrühren.

**11** Wenn der Reis fertig ist, auf Teller geben und die Bohnen-Tomaten-Mischung darauf anrichten.

**12** Dazu eine Chilisauce, zum Beispiel Tabasco oder Cholula, servieren.

# Teriyaki-Reis

**NÄHRWERTE**

| | |
|---|---|
| 117 | Kalorien |
| 0,8 g | Fett |
| 24,3 g | Kohlenhydrate |
| 1,8 g | Ballaststoffe |
| 1,3 g | Zucker |
| 2,8 g | Eiweiß |

**2 PORTIONEN**

| | |
|---|---|
| 200 g | gekochter brauner Reis |
| 1 EL | Teriyakisauce |
| | Chilisauce, nach Belieben (optional) |

**So simpel, doch so lecker. Ich mag den Geschmack von braunem Reis zwar sehr gern, auf Dauer wird er aber langweilig. Teriyaki- und Chilisauce verwandeln den Reis im Handumdrehen in eine köstliche Beilage.**

1 Die Teriyakisauce unter den braunen Reis mischen. Nach Bedarf oder Belieben mehr verwenden. Der Reis soll nicht nass, aber ausreichend eingedeckt sein. Wenn Sie möchten, mit Chilisauce abschmecken und servieren.

# Curry-Reis

Foto auf der gegenüberliegenden Seite

**NÄHRWERTE**

½ PORTION

| | |
|---|---|
| 183 | Kalorien |
| 1,6 g | Fett |
| 38,3 g | Kohlenhydrate |
| 2,6 g | Ballaststoffe |
| 0,7 g | Zucker |
| 4 g | Eiweiß |

**4 PORTIONEN**

| | |
|---|---|
| 220 g | brauner Reis |
| 500 ml | Gemüsebrühe |
| 1 EL | mildes Currypulver |
| 1 TL | Zwiebelgranulat |
| ½ TL | Chilipulver |
| ¼ TL | gemahlener Kreuzkümmel |
| | Prise Paprikapulver, gemahlener Zimt und Kurkuma |
| 3 EL | Tomatensauce |
| | Cayennepfeffer |
| | Chilisauce |

**Das Leben in der Karibik hat mich dazu ermutigt, mehr mit Currygewürzen zu kochen. Dieser Reis macht richtig was her, insbesondere, wenn Sie für mehr Farbvariation auch noch Erbsen untermischen.**

1 Alle Zutaten außer Tomatensauce und Cayennepfeffer in einen mittelgroßen Topf geben und zum Kochen bringen.

2 Wenn die Brühe kocht, die Hitze stark reduzieren und für 45 Minuten köcheln lassen, bis der Reis gar ist: Er sollte fluffig sein und das Wasser vollständig aufgenommen worden.

3 Die Tomatensauce gut unter den heißen Reis mischen.

4 Mit Cayennepfeffer oder Chilisauce (optional) abschmecken und mit Salz und Pfeffer würzen.

# BOHNEN & FLEISCH-ALTERNATIVEN

✔SCHNELL ✔GLUTENFREI ✔SOJAFREI ✔GÜNSTIG

UNTER 550 KALORIEN

# Marokkanische Süßkartoffeln & Kichererbsen

## NÄHRWERTE

| | |
|---|---|
| 532 | **Kalorien** |
| 3,2 g | **Fett** |
| 111,7 g | **Kohlenhydrate** |
| 19,8 g | **Ballaststoffe** |
| 19,5 g | **Zucker** |
| 16,9 g | **Eiweiß** |

**2 PORTIONEN**

| | |
|---|---|
| 1 TL | gemahlener Koriander |
| 1 TL | gemahlener Kreuzkümmel |
| ½ TL | Paprikapulver |
| ¼ TL | gemahlener Zimt |
| ¾ TL | gemahlener Ingwer |
| 3 | Süßkartoffeln, geschält und gewürfelt |
| 425 g | Kichererbsen (Dose), abgetropft und abgespült |
| | Saft von 1 Zitrone |
| | Zitronenspalten (zum Garnieren) |

**Anmerkungen**

» Zur richtigen Jahreszeit ist gewürfelter Butternusskürbis eine gute Alternative für die Süßkartoffeln. Er muss allerdings länger backen, circa 30 bis 45 Minuten. Den Kürbis zuerst allein backen, dann gegen Ende der Backzeit die Kichererbsen zugeben.

» Wenn die Süßkartoffeln oder Kichererbsen am Ende etwas zu trocken sind, einfach einen Klecks veganen Naturjoghurt oder Hummus dazu servieren.

**Dieses einfache, schnelle und befriedigende Gericht basiert auf alltäglichen Zutaten und bleibt den süß-herzhaften Aromen treu, für die die marokkanische Küche bekannt ist. Für eine vollständige Mahlzeit zu gekochtem Blattgemüse servieren.**

**1** Den Backofen auf 190 °C vorheizen. Ein großes Backblech mit Backpapier auslegen und beiseitestellen.

**2** Die Gewürze in einer kleinen Schüssel vermischen, dann beiseitestellen.

**3** Die Süßkartoffeln unter kaltem Wasser waschen und in eine große Schüssel geben.

**4** Die Hälfte der Gewürzmischung dazugeben und mit den Händen in die Süßkartoffelwürfel einarbeiten.

**5** Auf das Backblech geben, in einer Lage ausbreiten und beiseitestellen.

**6** Die Kichererbsen unter kaltem Wasser abspülen, dann in die Schüssel geben und mit den übrigen Gewürzen vermischen.

**7** Mit den Händen gut einarbeiten, dann die Kichererbsen ebenfalls auf dem Backblech verteilen.

**8** Süßkartoffeln und Kichererbsen für 10 bis 15 Minuten backen, bis die Süßkartoffeln gar sind.

**9** Nach der Hälfte der Zeit etwas rütteln, um die Kichererbsen zu wenden. Die Kichererbsen sollen goldbraun und leicht knusprig sein.

**10** Vor dem Servieren etwas Zitronensaft auf die Süßkartoffeln und Kichererbsen pressen. Zu gekochtem Blattgemüse und zusätzlichen Zitronenspalten servieren.

UNTER 350 KALORIEN

✔ SCHNELL ✔ GLUTENFREI ✔ SOJAFREI ✔ EIN-TOPF ✔ GÜNSTIG

# Kichererbsen-Tomatensauce

**Kichererbsen auf Italienreise! Servieren Sie diese italienischen Kichererbsen auf gekochten Nudeln (oder Spaghettikürbis als kohlenhydratarme Alternative) oder gekochtem Blattgemüse. Oder gar auf frischem italienischem Vollkornweizenbrot!**

## NÄHRWERTE

| | |
|---|---|
| 304 | **Kalorien** |
| 4 g | **Fett** |
| 56,7 g | **Kohlenhydrate** |
| 11,3 g | **Ballaststoffe** |
| 6 g | **Zucker** |
| 12,4 g | **Eiweiß** |

## 2 PORTIONEN

| | |
|---|---|
| 225 g | Tomatensauce (Dose) |
| 2 TL | italienische Gewürzmischung |
| 1 TL | Zwiebelgranulat |
| 1 TL | Knoblauchgranulat |
| | Prise schwarzer Pfeffer |
| | Prise Salz (optional) |
| | Chilisauce |
| 425 g | Kichererbsen (Dose), abgetropft und abgespült |
| | Agavendicksaft oder Zucker, nach Belieben (optional) |

1. Tomatensauce und Gewürze, einschließlich ein paar Tropfen Chilisauce, in einer Pfanne (ja, einer Pfanne!) verrühren.
2. Auf mittlerer Flamme schonend erhitzen.
3. Wenn die Sauce durch und durch warm ist, probieren Sie sie. Wenn sie zu säuerlich ist, mit einem Tropfen Agavendicksaft oder einer Prise Zucker nachsüßen (jede Tomatensauce ist anders).
4. Die Kichererbsen zugeben und gut in die Tomatensauce einrühren.
5. Die Hitze reduzieren und für ein paar Minuten köcheln lassen. Dabei gelegentlich umrühren und die Kichererbsen mit der Sauce bedecken.
6. Servieren, wenn alles gut warm ist und die Kichererbsen die Farbe der Tomatensauce angenommen haben.

✔SCHNELL ✔GLUTENFREI ✔SOJAFREI ✔EIN-TOPF ✔GÜNSTIG

UNTER 350 KALORIEN

# Kichererbsen-Tikka-Masala

**»Chicken Tikka Masala« ist ein beliebtes Gericht in Großbritannien, wo es für die reichhaltige, cremige Tomatensauce mit einem Hauch on Zitrone und Koriander bekannt ist. Hier ist meine Neuinterpretation mit Kichererbsen, in der ich Seidentofu anstelle von Joghurt verwende.**

## NÄHRWERTE

OHNE REIS

| | |
|---|---|
| 347 | **Kalorien** |
| 3,4 g | **Fett** |
| 64,3 g | **Kohlenhydrate** |
| 12 g | **Ballaststoffe** |
| 12,1 g | **Zucker** |
| 17,7 g | **Eiweiß** |

## 2 PORTIONEN

| | |
|---|---|
| 170 g | Seidentofu |
| 1 EL | frischer Zitronensaft |
| 2 TL | gemahlener Kreuzkümmel |
| 1 TL | Paprika |
| ½ TL | Zwiebelgranulat |
| ½ TL | Knoblauchgranulat |
| ¼ TL | gemahlener Zimt |
| ¼ TL | gemahlener Ingwer |
| ½ TL | Garam Masala |
| ⅛ TL | Kurkuma, für die Farbe (optional) |
| 225 g | Tomatensauce (Dose) |
| | Cayennepfeffer oder Chilisauce (nach Belieben) |
| | Salz und Pfeffer, nach Belieben |
| 425 g | Kichererbsen (Dose), abgetropft und abgespült |
| | Fein gehackter Koriander, zum Garnieren |
| | Gekochter brauner Reis, nach Belieben |

1. Tofu und Zitronensaft glatt rühren oder -pürieren. Bei Bedarf Wasser zugeben, bis der Tofu eine cremige Konsistenz hat.
2. Alle Gewürze bis einschließlich Kurkuma in einem mittelgroßen Topf in die Tomatensauce einrühren.
3. Einen Deckel auf den Topf setzen und auf niedriger Flamme für 5 Minuten warm werden lassen.
4. Den pürierten Tofu einrühren.
5. Mit Cayennepfeffer oder Chilisauce (zum Beispiel Tabasco, aber nicht Sriracha) abschmecken und mit Salz und Pfeffer würzen.
6. Die Kichererbsen zugeben und auf niedriger Flamme warm werden lassen.
7. Mit Koriander garnieren und zu Reis servieren. Ein Klecks Joghurt macht sich gut dazu.

### Anmerkung

» Um alles in nur einem Topf zuzubereiten oder als sojafreie Version, veganen Naturjoghurt auf Kokosnuss- oder Reisbasis (vorzugsweise ungesüßt) anstelle von Seidentofu und Zitronensaft verwenden.

UNTER 300 KALORIEN

✔ SCHNELL ✔ FETTFREI ✔ GLUTENFREI ✔ SOJAFREI ✔ GÜNSTIG

# Pinquito-Bohnen

**Pinquito-Bohnen sind auch als »Santa Maria Barbecue Beans« bekannt und im Prinzip nichts anderes als gebackene Bohnen mit einem Hauch von Mexiko. Eine vollständige Mahlzeit wird daraus mit einer Beilage aus Reis, zum Beispiel Arroz Amarillo (S. 167), und einem Salat oder gekochtem Blattgemüse.**

## NÄHRWERTE

| | |
|---|---|
| 293 | **Kalorien** |
| 0,7 g | **Fett** |
| 59,2 g | **Kohlenhydrate** |
| 20,9 g | **Ballaststoffe** |
| 16,4 g | **Zucker** |
| 17,4 g | **Eiweiß** |

## 2 PORTIONEN

| | |
|---|---|
| 1 | kleine süße Zwiebel, fein gewürfelt |
| 3 | Knoblauchzehen, fein gehackt |
| 400 g | Tomaten, stückig (Dose, mit Saft) |
| 250 ml | Enchilada-Sauce (S. 302) |
| 1 EL | gelber Senf |
| ½ TL | Chilipulver |
| | Hellbrauner oder Rohzucker (optional) |
| 425 g | Pintobohnen (Dose), abgetropft und abgespült |
| | Zucker |

**1** Den Boden eines mittelgroßen Topfs dünn mit Wasser bedecken und Zwiebeln und Knoblauch auf hoher Flamme für circa 2 Minuten glasig dünsten.

**2** Tomaten (mit Saft), Enchilada-Sauce, Senf und Chilipulver einrühren.

**3** Für eine Minute köcheln lassen, dann mit etwas Zucker abschmecken, falls die Tomatensauce etwas zu säuerlich ist oder Sie Ihre Baked Beans einfach gern süßer mögen.

**4** Bohnen zugeben, einen Deckel auf den Topf setzen und 10 Minuten köcheln lassen. Warm oder kalt servieren.

### Anmerkung

» Für dieses Rezept werden traditionell Pinquito-Bohnen verwendet (daher der Name). Allerdings sind Pinquito-Bohnen nicht ganz einfach in die Finger zu kriegen, deshalb verwende ich hier Pintobohnen, die ich ohnehin lieber mag.

✔SCHNELL ✔FETTFREI ✔GLUTENFREI ✔SOJAFREI ✔EIN-TOPF ✔GÜNSTIG

UNTER 200 KALORIEN

# Frijoles negros

## NÄHRWERTE

191 . . . . . . . . . . . **Kalorien**
0,5 g . . . . . . . . . . . . . . **Fett**
30,4 g . . . . **Kohlenhydrate**
6,2 g . . . . . . . **Ballaststoffe**
1,6 g . . . . . . . . . . . . **Zucker**
9,1 g . . . . . . . . . . . . **Eiweiß**

**Traditionell werden für Frijoles negros schwarze Bohnen aus der Karibik oder Mexiko vor dem Kochen erst für 18 Stunden eingeweicht und dann den ganzen Tag über langsam gegart. Diesen Vorgang habe ich hier auf circa 15 Minuten verkürzt, aber ohne Abstriche am Geschmack. Als vollständige Mahlzeit zu einer Beilage aus Reis und einem knackigen Salat oder Pico de Gallo servieren.**

## 2 PORTIONEN

| | |
|---|---|
| 1 | kleine süße Zwiebel, gewürfelt |
| 2 | Knoblauchzehen, fein gehackt |
| 1-2 TL | fein gehackter frischer Ingwer |
| 1 TL | Chilipulver |
| ½ TL | gemahlener Kreuzkümmel |
| | Prise Paprikapulver |
| | Prise gemahlener Zimt |
| 425 g | schwarze Bohnen (Dose), einschl. Flüssigkeit |
| | Chilisauce oder Cayennepfeffer (nach Belieben) |
| | Frischer Limettensaft und Limettenschale, nach Belieben (optional) |
| | Salz und Pfeffer, nach Belieben |

**1** Den Boden einer Pfanne dünn mit Wasser bedecken und Zwiebeln, Knoblauch und frischen Ingwer auf hoher Flamme für circa 2 Minuten glasig dünsten, bis der Großteil der Flüssigkeit verkocht ist.

**2** Chilipulver, Kreuzkümmel, eine kleine Prise Paprikapulver und eine sehr kleine Prise Zimt zugeben und gleichmäßig unterrühren.

**3** Für eine Minute köcheln lassen, bis die Mischung duftet. Bohnen (inklusive Flüssigkeit) einrühren.

**4** Die Hitze stark reduzieren und die Bohnen gut mit einer Gabel oder einem Kartoffelstampfer zerdrücken. Es soll aber kein Bohnenmus werden; ein paar halbe und ganze Bohnen sollten noch zu erkennen sein. Die Mischung ist jetzt recht flüssig – aber keine Sorge.

**5** Den Herd aufdrehen und auf hoher Flamme zum Kochen bringen.

6 Wenn die Mischung kocht, die Hitze wieder etwas reduzieren und für 10 Minuten köcheln lassen. Falls die Bohnen spritzen, für ein paar Minuten einen Deckel auf die Pfanne setzen, bis sich die Flüssigkeit reduziert hat und nicht mehr spritzt. Die Bohnen etwa jede Minute kurz umrühren; dabei bis zum Boden der Pfanne vorgehen und alle Bohnen vom Boden lösen. Nach 10 Minuten sollte sich die Flüssigkeitsmenge deutlich verringert haben. Wenn noch sehr viel Flüssigkeit dabei ist, länger köcheln lassen, aber eine kleine Menge macht nichts, da die Sauce beim Abkühlen weiter andickt.

7 Mit Chilisauce (oder Cayennepfeffer) und Limettensaft und -schale abschmecken. Mit Salz und Pfeffer würzen und servieren.

## Anmerkung

» Anstelle des frischen Ingwers können Sie eine großzügige Prise gemahlenen Ingwer verwenden.

UNTER 250 KALORIEN

✓ SCHNELL ✓ GLUTENFREI ✓ SOJAFREI ✓ GÜNSTIG

# Frijoles refritos

**Dieses Bohnenmus, auf Englisch als »refried beans« bekannt, gibt es zwar fertig in Dosen zu kaufen, aber es geht nichts über den Geschmack von hausgemachten Frijoles refritos. Sie sind die Mühe wirklich wert: Dieses Bohnengericht ist fantastisch. Ich muss zugeben, dass dieses Rezept allein dafür verantwortlich ist, dass ich allen anderen Bohnen entsage und die Pintobohne zu meiner Lieblingsbohne erkläre.**

## NÄHRWERTE

| | |
|---|---|
| 216 | **Kalorien** |
| 0,4 g | **Fett** |
| 41,7 g | **Kohlenhydrate** |
| 15,7 g | **Ballaststoffe** |
| 4,8 g | **Zucker** |
| 13,7 g | **Eiweiß** |

## 2 PORTIONEN

- 1 kleine Zwiebel, fein gewürfelt
- 1 TL gemahlener Kreuzkümmel
- ½ TL Chilipulver
- 3 Prisen Paprikapulver
- 425 g Pintobohnen (Dose), einschl. Flüssigkeit
- Salz und Pfeffer, nach Belieben

**1** Den Boden einer Pfanne dünn mit Wasser bedecken und Zwiebeln auf hoher Flamme für circa 2 Minuten glasig dünsten, bis der Großteil der Flüssigkeit verkocht ist.

**2** Kreuzkümmel, Chilipulver und Paprikapulver zugeben und unter die Zwiebeln mischen. Dann Bohnen einschließlich Flüssigkeit zugeben und ebenfalls unterrühren.

**3** Die Hitze stark reduzieren und die Bohnen gut mit einer Gabel oder einem Kartoffelstampfer zerdrücken. Die Mischung ist jetzt sehr flüssig – keine Sorge.

**4** Den Herd aufdrehen und auf hoher Flamme zum Kochen bringen.

**5** Wenn die Mischung kocht, die Hitze wieder etwas reduzieren und für 10 Minuten köcheln lassen. Falls die Bohnen spritzen, für ein paar Minuten den Deckel auf den Topf setzen, dann wieder entfernen. Etwa jede Minute kurz umrühren, dabei mit dem Löffel bis zum Boden vorgehen und die Bohnen vom Boden lösen. Nach 10 Minuten sollte sich die Flüssigkeit deutlich verringert haben. Es macht nichts, wenn die Bohnen immer noch etwas flüssig sind – sie dicken beim Abkühlen nach. Falls die Mischung allerdings noch sehr flüssig ist, sollte sie länger köcheln.

**6** Mit Salz und Pfeffer abschmecken und servieren.

✓ GLUTENFREI ✓ IM VORRAUS

UNTER 250 KALORIEN

# Tempeh-Hackbraten

**Ich kann mich nicht erinnern, vor meiner Zeit als Vegetarierin je Hackbraten gemocht zu haben, aber seit ich vegan lebe, kriege ich davon nicht genug. Dazu Kartoffelpüree, grüne Bohnen, geröstete Möhrchen (S. 233) und Pilzsauce für jede Gelegenheit (S. 306) servieren.**

## NÄHRWERTE

2 SCHEIBEN

| | |
|---|---|
| 210 | **Kalorien** |
| 8,7 g | **Fett** |
| 21,4 g | **Kohlenhydrate** |
| 2,9 g | **Ballaststoffe** |
| 4,8 g | **Zucker** |
| 15,6 g | **Eiweiß** |

## 4 PORTIONEN (8 SCHEIBEN)

| | |
|---|---|
| 75 g | Instant-Haferflocken |
| 225 g | Tempeh, mit einer Käsereibe geraspelt |
| 1 | kleine Zwiebel, fein gehackt |
| 4 EL | Ketchup |
| 2 EL | gelber Senf |
| 2 EL | natriumarme Sojasauce |
| 2 EL | Hefeflocken |
| 1 EL | italienische Gewürzmischung |

1 Den Backofen auf 175 °C vorheizen.

2 Eine reguläre Brotform fetten und beiseitestellen.

3 Alle Zutaten vermischen und für 5 Minuten ziehen lassen.

4 In die Brotform füllen, bis in die Ecken verstreichen und flach drücken.

5 Für 25 bis 35 Minuten backen, bis der Braten fest und goldbraun ist.

6 Vor dem Stürzen und Anschneiden für 10 Minuten abkühlen lassen. Je länger Sie warten, desto besser hält er zusammen. Für die perfekte Präsentation den Braten kopfüber auf einen Teller stürzen und kräftig auf die Unterseite der Backform klopfen, bis er herausrutscht.

7 Mit Sauce übergießen und servieren.

**Im Voraus** Dieser Hackbraten lässt sich gut wieder aufwärmen und macht sich super am nächsten Tag in einem Sandwich.

## Anmerkungen

» Ich nehme in diesem Rezept gerne einen Gemüse-Tempeh, aber eine andere Sorte tut es auch.

» Für ein einfaches Kartoffelpüree 1 große braune Kartoffel (mit oder ohne Schale) würfeln und garkochen. Das Wasser abgießen und die Kartoffelwürfel mit einem elektrischen Handmixer cremig schlagen. Mit Zwiebelpulver und Knoblauchpulver würzen, einen Spritzer Pflanzendrink zugeben und erneut mixen. Nach Bedarf mehr Flüssigkeit zugeben, bis die gewünschte Konsistenz erreicht ist. Dann nach Belieben mit mehr Knoblauch- oder Zwiebelpulver und Salz und Pfeffer abschmecken. Alternativ die Gewürze weglassen und stattdessen mit einem oder zwei Löffeln Dijon-Senf würzen.

### Anmerkungen

» Ein Wort der Warnung: Ersetzen Sie das Hühnerbrühen-Pulver nicht durch einen Brühwürfel, da die Schnitzel so zu salzig werden.

» Ich liebe Reste kalt auf einem Sandwich mit Barbecuesauce oder »Honig«-Senf (S. 287).

UNTER 200 KALORIEN

✔ SCHNELL ✔ GÜNSTIG

# Kichererbsen-Schnitzel

**An der Uni lebte ich quasi von Hühnchenschnitzeln. Seit einer gefühlten Ewigkeit will ich eine vegane Version davon kreieren, und während der Arbeit an diesem Kochbuch ist es mir endlich gelungen. Jetzt bereue ich es, so lange gewartet zu haben!**

## NÄHRWERTE

1 SCHNITZEL

| | |
|---|---|
| 186 | **Kalorien** |
| 1,7 g | **Fett** |
| 28,9 g | **Kohlenhydrate** |
| 6 g | **Ballaststoffe** |
| 0 g | **Zucker** |
| 15 g | **Eiweiß** |

## 4 SCHNITZEL

| | |
|---|---|
| 425 g | Kichererbsen (Dose), abgetropft und abgespült |
| 1 TL | Geflügelgewürz (S. 294) |
| 2 EL + 1 TL | Keine-Hühnerbrühe (S. 317) |
| 1 TL | Dijon-Senf |
| 1 EL | vegane Mayo (S. 291) |
| 1 TL | natriumarme Sojasauce |
| 35 g | Vital Weizengluten |
| 3 EL | Wasser |

1. Den Backofen auf 175 °C vorheizen.
2. Ein Backblech mit Backpapier auslegen und beiseitestellen.
3. Die Kichererbsen in einer Schüssel mit einer Gabel fast zu Mus zerdrücken. Es sollen keine ganzen Kichererbsen mehr zu sehen sein.
4. Alle Zutaten außer Gluten und Wasser sehr gut vermengen.
5. Dann Gluten und Wasser zugeben und untermischen.
6. Ein paarmal mit den Händen kneten, dann für ein paar Minuten ruhen lassen.
7. Den Teig mit den Händen in 4 gleich große Stücke zerteilen und die Stücke zu dünnen, langen, ovalen Schnitzeln formen (ähnlich einer Hühnerbrust).
8. Für 10 Minuten backen, wenden, weitere 10 Minuten backen und das Ganze wiederholen. Insgesamt sollen die Schnitzel 40 Minuten im Ofen sein. Passen Sie auf, dass sie nicht anbrennen: Sobald sie fest und schön goldbraun sind, sind sie fertig.

✔ FETTFREI ✔ GLUTENFREI ✔ GÜNSTIG

UNTER 150 KALORIEN

# Kubanische Schwarze-Bohnen-Küchlein

## NÄHRWERTE

1 KÜCHLEIN

| | |
|---|---|
| 111 | Kalorien |
| 0,3 g | Fett |
| 18,2 g | Kohlenhydrate |
| 3,1 g | Ballaststoffe |
| 1,9 g | Zucker |
| 5,2 g | Eiweiß |

## 4 KÜCHLEIN

| | |
|---|---|
| 425 g | schwarze Bohnen (Dose), abgetropft und abgespült |
| 4 EL | frischer Koriander, gehackt |
| 1 EL | Ketchup |
| 1 TL | Knoblauchgranulat |
| 1 TL | Zwiebelgranulat |
| ½ TL | Chilipulver |
| ½ TL | gemahlener Kreuzkümmel |
| ½ TL | getrockneter Oregano |
| 2 EL | vegane Mayo (S. 291) |
| 2 EL | Maismehl |
| | Limettencreme (S. 288) |

**Diese Bohnenküchlein fangen die traditionellen Aromen der kubanischen Küche überzeugend ein und werden abgerundet mit einer erfrischenden Limettencremesauce. Sie sind so einfach und mühelos in der Zubereitung, dass Sie ihrem Suchtfaktor garantiert im Nu erliegen. Das erfrischende Limettencreme-Dressing haben wir meiner guten Freundin Jane zu verdanken, die ein Händchen für alles hat, was nach Limette schmecken soll.**

1. Den Backofen auf 175 °C vorheizen. Ein Backblech fetten oder mit Backpapier auslegen und beiseitestellen.
2. Die Bohnen in einer Schüssel mit einer Gabel zerdrücken, bis keine ganzen Bohnen mehr zu sehen sind, aber nicht so fein stampfen, dass sie Bohnenmus ähneln. Koriander, Ketchup, Gewürze und vegane Mayo untermischen.
3. Dann 1 Esslöffel Maismehl zugeben und ebenfalls untermischen. Wenn sich die Mischung jetzt immer noch klebrig anfühlt, noch 1 Teelöffel bis 1 Esslöffel Maismehl untermischen. Nehmen Sie aber nicht mehr als 2 Esslöffel Maismehl, da die Bratlinge sonst zu trocken werden.
4. Den Teig mit den Händen zu 4 Bratlingen formen (etwas kleiner als mittelgroße Burger).
5. Für 10 Minuten backen, wenden und weitere 5 Minuten backen. Erneut wenden und noch einmal 5 Minuten oder länger backen. Die Bratlinge sollen außen leicht knusprig, aber wie Krabbenküchlein noch relativ weich sein. Passen Sie auf, dass Sie sie nicht zu lange backen, da die Küchlein austrocknen können.
6. Die Küchlein mit einem Klecks Limettencreme servieren.

UNTER 100 KALORIEN

✔ SCHNELL ✔ GLUTENFREI

# »Krabben«-Küchlein

**Ich liebe die Vielseitigkeit von Tofu. Dazu Austernpilze und Seetang für den fischigen Geschmack und voilà! Tofu, der wie Krabben schmeckt. Hier ist meine vegane Version der berühmten Krabbenküchlein aus Maryland – sie werden allerdings gebacken, nicht gebraten.**

## NÄHRWERTE

1 KÜCHLEIN, OHNE SAUCE

| | |
|---|---|
| 78 | **Kalorien** |
| 1,3 g | **Fett** |
| 7,7 g | **Kohlenhydrate** |
| 1 g | **Ballaststoffe** |
| 2,1 g | **Zucker** |
| 8,8 g | **Eiweiß** |

## 5 KÜCHLEIN

| | |
|---|---|
| 450 g | sehr fester Tofu |
| 3 | Selleriestangen, geraspelt oder fein gehackt |
| 120 g | Austernpilze, grob gehackt |
| 4 EL | vegane Mayo (S. 291) |
| 1 TL | Zwiebelgranulat |
| ½ TL | Knoblauchgranulat |
| 60 g | Instant-Haferflocken |
| 1 TL | Seetang |
| 1 EL | natriumarme Sojasauce |
| 1 EL | Old-Bay-Seasoning |
| ¼ TL | schwarzer Pfeffer |
| | Saft von 1 bis 2 Zitronenspalten |
| | Remoulade (S. 288) |

**1** Den Tofu nach Möglichkeit für 20 Minuten auspressen. Den gepressten Tofu mit einer Käsereibe oder der Raspelscheibe Ihrer Küchenmaschine raspeln. Dann in eine große Schüssel geben.

**2** Den Sellerie raspeln oder von Hand fein hacken. Die Pilze hacken.

**3** Alle Zutaten bis zum Pfeffer mit den Händen vermengen. Mindestens ein paar Minuten lang vermischen; insbesondere dann, wenn Sie den Tofu mit einer Käsereibe geraspelt haben, damit die Streifen zerfallen. Die Mischung soll sehr krümelig sein und an Hüttenkäse erinnern.

**4** Beiseitestellen und ruhen lassen, während der Ofen auf 175 °C vorheizt. Dann probieren und für einen schärferen Geschmack oder mehr »Fisch« mit mehr Old-Bay-Seasoning oder Seetang abschmecken. Ein Backblech dünn fetten oder mit Backpapier auslegen.

**5** Den Teig mit der Handfläche zu 5 flachen Bratlingen drücken und zu einem runden Krabbenküchlein formen.

**6** Vor dem Backen die Küchlein mit dem Saft einer Zitronenspalte beträufeln. (Um ein Austrocknen zu verhindern, können Sie sie auch mit etwas Ölspray besprühen.)

**7** Für 25 bis 35 Minuten backen, bis die Küchlein außen goldbraun und knusprig sind. Die Remoulade zubereiten und dünn auf die Küchlein streichen.

✔ SCHNELL ✔ GLUTENFREI ✔ GÜNSTIG

UNTER 100 KALORIEN

# Cajun-Kichererbsen-Küchlein

**NÄHRWERTE**

1 KÜCHLEIN

| | |
|---|---|
| 95 | **Kalorien** |
| 1,2 g | **Fett** |
| 17,4 g | **Kohlenhydrate** |
| 3,9 g | **Ballaststoffe** |
| 1,2 g | **Zucker** |
| 4,4 g | **Eiweiß** |

**8 KÜCHLEIN**

| | |
|---|---|
| 425 g | Kichererbsen (Dose), abgetropft und abgespült |
| 2 EL | vegane Mayo (S. 291) |
| 1 EL | Geflügelgewürz (S. 294) |
| 1 EL | Chilipulver |
| 1 EL | Tamari |
| 1 EL | frischer Limettensaft |
| ¼ TL | Knoblauchgranulat |
| ¼ TL | Zwiebelgranulat |
| ¼ TL | Paprikapulver |
| ¼ TL | flüssiges Rauch-aroma (Liquid Smoke) |
| ⅛ TL | Cayennepfeffer |
| 20 g | Kichererbsenmehl |
| | Rauchige Cajun-Mayo (optional; S. 285) |
| | Salz |

**Als ein Bewerber bei Top Chef in einer Folge Cajun-Kichererbsen-Küchlein machte, ging mir nur eins durch den Kopf: »Oooh! Das klingt fantastisch!« Also machte ich mich ans Werk. Diese Küchlein, die ich bereits 2009 auf HappyHerbivore.com veröffentlichte, gehören nach wie vor zu meinen Lieblingsrezepten, denn sie passen zu praktisch jeder Gemüsebeilage und das Rezept basiert auf günstigen, alltäglichen Zutaten.**

**1** Den Backofen auf 175 °C vorheizen.

**2** Ein Backblech mit Backpapier auslegen und beiseitestellen.

**3** Die Kichererbsen circa 10-mal mit der Pulse-Funktion der Küchenmaschine zerkleinern, bis sie grob gehackt, aber noch nicht püriert sind (Sie können auch einfach eine Gabel nehmen).

**4** Die gehackten Kichererbsen und alle übrigen Zutaten in eine Schüssel geben und vermengen.

**5** Den Teig zu 8 Kugeln rollen, dann dünn mit Ölspray besprühen.

**6** Die Bällchen mit 10 cm Abstand auf ein Backblech setzen und mit der Handfläche leicht flach drücken.

**7** Erneut leicht besprühen und, wenn gewünscht, mit etwas Salz berieseln.

**8** Für 12 bis 15 Minuten backen, bis die Küchlein durch und durch warm und leicht knusprig sind.

**9** Dazu rauchige Cajun-Mayo oder eine andere Würzsauce servieren.

### Anmerkung

» Anstelle der Tamari können Sie natriumarme Sojasauce verwenden, und anstelle des Kichererbsenmehls ist Vollkornweizenmehl geeignet, allerdings ist Kichererbsenmehl vorzuziehen.

### Anmerkung

» Ich nehme zum Dünsten des Grünkohls am liebsten einen elektrischen Dampfgarer, aber Sie können auch den Boden eines großen Topfs dünn mit Wasser bedecken, zum Kochen bringen, den Grünkohl hineingeben und mit Deckel dünsten, bis er leuchtend grün ist. Dabei ein-, zweimal umrühren, damit er gleichmäßig gart.

UNTER 200 KALORIEN

✔ SCHNELL ✔ GLUTENFREI ✔ SOJAFREI ✔ GÜNSTIG

# Kichererbsen & Grünkohl nach indischer Art

## NÄHRWERTE

| | |
|---|---|
| 166 | Kalorien |
| 1,8 g | Fett |
| 32,1 g | Kohlenhydrate |
| 6,3 g | Ballaststoffe |
| 1,3 g | Zucker |
| 7,8 g | Eiweiß |

**Ich gehöre zu der Sparte Veganer, die dreimal am Tag Grünkohl essen können – ich stehe dazu! Ich weiß nicht, wann das passierte, denn ich war nicht immer so verrückt nach Grünkohl, aber jetzt bekomme ich gar nicht genug davon. Noch dazu koche (und esse) ich liebend gern indisch, es war also klar, dass ich diese zwei Favoriten in einer schnellen Wochenmahlzeit vereinen musste.**

## 2 PORTIONEN

| | |
|---|---|
| 70 g | Grünkohl, gehackt |
| 2 | Knoblauchzehen, fein gehackt |
| 60 ml | Tomatensauce |
| 1 EL | Wasser oder Brühe |
| ½ TL | gemahlener Kreuzkümmel |
| ¼ TL | gemahlener Koriander |
| ⅛ TL | gemahlener Ingwer |
| | Prise Salz |
| 185 g | gekochte Kichererbsen |
| ⅛-¼ TL | Garam Masala (optional) |
| | Großzügige Prise Knoblauchgranulat (optional) |

1 Den Grünkohl für circa 3 bis 5 Minuten dünsten, bis er leuchtend grün und etwas weicher geworden ist. Auf einen Teller geben und beiseitestellen.

2 Alle Zutaten von Knoblauch bis Salz in eine Pfanne geben und auf mittlerer Flamme für 5 Minuten garen.

3 Die Kichererbsen einrühren; bei Bedarf noch einen Esslöffel Wasser zugeben.

4 Köcheln lassen, bis alles durch und durch warm ist.

5 Vom Herd nehmen, Garam Masala einrühren und für ein paar Minuten beiseitestellen.

6 Grünkohl auf Tellern anrichten und großzügig mit Knoblauchgranulat berieseln (optional). Die Kichererbsen darauf anrichten und servieren.

✔ SCHNELL ✔ GLUTENFREI ✔ GÜNSTIG

UNTER 100 KALORIEN

# Cajun-Augen-bohnen-Küchlein

**Das passiert, wenn Augenbohnen sich im Fasching mit Krabbenküchlein anlegen. Oder so ähnlich.**

## NÄHRWERTE

1 KÜCHLEIN

| | |
|---|---|
| 99 | **Kalorien** |
| 1,4 g | **Fett** |
| 14,2 g | **Kohlenhydrate** |
| 2,8 g | **Ballaststoffe** |
| 0,9 g | **Zucker** |
| 4,7 g | **Eiweiß** |

## 5 KÜCHLEIN

| | |
|---|---|
| 2 EL | cremiger Cajun-Senf (S. 287) |
| 425 g | Augenbohnen (Dose), abgetropft und abgespült |
| 1 | Selleriestange, fein gehackt |
| 2 EL | Ketchup |
| 1 TL | Zwiebelgranulat |
| 1 TL | Cajun-Gewürz (S. 295) |
| ¼ TL | schwarzer Pfeffer |
| 2 EL | Haferflocken (zart oder instant) |

**1** Den cremigen Cajun-Senf zubereiten und beiseitestellen.

**2** Den Backofen auf 175 °C vorheizen.

**3** Ein Backblech leicht fetten oder mit Backpapier auslegen und beiseitestellen.

**4** Die Bohnen mit einer Gabel zerdrücken, bis keine ganzen Bohnen zurückbleiben, aber noch ein paar halbe dabei sind. Die zerdrückten Bohnen sollen nicht zu grob sein, aber auch nicht die Konsistenz von Bohnenmus haben.

**5** Die Bohnen gut mit allen übrigen Zutaten außer den Haferflocken vermengen. Erst dann die Haferflocken untermischen.

**6** Zu 5 kleinen Bratlingen formen (etwas kleiner als Veggieburger) und auf das Backblech setzen.

**7** Für 10 Minuten backen, wenden und weitere 7 Minuten backen. Falls nötig, das Ganze ein drittes Mal wiederholen, aber Sie sollten nach 5 Minuten Backzeit nach den Küchlein sehen. Sie sollen außen leicht knusprig, aber innen noch weich sein (wie Krabbenküchlein).

**8** Vor dem Servieren etwas cremigen Cajun-Senf auf jedem Küchlein verstreichen.

### Anmerkung

» Anstelle der Instant-Haferflocken können Sie auch gewöhnliche Haferflocken nehmen. Dann zuerst in der Küchenmaschine zerkleinern.

# PASTA & ASIANUDELN

UNTER **250** KALORIEN

✔ SCHNELL ✔ FETTFREI ✔ GLUTENFREI ✔ GÜNSTIG

# Gemüse-Lo-Mein

**Dieses Lo Mein ist besser als die fettige Variante vom Lieferdienst, denn es ist gesund und ideal zur Verarbeitung von jedem Gemüse, das Sie gerade zur Hand haben. Auch die Nudeln sind variabel, nehmen Sie zum Beispiel Soba, Udon, Spaghetti oder Linguine.**

**1** Die Nudeln nach Packungsanweisung zubereiten.

**2** Währenddessen alle Zutaten für die Lo-Mein-Sauce verquirlen und beiseitestellen.

**3** Die Wurzeln und dunkelgrünen Anteile der Frühlingszwiebeln abschneiden. Die Wurzeln wegwerfen, die grünen Anteile für ein anderes Rezept verwenden. Die weißen und grünen Anteile in 5 cm große Stücke schneiden, dann der Länge nach halbieren; beiseitestellen.

**4** Den Boden einer großen Pfanne dünn mit Wasser bedecken. Zum Kochen bringen, dann Zwiebeln, Knoblauch, Ingwer und rote Chiliflocken hineingeben.

**5** Nach einer Minute die Pilze und anderes Gemüse zugeben und al dente kochen: gar, aber noch knackig. Nach Bedarf etwas Wasser zugeben, damit nichts am Topf haftet, aber nehmen Sie wirklich nur so wenig wie möglich.

**6** Wenn alles gar ist, mit den gekochten Nudeln vermengen und mit Lo-Mein-Sauce übergießen. Umrühren und die Sauce gleichmäßig verteilen.

## NÄHRWERTE

MIT NUDELN

| | |
|---|---|
| 200 | **Kalorien** |
| 0,8 g | **Fett** |
| 43 g | **Kohlenhydrate** |
| 2,8 g | **Ballaststoffe** |
| 3,3 g | **Zucker** |
| 9,6 g | **Eiweiß** |

**2 PORTIONEN**

### LO-MEIN-SAUCE

| | |
|---|---|
| 2 EL | natriumarme Sojasauce |
| 1 TL | Reisessig |
| | Prise gemahlener Ingwer |
| | Prise Knoblauchgranulat |
| | Tropfen Agavendicksaft |
| ¼ TL | asiatische Chilisauce |

### LO MEIN

| | |
|---|---|
| 85 g | Asianudeln |
| 5 | Frühlingszwiebeln |
| 2 | Knoblauchzehen, fein gehackt |
| 1 EL | gehackter frischer Ingwer |
| | Prise rote Chiliflocken |
| 80 g | Pilze, in Scheiben (optional) |
| | Beliebiges anderes Gemüse (optional) |
| 150 g | Pfannengemüse |

✔ SCHNELL ✔ GLUTENFREI ✔ GÜNSTIG

UNTER 300 KALORIEN

# Cremige Dijon-Pasta

## NÄHRWERTE

| | |
|---|---|
| 261 | **Kalorien** |
| 3,7 g | **Fett** |
| 40,9 g | **Kohlenhydrate** |
| 12 g | **Ballaststoffe** |
| 9,2 g | **Zucker** |
| 17,8 g | **Eiweiß** |

## 2 PORTIONEN

| | |
|---|---|
| 115 g | Vollkornweizen-Spaghetti |
| 300 g | tiefgekühlte Erbsen |
| 170 g | Seidentofu |
| 2 EL | Dijon-Senf |
| 1 EL | Apfelessig |
| | Prise Muskat (optional) |
| | Schwarzer Pfeffer, nach Belieben |

**Cremige Nudelsaucen aus Tofu haben einen geringen Fettanteil und bringen Eiweiß in sonst sehr kohlenhydratreiche Pastagerichte. Den grünen Farbton hat die Sauce den Erbsen zu verdanken, aber Sie können je nach Jahreszeit stattdessen auch Spargel oder Tomaten verwenden.**

**1** Die Nudeln nach Packungsanweisung kochen. Erbsen bzw. Spargel ein paar Minuten vor Ende der Kochzeit zu den Nudeln geben, damit sie ebenfalls kurz erhitzt werden.

**2** Währenddessen Tofu, Senf, Essig und Muskat (optional) in den Mixer geben.

**3** Glatt und cremig pürieren, bei Bedarf 1 bis 2 Esslöffel Wasser zugeben.

**4** Nudeln und Gemüse in der Cremesauce schwenken und vor dem Servieren mit frisch gemahlenem schwarzem Pfeffer garnieren.

### Anmerkung

» Anstelle der Spaghetti können Sie beliebige andere Nudeln und glutenfreie Nudeln verwenden.

UNTER 300 KALORIEN

✓ SCHNELL ✓ GLUTENFREI ✓ SOJAFREI ✓ EIN-TOPF ✓ GÜNSTIG

# Schnelle Kürbis-Salbei-Nudeln

**Das ideale Rezept, um Kürbis aufzubrauchen. Es ist fertig, sobald die Nudeln gar sind, und überzeugt mit den Aromen des Herbsts. Mit dem restlichen Kürbis und frischen Salbei können Sie übrigens Herbstliches Maisbrot (S. 71) backen.**

## NÄHRWERTE

ZU 55 G NUDELN

| | |
|---|---|
| 262 | **Kalorien** |
| 2,4 g | **Fett** |
| 51 g | **Kohlenhydrate** |
| 8,2 g | **Ballaststoffe** |
| 5,3 g | **Zucker** |
| 10 g | **Eiweiß** |

## 2 PORTIONEN

| | |
|---|---|
| 115 g | Vollkornweizennudeln |
| 180 ml | Gemüsebrühe |
| 165 g | Kürbispüree (aus der Dose oder selbst gemachtes. Hierfür Kürbis mit ein wenig Wasser weich kochen und pürieren) |
| 1-2 EL | fein gehackter frischer Salbei |
| ⅛ TL | Kürbiskuchen-Gewürzmischung |
| | Prise getrockneter Oregano |
| | Prise rote Chiliflocken (optional) |
| | Salz und Pfeffer, nach Belieben |
| | Veganer Parmesan, zum Garnieren (optional) |

1 Die Nudeln nach Packungsanweisung kochen.

2 Währenddessen die übrigen Zutaten in einen kleinen Topf geben und auf niedriger Flamme für 5 Minuten erhitzen, bis alles durch und durch warm ist.

3 Nach Belieben mit mehr Salbei plus Salz und Pfeffer abschmecken.

4 Einen Deckel auf den Topf setzen und die Sauce für 5 bis 10 Minuten ruhen lassen, damit sie andicken kann und sich die Aromen entfalten.

5 Die Kürbissauce unter die gekochten Nudeln mischen und falls nötig mit mehr Salz und Pfeffer abschmecken. Wenn Sie möchten, mit veganem Parmesan garnieren.

### Anmerkung

» Um für das gesamte Gericht nur einen Topf zu verwenden, bereiten Sie die Sauce im selben Topf zu, in dem Sie die Nudel gekocht haben (die Nudeln währenddessen beiseitestellen).

✔ SCHNELL ✔ GLUTENFREI ✔ EIN-TOPF ✔ GÜNSTIG

UNTER 400 KALORIEN

# Tempeh-Chili-Makkaroni

## NÄHRWERTE

| | |
|---|---|
| 362 | **Kalorien** |
| 11,1 g | **Fett** |
| 48,8 g | **Kohlenhydrate** |
| 7,9 g | **Ballaststoffe** |
| 5,7 g | **Zucker** |
| 22,8 g | **Eiweiß** |

**3 PORTIONEN**

| | |
|---|---|
| 110 g | Vollkornweizen-Makkaroni |
| 225 g | Tempeh |
| 250 ml | Wasser |
| 1 EL | natriumarme Sojasauce |
| 1 EL | Hefeflocken |
| 2 ½ TL | Chilipulver |
| 1 ½ TL | gemahlener Kreuzkümmel |
| 1 ½ TL | getrockneter Oregano |
| 2 TL | Knoblauchgranulat |
| 1 ½ EL | Ketchup |
| 1 ½ EL | gelber Senf |
| 1 | süße Zwiebel, gewürfelt |
| 400 g | Tomaten, stückig (Dose) |
| 425 g | Kidneybohnen (Dose), abgetropft und abgespült (optional) |
| | Chilisauce (optional) |

**Hier ist meine gesunde und vegane Version der Chili-Makkaroni-Fertigmischung von »Hamburger Helper«. Es geht schnell und einfach und ist ein richtiger Seelentröster. Mit einer Dose Kidneybohnen können Sie dieses Gericht noch etwas ausbauen.**

1 Die Makkaroni nach Packungsanweisung kochen, dann beiseitestellen.

2 Währenddessen den Tempeh mit einer Käsereibe raspeln und beiseitestellen.

3 Die nächsten neun Zutaten (von Wasser bis Senf) in einer Pfanne oder einem großen Topf verquirlen.

4 Tempeh und Zwiebeln zugeben und zum Kochen bringen. Wenn die Mischung kocht, die Hitze reduzieren und köcheln lassen, bis der Großteil der Flüssigkeit aufgenommen wurde.

5 Tomaten einschließlich Saft und Bohnen (falls verwendet) zugeben und für circa eine weitere Minute mitköcheln, bis alles gut warm ist. Passen Sie aber auf, dass die Flüssigkeit nicht gänzlich verkocht.

6 Nudeln und Sauce vermischen und dazu am Tisch Chilisauce servieren.

### Anmerkungen

» Anstelle der Makkaroni können Sie eine beliebige andere klein geformte Nudelsorte oder glutenfreie Nudeln verwenden.

» Um alles im selben Topf zu kochen, erst die Makkaroni im großen Topf kochen, dann den Tempeh im Anschluss im selben Topf garen.

UNTER 200 KALORIEN

✔ SCHNELL ✔ FETTFREI ✔ GLUTENFREI ✔ SOJAFREI ✔ EIN-TOPF ✔ GÜNSTIG

# Zitronen-Basilikum-Pasta

**Dieses Gericht entwickelte ich an der Uni und tischte es immer dann auf, wenn ich jemanden beeindrucken wollte (sprich: die süßen Jungs). Ich serviere es gern im Sommer, weil es so leicht und erfrischend ist. Um es abzurunden und ihm ein bisschen Farbe zu verpassen, können Sie vor dem Servieren frischen Babyspinat oder grünen Spargel untermischen.**

### NÄHRWERTE

| | |
|---|---|
| 174 | **Kalorien** |
| 1 g | **Fett** |
| 37,8 g | **Kohlenhydrate** |
| 7,3 g | **Ballaststoffe** |
| 5,2 g | **Zucker** |
| 7,7 g | **Eiweiß** |

### 2 PORTIONEN

| | |
|---|---|
| 225 g | Vollkornweizen-Spaghetti |
| 350 g | Kirschtomaten, halbiert |
| | Saft von 1 Zitrone |
| ½ | Handvoll frisches Basilikum, gehackt |
| 2 EL | Kapern |
| | Schwarzer Pfeffer, nach Belieben |
| 1 | Basilikumblättchen, zum Garnieren (optional) |

**1** Die Nudeln nach Packungsanweisung kochen. Eine Minute, bevor die Nudeln fertig sind, die Tomaten zugeben und mit den Nudeln kochen. Die Tomaten sollen etwas weicher werden, aber immer noch recht knackig sein.

**2** Das Wasser abgießen, Nudeln und Tomaten kurz unter kaltem Wasser abschrecken, sodass die Nudeln noch warm, aber nicht mehr kochend heiß sind.

**3** Die Nudeln zurück in den Topf geben und Zitronensaft, frisches Basilikum und 2 Esslöffel Kapern unterheben. Wenn Sie möchten, nehmen Sie gern noch einen zusätzlichen Esslöffel Kapern.

**4** Mit frisch gemahlenem schwarzem Pfeffer und einem hübschen Basilikumblättchen garnieren.

### Anmerkungen

» Für einen kräftigeren Zitronengeschmack zusätzlich Zitronenschale untermischen.

» Um das Gericht glutenfrei zuzubereiten, verwenden Sie glutenfreie Nudeln.

» Dieses Nudelgericht ist auch kalt wunderbar und der Geschmack ist am nächsten Tag noch ausgeprägter, also freuen Sie sich schon aufs Resteessen.

# Schnelles Pesto

**Dieses Pesto ist um Handumdrehen fertig und ideal für die lästigen Wochenabende, wenn Sie nur so gerade noch dazu in der Lage sind, einen Topf Nudeln aufzusetzen. Um das Gericht gehaltvoller zu gestalten, können Sie zusätzlich eine beliebige Auswahl folgender Zutaten untermischen: Artischockenherzen aus der Dose, geviertelt; Palmherzen, in Scheiben; Kirschtomaten, in Scheiben; Kalamata-Oliven, in Scheibchen; Brokkoliröschen oder Spargel, in Scheiben.**

## NÄHRWERTE

SCHNELLES PESTO (60 ML)

| | |
|---|---|
| 20 | **Kalorien** |
| 0,5 g | **Fett** |
| 2,3 g | **Kohlenhydrate** |
| 0 g | **Ballaststoffe** |
| 2 g | **Zucker** |
| 1,7 g | **Eiweiß** |

SPINAT-PESTO (60 ML)

| | |
|---|---|
| 16 | **Kalorien** |
| 0,4 g | **Fett** |
| 1,9 g | **Kohlenhydrate** |
| 0 g | **Ballaststoffe** |
| 1,5 g | **Zucker** |
| 1,4 g | **Eiweiß** |

**375 ML**

| | |
|---|---|
| 170 g | veganer Naturjoghurt |
| 1 Bund | frisches Basilikum |
| 1 | Knoblauchzehe |
| | Saft von 1 Zitronenspalte |
| | Salz und Pfeffer, nach Belieben |

### Anmerkungen

» Je mehr Basilikum, desto besser – seien Sie ruhig großzügig.

» Wenn es bei Ihnen im Supermarkt keinen veganen Joghurt gibt, können Sie stattdessen 150 g weichen Tofu oder Seidentofu verwenden.

**1** Joghurt, Basilikum und Knoblauch im Mixer oder in der Küchenmaschine glatt, cremig und leuchtend grün pürieren.

**2** Probieren Sie. Wenn Sie gesüßten Joghurt verwenden und das Pesto Ihnen etwas zu süß ist, geben Sie etwas Zitrone hinzu (circa ¼ Teelöffel Saft). Sie können auch mehr Basilikum zugeben, wenn das Pesto nicht kräftig genug ist. Mit Salz und Pfeffer würzen. 4 EL Pesto unter die gekochten Nudeln mischen (die Nudeln sollten kalt oder noch warm, aber nicht kochend heiß sein). Nach Bedarf mehr zugeben und untermischen, bis die Nudeln gut eingedeckt sind. Sie können das Pesto auch als Aufstrich, Pizzasauce, Dip oder auf beliebige andere Weise verwenden.

## SPINAT-PESTO

Anstelle des Basilikums 2 Handvoll frischen Spinat (Babyspinat oder gewöhnlicher Spinat, gehackt und Stiele entfernt) verwenden und den Spinatgeschmack mit mehr Knoblauch ausgleichen.

UNTER 450 KALORIEN

✔ SCHNELL ✔ GLUTENFREI ✔ GÜNSTIG

# Süße Chili-Mango-Udon

**In Los Angeles gibt es Obststände wie Hot-Dog-Wagen in Manhattan. Manchmal berieseln die Verkäufer das Obst mit scharfen Gewürzen, und genau diesen süß-scharfen Kontrast habe ich in diesem asiatisch inspirierten Gericht nachgeahmt.**

**1** Die Nudeln nach Packungsanweisung zubereiten, mit kaltem Wasser abschrecken, das Wasser abschütten und die Nudeln beiseitestellen.

**2** Die dunkelgrünen Anteile und das Wurzelende der Frühlingszwiebeln abschneiden. Die Wurzeln wegwerfen, die grünen Anteile für später beiseitelegen. Die übrigen weißen und hellgrünen Anteile halbieren, dann erneut halbieren, sodass jedes Stück circa 5 cm lang ist. Beiseitelegen.

**3** Circa 80 ml Gemüsebrühe in eine große Pfanne gießen. Knoblauch, eine Prise rote Chiliflocken, natriumarme Sojasauce und Essig einrühren. Wenn Sie möchten, mit mehr Sojasauce abschmecken.

**4** Auf hoher Flamme aufkochen lassen und für 2 Minuten dünsten. Die gehackten Frühlingszwiebeln zugeben und eine Minute mitgaren. Erneut 80 ml Brühe, Chilisauce und Ingwer zugeben und eine oder zwei Minuten köcheln lassen. Gut umrühren.

**5** Den Herd abschalten und bei Bedarf die restliche Brühe zugeben. Es soll etwas Sauce in der Pfanne sein – eine dünne Schicht am Boden. Probieren und nach Belieben mit mehr Chilisauce abschmecken.

**6** Mango und die gekochten Nudeln zugeben und alles gut vermengen.

**7** Vom Herd nehmen und in der Pfanne beiseitestellen, damit sich die Aromen entfalten können. Die restlichen Anteile der Frühlingszwiebeln diagonal schneiden. Ein paar Stücke beiseitelegen, den Rest unter die Nudeln mischen. Auf Tellern anrichten, garnieren und servieren.

## NÄHRWERTE

| | |
|---|---|
| 412 | **Kalorien** |
| 2,9 g | **Fett** |
| 82,9 g | **Kohlenhydrate** |
| 8,1 g | **Ballaststoffe** |
| 24,6 g | **Zucker** |
| 15,5 g | **Eiweiß** |

## 2 PORTIONEN

| | |
|---|---|
| 170 g | Udon-Nudeln |
| 1 Bund | Frühlingszwiebeln |
| 250 ml | Gemüsebrühe (insgesamt) |
| 2 | Knoblauchzehen, fein gehackt |
| ¼ TL | rote Chiliflocken |
| 2 EL | natriumarme Sojasauce |
| 2 EL | Reisessig |
| 1 EL | süße Chilisauce |
| 3 TL | fein gehackter frischer Ingwer |
| 1 | Mango, geschält und gewürfelt |

### Anmerkung

» Udon sind dicke, flache japanische Weizennudeln. Als glutenfreie Option können Sie stattdessen dicke Nudeln aus braunem Reis verwenden.

✔ SCHNELL ✔ GLUTENFREI ✔ SOJAFREI ✔ GÜNSTIG

UNTER 350 KALORIEN

# Andreas Puttanesca

**NÄHRWERTE**

| | |
|---|---|
| 336 | **Kalorien** |
| 6,7 g | **Fett** |
| 59,7 g | **Kohlenhydrate** |
| 14,4 g | **Ballaststoffe** |
| 5,8 g | **Zucker** |
| 15,7 g | **Eiweiß** |

**2 PORTIONEN**

| | |
|---|---|
| 115 g | Vollkornweizen-Spaghetti |
| 2 | Knoblauchzehen, fein gehackt |
| | Prise rote Chiliflocken |
| 4 | Handvoll Babyspinat |
| 180 g | Kirschtomaten, in Scheibchen |
| 125 ml | Tomatensauce |
| 185 g | Kichererbsen |
| 70 g | schwarze Oliven, in Scheibchen |
| | Salz und Pfeffer, nach Belieben |

**Genau genommen ist es gar keine wahre Puttanesca. Ich bezeichne bloß so ziemlich jedes Spaghettigericht mit Oliven als »Puttanesca«, und genau das ist auch hier passiert. Dieses Gericht entstand in Eile eines Nachmittags bei meiner Freundin Andrea aus den Resten, die sie noch im Kühlschrank hatte. Es war so lecker!**

1. Nudeln nach Packungsanweisung al dente kochen.
2. Währenddessen den Boden einer Pfanne dünn mit Wasser bedecken und den Knoblauch eine Minute darin dünsten, dann die roten Chiliflocken zugeben und noch ein, zwei Minuten garen, bis es duftet.
3. Spinat und Tomaten und bei Bedarf noch einen Spritzer Wasser zugeben.
4. Unter ständigem Rühren für circa 45 Sekunden köcheln lassen, bis der Spinat dunkelgrün wird und die Tomaten weich werden; weder Spinat noch Tomaten sollen matschig werden und zerfallen.
5. Überschüssige Flüssigkeit abgießen, dann beiseitestellen.
6. Tomatensauce unter die Spaghetti mischen, bis alles gleichmäßig eingedeckt ist. Dann die Spinat-Tomaten-Mischung und die Kichererbsen untermischen.
7. Mit Salz und Pfeffer abschmecken und vor dem Servieren mit den schwarzen Oliven garnieren.

## Anmerkungen

» Anstelle der Spaghetti können Sie jede beliebige andere Nudelsorte verwenden, einschließlich glutenfreie Sorten.

» Für ein kohlenhydratarmes Gericht Spaghettikürbis anstelle der Nudeln verwenden.

UNTER 100 KALORIEN

✔ SCHNELL ✔ GLUTENFREI ✔ SOJAFREI ✔ IM VORRAUS ✔ GÜNSTIG

# Cremesauce mit sonnengetrockneten Tomaten

**NÄHRWERTE**

60 ML

| | |
|---|---|
| 76 | **Kalorien** |
| 1,7 g | **Fett** |
| 10,2 g | **Kohlenhydrate** |
| 3,1 g | **Ballaststoffe** |
| 3,3 g | **Zucker** |
| 7,3 g | **Eiweiß** |

**Diese reichhaltige, cremige Sauce ist perfekt zu Pasta an hektischen Abenden unter der Woche. Wenn Sie es zeitlich schaffen, bereiten Sie sie im Voraus zu – sie schmeckt am nächsten Tag noch besser.**

**250 ML**

| | |
|---|---|
| 15 g | sonnengetrocknete Tomaten |
| 250 ml | Pflanzendrink |
| 10 g | Hefeflocken |
| 1 TL | gelbe Misopaste |
| ½ TL | Zwiebelgranulat |
| | Prise Paprikapulver |
| ¼ TL | Cajun-Gewürz (S. 295) |
| | Prise Salz |
| | Gute Prise schwarzer Pfeffer |
| 1 | Knoblauchzehe |
| | Saft von 1 Zitronenscheibe |
| | Basilikumflocken oder gehacktes frisches Basilikum, zum Garnieren (optional) |

**1** Zum Einweichen der Tomaten einen kleinen Topf bis zur Hälfte mit Wasser füllen und zum Kochen bringen.

**2** Wenn das Wasser kocht, die Tomaten hineingeben und den Herd abschalten. Die Tomaten sollten circa 10 Minuten einweichen, dann sind sie fertig.

**3** Das Wasser abgießen und die eingeweichten Tomaten mit den übrigen Zutaten in den Mixer geben und glatt pürieren.

**4** In einen Topf geben und auf niedriger Flamme schonend erhitzen.

**5** Nach Belieben noch 1 bis 2 zusätzliche Esslöffel Hefeflocken unterrühren.

**6** Zu Nudeln servieren oder als Dip zu rustikalem Brot. Wenn Sie möchten, mit getrockneten Basilikumflocken oder einer Prise gehacktem frischem Basilikum garnieren.

## Anmerkungen

» Wenn Sie einen ungesüßten Pflanzendrink verwenden, müssen Sie eventuell noch mit einem oder zwei Tropfen Agavendicksaft oder etwas Zucker abschmecken, um die säuerliche Note der sonnengetrockneten Tomaten abzumildern.

» Anstelle der sonnengetrockneten Tomaten können Sie zur Not Tomatensauce verwenden, aber sonnengetrocknete Tomaten sind definitiv vorzuziehen.

✓ SCHNELL ✓ GLUTENFREI ✓ EIN-TOPF ✓ GÜNSTIG

UNTER 450 KALORIEN

# Pablo Pasta

**Eine leicht scharfe, mexikanisch inspirierte Version von Mac'n'Cheese. Sie können die Sauce mit mehr grünen Chilis, roten Chiliflocken oder Chilisauce so scharf abschmecken, wie Sie es mögen. Lassen Sie sich nicht von den vielen Zutaten abschrecken; das sind hauptsächlich die Gewürze.**

## NÄHRWERTE

| | |
|---|---|
| 401 | **Kalorien** |
| 2,9 g | **Fett** |
| 68 g | **Kohlenhydrate** |
| 12,4 g | **Ballaststoffe** |
| 8,3 g | **Zucker** |
| 23,1 g | **Eiweiß** |

## 3 PORTIONEN

| | |
|---|---|
| 130 g | Vollkornweizennudeln |
| 310 ml | Pflanzendrink |
| 15 g | Hefeflocken |
| 2 EL | gelbe Misopaste |
| 2 EL | Speisestärke |
| 1 TL | Zwiebelgranulat |
| 1 TL | Knoblauchgranulat |
| ½ TL | Paprikapulver |
| ½ TL | gemahlener Kreuzkümmel |
| ¼ TL | Kurkuma |
| | Prise rote Chiliflocken |
| 2 EL | fein gehackte grüne Chilis |
| 2 EL | Tomatensauce |
| 425 g | schwarze Bohnen (Dose), abgetropft und abgespült |
| | Gehackte Tomaten, zum Garnieren (optional) |
| 1 | fein geschnittene Frühlingszwiebel, zum Garnieren (optional) |
| | Chilisauce, nach Belieben (optional) |

**1** Nudeln nach Packungsanweisung kochen. Im Anschluss sofort das Wasser abgießen, die Nudeln mit kaltem Wasser abschrecken und beiseitestellen.

**2** Pflanzendrink, Hefeflocken, Miso, Speisestärke, Gewürze, grüne Chilis (mehr, wenn Sie möchten) und Tomatensauce in einen Topf geben.

**3** Auf mittlerer Flamme erhitzen und fast zum Kochen bringen, dann die Hitze stark reduzieren und die Sauce andicken lassen. Dabei gelegentlich umrühren.

**4** Nach Belieben mit mehr roten Chiliflocken (oder Chilisauce) abschmecken.

**5** Bohnen und Nudeln untermischen, bis alles gut eingedeckt ist.

**6** Mit Tomaten, Frühlingszwiebeln und einem Spritzer Chilisauce garnieren.

### Anmerkungen

» Sie können in diesem Rezept jede Nudelsorte einschließlich glutenfreier Nudeln verwenden, aber röhrenförmige Sorten wie Makkaroni oder Ziti sind am besten.

» Sie können das gesamte Gericht in einem Topf kochen, indem Sie die Sauce im selben Topf zubereiten, den Sie für die Nudeln verwendet haben.

✔ SCHNELL ✔ GLUTENFREI ✔ SOJAFREI

UNTER 300 KALORIEN

# Pasta mit gerösteten Gemüse

**Ich bin mit Nudeln aufgewachsen. Zwar liebe ich gute Tomatensaucen, aber manchmal muss etwas anderes her. Und da kommt dieses Gericht ins Spiel. Balsamico-Essig, Spargel, Tomaten und Nudeln? Sie gehören zusammen.**

## NÄHRWERTE

262 ........... **Kalorien**
1,9 g .............. **Fett**
52,7 g .... **Kohlenhydrate**
8,4 g ....... **Ballaststoffe**
7,4 g ............ **Zucker**
10,3 g ........... **Eiweiß**

## 2 PORTIONEN

| | |
|---|---|
| 1 Bund | Spargel |
| 350 g | Kirschtomaten, halbiert |
| 3 | Knoblauchzehen, in feinen Scheibchen |
| 115 g | Vollkornweizennudeln |
| 3 | Prisen Knoblauchgranulat |
| | Prise Italienische Gewürzmischung |
| | Balsamico-Essig, nach Belieben |
| | Salz und Pfeffer |

**1** Den Backofen auf 220 °C vorheizen.

**2** Das untere Drittel (das verholzte Endstück) des Spargels entfernen.

**3** Den Spargel auf ein Backblech legen, mit etwas Öl besprühen und großzügig mit Salz und Pfeffer würzen. Das Blech etwas rütteln, um den Spargel zu wenden, und erneut würzen. Tomaten und Knoblauch locker auf dem Blech verteilen, aber keine Knoblauchzehen auf den Spargel legen.

**4** Für 10 bis 15 Minuten backen, bis der Spargel gar und zart, aber noch knackig und leuchtend grün ist. Der Knoblauch sollte an den Rändern goldbraun und die Tomaten sollen weich sein.

**5** Währenddessen die Nudeln nach Packungsanweisung kochen und abgießen.

**6** Die heißen Nudeln mit Knoblauchgranulat und einer ordentlichen Prise der italienischen Gewürzmischung würzen. Dann die Nudeln unter das Gemüse mischen.

**7** Das Gemüse mit etwas Balsamico-Essig beträufeln und kurz schwenken. Nach Bedarf mehr Balsamico-Essig zugeben, bis Nudeln und Gemüse leicht bedeckt sind.

### Anmerkung

» Sie können in diesem Rezept jede Nudelsorte, einschließlich glutenfreier Nudeln, verwenden, aber lange Sorten wie Spaghetti oder Linguine sind am besten geeignet.

UNTER 50 KALORIEN

✔ SCHNELL ✔ FETTFREI ✔ GLUTENFREI ✔ GÜNSTIG

# Tofu-Ricotta

**Ich liebe diesen Ricotta in Salat, aber er peppt auch eine schlichte Schüssel Nudeln mit Tomatensauce auf und bringt zusätzlich noch eine gute Portion Eiweiß in diesen meist sehr kohlenhydratreichen Gerichten unter.**

1 Überschüssige Flüssigkeit aus dem Tofu pressen, dann von Hand in eine Schüssel bröseln.

2 Die übrigen Zutaten zugeben und alles mit einer Gabel oder von Hand gut vermengen.

3 Bei Bedarf mit einem zusätzlichen Esslöffel Hefeflocken, mehr Miso, Zitronensaft oder italienischer Gewürzmischung abschmecken.

4 Mit frisch gemahlenem schwarzem Pfeffer würzen und servieren.

## NÄHRWERTE

25 G

| | |
|---|---|
| 25 | **Kalorien** |
| 0,8 g | **Fett** |
| 2,8 g | **Kohlenhydrate** |
| 1,3 g | **Ballaststoffe** |
| 0 g | **Zucker** |
| 2,5 g | **Eiweiß** |

**250 G**

| | |
|---|---|
| 450 g | sehr fester Tofu |
| 10 g | Hefeflocken |
| ½ TL | gelbe oder weiße Misopaste (optional) |
| 1 TL | Zitronensaft |
| 1 EL | italienische Gewürzmischung |
| ¼ TL | Zwiebelgranulat |
| ¼ TL | Knoblauchgranulat |
| | Schwarzer Pfeffer, nach Belieben |

# EINFACHE BEILAGEN

UNTER 100 KALORIEN

✔ SCHNELL ✔ FETTFREI ✔ GLUTENFREI ✔ SOJAFREI ✔ EIN-TOPF ✔ GÜNSTIG

# Mandschu-Blumenkohl

**Dieses Blumenkohlgericht ist eine wunderbare Verschmelzung asiatischer Aromen. Es hat einen reichhaltigen, komplexen Geschmack, hat aber auch mild süße und leicht scharfe Noten. Ich serviere diesen Blumenkohl gern als Beilage, aber Sie können daraus auch eine vollständige Mahlzeit machen, indem Sie die Sauce verdoppeln und Kichererbsen und Erbsen unter die Sauce mischen. Dann zu braunem Reis servieren.**

**1** Den Boden eines großen Topfes dünn mit Wasser bedecken, das Wasser aufkochen.

**2** Wenn das Wasser kocht, den Blumenkohl hineingeben und auf mittlerer Hitze garen.

**3** Bei Bedarf mehr Wasser zugeben. Der Blumenkohl ist fertig, wenn er weich ist, aber noch nicht zerfällt.

**4** Währenddessen die übrigen Zutaten in einer kleinen Schüssel vermischen.

**5** Wenn Sie möchten, mit mehr Chilisauce oder Garam Masala abschmecken (sie variieren häufig je nach Marke leicht im Geschmack).

**6** Wenn der Blumenkohl gar ist, das überschüssige Wasser abgießen und den Blumenkohl mit der Sauce übergießen.

**7** Ein paarmal mit einem Spatel oder großen Löffel gut umrühren, bis der Blumenkohl gut eingedeckt ist, und servieren.

## NÄHRWERTE

69 ............ **Kalorien**
0,3 g .............. **Fett**
15,5 g .... **Kohlenhydrate**
3,8 g ....... **Ballaststoffe**
9,3 g ............ **Zucker**
4 g ............. **Eiweiß**

## 2 PORTIONEN

| | |
|---|---|
| 1 | Blumenkohl, in Röschen geschnitten |
| 3 EL | Ketchup |
| 2 EL | süße Chilisauce |
| 1 TL | Garam Masala |
| 2 TL | Knoblauchgranulat |
| ¼ + ⅛ TL | gemahlener Ingwer |
| 2 TL | natriumarme Sojasauce |

### Anmerkung

» Für eine rustikalere Konsistenz und einen nussigen Geschmack den Blumenkohl für 35 bis 40 Minuten bei 215 °C rösten, anstatt ihn zu dünsten.

✓ SCHNELL ✓ FETTFREI ✓ GLUTENFREI ✓ SOJAFREI ✓ GÜNSTIG

UNTER 50 KALORIEN

# Ingwerkohl

## NÄHRWERTE

| | |
|---|---|
| 42 | **Kalorien** |
| 0,5 g | **Fett** |
| 8,7 g | **Kohlenhydrate** |
| 2,4 g | **Ballaststoffe** |
| 1,2 g | **Zucker** |
| 1,8 g | **Eiweiß** |

**Eines meiner liebsten äthiopischen Gerichte. Zwar ertränke ich meinen Kohl normalerweise gern in Chilisauce, doch durch ein äthiopisches Restaurant in meiner Gegend habe ich erkannt, wie wunderbar frischer Ingwer den einzigartigen Geschmack des Blattgemüses ergänzt. Ich mag am liebsten Blattkohl in diesem Rezept, aber Sie können auch beliebiges anderes grünes Blattgemüse verwenden.**

## 2 PORTIONEN

| | |
|---|---|
| Prise | rote Chiliflocken |
| 2 | Knoblauchzehen, fein gehackt |
| 100 g | fein gehackte rote Zwiebel |
| 2 EL | gehackter frischer Ingwer |
| 100 g | gehackter Blattkohl |
| | Salz und Pfeffer, nach Belieben |
| | Chilisauce (optional) |

**1** Den Boden eines großen Topfs dünn – so dünn wie möglich – mit Wasser bedecken. Zum Kochen bringen und eine gute Prise rote Chiliflocken für 30 Sekunden dünsten.

**2** Knoblauch und Zwiebeln zugeben und eine Minute garen.

**3** Ingwer und Kohl zugeben und mit einer Küchenzange oder einem Pfannenwender wenden und umrühren. Nach Bedarf etwas mehr Wasser zugeben. Dünsten, bis der Kohl leuchtend grün ist, oder etwas länger, wenn Sie Kohl lieber gut gegart mögen.

**4** Großzügig mit Salz und Pfeffer würzen.

**5** Gut umrühren, dann mit Chilisauce servieren.

UNTER 50 KALORIEN

✔ SCHNELL ✔ FETTFREI ✔ GLUTENFREI ✔ SOJAFREI ✔ GÜNSTIG

# Geröstete Möhrchen

**Meine Lieblingsbeilage. Klar, gedünstete Möhren sind supereinfach, aber geröstete Möhren sind viel leckerer! Ich nehme am liebsten kleine Möhrchen.**

## NÄHRWERTE

1 PORTION

| | |
|---|---|
| 32 | **Kalorien** |
| 0,7 g | **Fett** |
| 6,3 g | **Kohlenhydrate** |
| 1,7 g | **Ballaststoffe** |
| 3,1 g | **Zucker** |
| 0,6 g | **Eiweiß** |

**4 PORTIONEN**

| | |
|---|---|
| 450 g | Möhrchen |
| | Salz und Pfeffer, nach Belieben |
| | Zwiebelgranulat, nach Belieben |

**1** Den Backofen auf 205 °C vorheizen.

**2** Wenn die Möhren noch recht groß sind, einmal der Länge nach halbieren.

**3** Die Möhren in eine Backform (beliebige Größe) legen, ohne dass sie überlappen.

**4** Dünn mit etwas Öl besprühen und das Blech rütteln, um die Möhren zu wenden. Erneut besprühen. Falls nötig das Ganze ein drittes Mal wiederholen (aber vorzugsweise nicht).

**5** Großzügig mit Salz, Pfeffer und Zwiebelgranulat würzen. Kurz schütteln und erneut würzen. Ein drittes Mal wiederholen, bis alle Möhren gut gewürzt sind. Anschließend die Möhren bei Bedarf wieder so ausbreiten, dass sie nicht überlappen.

**6** Für 20 bis 35 Minuten backen, bis die Möhren gar sind.

**7** Damit sie nicht austrocknen, nach der Hälfte der Backzeit erneut mit etwas Öl besprühen.

### Anmerkungen

» Für einen komplexeren Geschmack außerdem mit einer oder zwei Prisen getrockneten Kräutern oder italienischer Gewürzmischung würzen.

» Wenn Sie gewöhnliche, große Möhren verwenden, schneiden Sie sie zunächst auf die Größe von kleinen Möhrchen.

» Diese Möhren waren ganz besonders beliebt bei den Kindern und Enkeln meiner Tester.

✔ SCHNELL ✔ GLUTENFREI ✔ SOJAFREI ✔ GÜNSTIG ✔ EINE PORTION

UNTER 100 KALORIEN

# Knoblauch-Spinat

## NÄHRWERTE

| | |
|---|---|
| 97 | **Kalorien** |
| 1,4 g | **Fett** |
| 16,7 g | **Kohlenhydrate** |
| 6,9 g | **Ballaststoffe** |
| 1,4 g | **Zucker** |
| 9,5 g | **Eiweiß** |

## 1 PORTION

| | |
|---|---|
| 60 ml | Gemüsebrühe |
| 6 | Knoblauchzehen, fein geschnitten |
| 1 TL | Dijon-Senf |
| 1 TL | Rotweinessig |
| | Prise rote Chiliflocken |
| 280 g | Babyspinat |
| | Salz und Pfeffer, nach Belieben |

**Hmm, Knoblauch. Normaler Spinat langweilt mich schnell, aber pumpen Sie ihn mit Knoblauch voll und ich bekomme gar nicht genug davon!**

**1** Den Boden einer Pfanne oder eines großen Topfs so dünn wie möglich mit Brühe bedecken.

**2** Knoblauch eine Minute dünsten, dann Senf und Essig einrühren.

**3** Rote Chiliflocken zugeben und weitergaren, bis der Knoblauch einen goldgelben Farbton annimmt.

**4** Spinat und (falls nötig) ein kleines bisschen mehr Brühe zugeben – gerade so viel, dass nichts am Boden der Pfanne anhaftet.

**5** Unter Rühren weitergaren, damit der Spinat bzw. anderes Blattgemüse zerfällt.

**6** Gut umrühren, dann vor dem Servieren mit Salz und Pfeffer würzen.

### Anmerkung

» Anstelle des Spinats können Sie jedes beliebige andere grüne Blattgemüse verwenden. Wenn Sie möchten, gehen Sie ruhig großzügig mit dem Knoblauch um.

UNTER 50 KALORIEN

✔ SCHNELL ✔ FETTFREI ✔ GLUTENFREI ✔ SOJAFREI ✔ EIN-TOPF

# Dijon-Spargel

**Wenn ich Spargel serviere, verwende ich am liebsten nur solche Geschmackselemente, die den natürlichen Spargelgeschmack ergänzen; zum Beispiel Balsamico-Essig oder dieses herbe Dijon-Dressing.**

## NÄHRWERTE

| | |
|---|---|
| 29 | **Kalorien** |
| 0,4 g | **Fett** |
| 5 g | **Kohlenhydrate** |
| 2,7 g | **Ballaststoffe** |
| 2,3 g | **Zucker** |
| 3,1 g | **Eiweiß** |

## 4 PORTIONEN

| | |
|---|---|
| 1 Bund | grüner Spargel |
| 1 ½ EL | Dijon-Senf |
| 2 EL | Gemüsebrühe |
| | Salz und Pfeffer, nach Belieben |

**1** Das harte, holzige untere Drittel des Spargels entfernen.

**2** Den Spargel für circa 10 Minuten backen oder dünsten, bis er leuchtend grün und gerade gar ist. Nicht zu lange garen, denn er wird schnell matschig. Er soll noch leicht knackig sein.

**3** Währenddessen den Dijon-Senf esslöffelweise mit Brühe verquirlen. Die Sauce soll die Konsistenz eines Salatdressings haben: nicht so dickflüssig wie Senf, aber auch nicht so flüssig wie Brühe. Dann den Spargel in der Sauce schwenken. Mit Salz und Pfeffer würzen und servieren.

✔ SCHNELL ✔ FETTFREI ✔ GLUTENFREI ✔ EINE PORTION

UNTER 100 KALORIEN

# Süßer Krautsalat

### NÄHRWERTE

| | |
|---|---|
| 64 | **Kalorien** |
| 0,2 g | **Fett** |
| 16,5 g | **Kohlenhydrate** |
| 2,7 g | **Ballaststoffe** |
| 11,8 g | **Zucker** |
| 1,1 g | **Eiweiß** |

**4 PORTIONEN**

| | |
|---|---|
| ½ | kleiner Rotkohl |
| 1 | goldgelber Apfel |
| 1 | Möhre, geschält |
| 1 EL | vegane Mayo (S. 291) |
| 25 g | Rosinen (optional) |

**Ich liebe diesen Krautsalat, denn er ist so schnell gemacht, wie Sie Gemüse hacken können, und sieht auch noch fantastisch aus. Er macht sich toll als Beilage für vier Personen oder als Mittagessen für eine.**

**1** Rotkohl raspeln oder fein schneiden. Apfel und Möhre stifteln.

**2** Alles mit 1 Esslöffel veganer Mayo vermengen, bis das Gemüse gleichmäßig eingedeckt ist.

**3** Bei Bedarf noch ½ bis 1 Esslöffel vegane Mayo untermischen.

**4** Rosinen darüber streuen und servieren.

### Anmerkung

» Etwas Zitronen-, Limetten- oder Orangensaft verleiht dem Krautsalat eine interessante Zitrusnote.

UNTER 100 KALORIEN

✔ SCHNELL ✔ FETTFREI ✔ GLUTENFREI ✔ SOJAFREI ✔ GÜNSTIG

# Maryland-Grünkohl

**Old-Bay-Seasoning ist meine Lieblingswürze für Grünkohl. Das Ganze geht aber noch peppiger mit süßen Zwiebeln und etwas frischem Knoblauch.**

1 Die Grünkohlblätter vom Stängel abziehen. Die Stängel wegwerfen. Große Blätter in mundgerechte Stücke rupfen. Unter kaltem Wasser abspülen und beiseitestellen.

2 Den Boden einer großen Pfanne dünn mit Wasser bedecken und zum Kochen bringen.

3 Wenn das Wasser kocht, die Zwiebel hineingeben. Nach einer Minute Knoblauch zugeben. Noch eine Minute köcheln lassen.

4 Die Hitze reduzieren und den Grünkohl zugeben.

5 Einen Deckel auf die Pfanne setzen und den Grünkohl dünsten.

6 Nach 30 bis 45 Sekunden sollte der Großteil des Grünkohls leuchtend grün geworden sein. Den Deckel abnehmen und gut umrühren, bis alles leuchtend grün ist.

7 Vom Herd nehmen und großzügig mit Old-Bay-Seasoning würzen. Mit einer Küchenzange oder Löffel und Gabel vermengen, bis Knoblauch und Zwiebeln gut untergemischt sind. Mit mehr Old-Bay-Seasoning abschmecken (ich bin da sehr großzügig!) und, falls gewünscht, mit einer Zitronenspalte servieren.

## NÄHRWERTE

| | |
|---|---|
| 88 | Kalorien |
| 1 g | Fett |
| 18,2 g | Kohlenhydrate |
| 3,4 g | Ballaststoffe |
| 1,5 g | Zucker |
| 5,1 g | Eiweiß |

## 2 PORTIONEN

- 1 Bund Grünkohl
- 1 kleine süße Zwiebel, fein geschnitten
- 3 Knoblauchzehen, fein gehackt
- Old-Bay-Seasoning
- 1 Zitronenspalte (optional)

### Anmerkung

» Old-Bay-Seasoning ist eine Gewürzmischung aus Maryland, wo es in erster Linie zu regional gefangenen Krabben serviert wird. Dieses traditionelle Gericht wird immer mit einer Zitronenspalte garniert, denn der frische Zitronensaft ergänzt den Geschmack des Old-Bay-Seasoning um eine tolle Dimension – probieren Sie's!

✔ SCHNELL ✔ GLUTENFREI ✔ SOJAFREI ✔ GÜNSTIG

UNTER 100 KALORIEN

# Asiatischer Mogel-Kraut-salat

## NÄHRWERTE

| | |
|---|---|
| 51 | **Kalorien** |
| 2,1 g | **Fett** |
| 6,6 g | **Kohlenhydrate** |
| 2,5 g | **Ballaststoffe** |
| 3,5 g | **Zucker** |
| 2,1 g | **Eiweiß** |

**4 PORTIONEN**

- 2 EL Gemüsebrühe
- 2 TL Reisessig
- 1 EL Erdnussbutter (cremig)
- ½ kleinen Kohl, sehr fein geschnitten
- 1 Möhre, geschält und gestiftelt
- Limettenspalten (zum Garnieren)

**Noch so ein »Mogelrezept«, denn ich verwende einen Klecks Erdnussbutter. Dieser Krautsalat macht sich toll als Beilage zu so ziemlich jedem Sandwich. Mandarinen und Edamame sind eine leckere Ergänzung.**

**1** Brühe, Essig und Erdnussbutter glatt und cremig rühren. Kohl und Möhren gut mit der Sauce eindecken.

**2** Die optionalen Zutaten zugeben, erneut kurz vermengen und servieren. Wenn Sie möchten, mit ein paar zerdrückten Erdnüssen und Limettenspalten garnieren.

### Anmerkungen

» Die Sauce macht sich ebenfalls wunderbar als Salatdressing.

» Siehe S. 222 (Pasta mit geröstetem Gemüse) für die Arbeitsschritte zum Backen des Spargels.

UNTER 100 KALORIEN

✔ SCHNELL ✔ GLUTENFREI ✔ GÜNSTIG

# Scharfer Blattkohl in Orangensauce

## NÄHRWERTE

OHNE NUDELN

| | |
|---|---|
| 79 | **Kalorien** |
| 1 g | **Fett** |
| 17,1 g | **Kohlenhydrate** |
| 4 g | **Ballaststoffe** |
| 6,5 g | **Zucker** |
| 3,5 g | **Eiweiß** |

**Ich liebe die leicht scharfe Orangensauce in diesem Rezept. Sie können sie zu jedem grünen Blattgemüse servieren, aber ich mag Blattkohl am liebsten. Alternativ können Sie Brokkoliröschen verwenden. Als vollständige Mahlzeit zu Sobanudeln servieren.**

## 2 PORTIONEN

| | |
|---|---|
| 85 g | Sobanudeln (optional) |
| 80 ml | Wasser |
| 2 EL | natriumarme Sojasauce |
| 2 EL | gehackter frischer Ingwer |
| ¼ TL | rote Chiliflocken |
| 1 EL | Orangenmarmelade |
| 4 | große Handvoll grünes Blattgemüse, gehackt |

**1** Die Nudeln (falls verwendet) nach Packungsanweisung zubereiten und beiseitestellen.

**2** Wasser, Sojasauce, Ingwer und rote Chiliflocken in eine Pfanne geben. Den Ingwer auf hoher Flamme für etwa eine Minute dünsten, bis er duftet.

**3** Marmelade einrühren, dann das Blattgemüse zugeben.

**4** Die Hitze reduzieren und mit einer Küchenzange den Grünkohl im Topf wenden, bis er leuchtend grün und weich geworden ist.

**5** Anschließend unter die Sobanudeln heben (falls verwendet). Alternativ gekochten Brokkoli und Nudeln mit der Sauce vermengen und servieren.

### Anmerkung

» Sobanudeln sind japanische Buchweizennudeln. Es sind dünne Nudeln, die an Linguine erinnern. Wenn Sie keine Sobanudeln haben, können Sie stattdessen auch Linguine nehmen.

✔ SCHNELL ✔ FETTFREI ✔ GLUTENFREI ✔ SOJAFREI ✔ GÜNSTIG

UNTER 200 KALORIEN

# Karibische Süßkartoffeln

## NÄHRWERTE

| | |
|---|---|
| 161 | Kalorien |
| 0,4 g | Fett |
| 37,9 g | Kohlenhydrate |
| 6,3 g | Ballaststoffe |
| 14,5 g | Zucker |
| 3,2 g | Eiweiß |

## 4 PORTIONEN

- ½ TL gemahlener Zimt
- ½ TL gemahlener Ingwer
- ¼ TL Chilipulver, oder mehr
- 1-2 Prisen Muskat
- Großzügige Prise italienische Gewürzmischung
- 2 kleine Süßkartoffeln, geschält und gewürfelt
- 1 roter Apfel, entkernt und gewürfelt (mit oder ohne Schale)
- Saft von Limettenspalten (optional)
- Salz und Pfeffer, nach Belieben (optional)

### Anmerkung

» Um den Süßkartoffeln einen Schärfekick zu verpassen, verwenden Sie mehr Chilipulver und etwas Cayennepfeffer, und nehmen Sie am Ende Chilisauce anstelle des Limettensafts.

**In der Regionalzeitung von Sint Maarten (sxmfaxinfo.com) fand ich ein tolles Rezept für Süßkartoffelecken. In dem Rezept wurde Honig verwendet, den ich durch einen Apfel ersetzt habe, und verschiedene frische Kräuter, anstelle derer ich einfach italienische Gewürzmischung nehme.**

**1** Den Backofen auf 205 °C vorheizen.

**2** Ein Backblech mit Backpapier auslegen und beiseitestellen.

**3** Die Gewürze und die italienische Gewürzmischung in einer kleinen Schüssel vermischen und beiseitestellen.

**4** Die Süßkartoffeln und den Apfel kalt abspülen, dann in eine große Schüssel geben und in den Gewürzen wälzen.

**5** Wenn die Gewürze nicht ausreichen, um die Stücke gut einzudecken, mischen Sie noch eine Portion Gewürze an, dann Süßkartoffeln und Äpfel erneut darin wälzen.

**6** Auf einem Backblech ausbreiten, sodass die Stücke nicht übereinanderliegen.

**7** Für 10 bis 20 Minuten backen, bis die Süßkartoffeln gar und knusprig sind.

**8** Wenn Sie möchten, mit etwas frisch gepresstem Limettensaft besprenkeln.

**9** Mit etwas Salz und Pfeffer würzen und servieren.

✔SCHNELL ✔FETTFREI ✔GLUTENFREI ✔SOJAFREI ✔GÜNSTIG

UNTER 200 KALORIEN

# Herbstliche Süßkartoffel-Bratkartoffeln

## NÄHRWERTE

| | |
|---|---|
| 152 | **Kalorien** |
| 0,3 g | **Fett** |
| 36,9 g | **Kohlenhydrate** |
| 6,4 g | **Ballaststoffe** |
| 16,9 g | **Zucker** |
| 2,6 g | **Eiweiß** |

**2 PORTIONEN**

- 2 mittelgroße Süßkartoffeln, gewürfelt
- 1 kleiner roter Apfel, entkernt und gewürfelt
- ½ TL gemahlener Zimt
- Salz und Pfeffer, nach Belieben

### Anmerkung

» Ich lasse die Äpfel und Süßkartoffeln am liebsten ungeschält. So bringen sie mehr Nährstoffe und Struktur mit. Sie können sie aber auch schälen.

**In meinem letzten Kochbuch gab es ein Rezept für Bratkartoffeln mit getrocknetem Rosmarin. Ich habe letztens stattdessen Zimt ausprobiert und war vollkommen hin und weg! Es ist quasi Nachtisch, aber supergesund und ideal zum Brunchen! Um das Gericht abzurunden, servieren Sie Tempeh-Würstchen-Krümel (S. 40) dazu.**

**1** Den Backofen auf 205 °C vorheizen.

**2** Ein Backblech fetten oder mit Backpapier auslegen und beiseitestellen.

**3** Die Süßkartoffeln und Apfelstücke kalt abspülen, dann in eine Schüssel geben.

**4** Mit Zimt berieseln, dann mit den Händen vermengen. Mit mehr Zimt wiederholen, bis die Süßkartoffeln und Äpfel alle leicht eingedeckt sind.

**5** Auf dem Backblech verteilen, sodass die Stücke nicht übereinanderliegen.

**6** Wenn Sie möchten, mit etwas Öl besprühen, dann für 15 bis 25 Minuten backen, bis die Süßkartoffeln gar und knusprig sind.

**7** Sofort nach dem Backen mit Salz und Pfeffer würzen.

UNTER 50 KALORIEN

✔ FETTFREI ✔ GLUTENFREI ✔ GÜNSTIG

# Andreas Tofufritten

## NÄHRWERTE

| | |
|---|---|
| 43 | Kalorien |
| 0,8 g | Fett |
| 1,1 g | Kohlenhydrate |
| 0 g | Ballaststoffe |
| 0 g | Zucker |
| 7,9 g | Eiweiß |

**Als meine Freundin Andrea mir das erste Mal von diesen Tofufritten erzählte, hielt ich sie für verrückt. Pommes frites aus Tofu? Sie schmecken vielleicht nicht ganz genauso wie goldgelbe, frittierte Kartoffeln, sind aber nah dran und haben einen echten Suchtfaktor. Noch dazu stecken sie voller Eiweiß!**

### 4 PORTIONEN

450 g sehr fester Tofu
Gewürze Ihrer Wahl, z. B. Cajun-Gewürz (S. 295), Salz und Pfeffer oder Knoblauchsalz

**1** Den Grill eines Minibackofens oder Ihres gewöhnlichen Backofens vorheizen.

**2** Ein Backblech (bzw. das Blech des Minibackofens) fetten oder mit Backpapier auslegen und beiseitestellen.

**3** Den Tofu in Fritten schneiden.

**4** Die »Fritten« auf das vorbereitete Blech legen und mit Öl besprühen. Großzügig würzen, dann das Backblech schütteln, um die Fritten zu wenden. Erneut besprühen und würzen.

**5** Für 20 Minuten im Ofen knusprig grillen.

### Anmerkung

» Die besten Ergebnisse erzielen Sie, wenn Sie den Tofu vor der Zubereitung auspressen, über Nacht in einem Plastikbeutel einfrieren und schließlich im Kühlschrank für ein paar Stunden (zum Beispiel während Sie bei der Arbeit sind) auftauen lassen.

UNTER 150 KALORIEN

✔ SCHNELL ✔ FETTFREI ✔ GLUTENFREI ✔ SOJAFREI ✔ GÜNSTIG

# Käse-Blumen-kohl-Rösti

## NÄHRWERTE

| | |
|---|---|
| 140 | Kalorien |
| 1,6 g | Fett |
| 22,7 g | Kohlenhydrate |
| 10,3 g | Ballaststoffe |
| 4,7 g | Zucker |
| 14,7 g | Eiweiß |

**Eines Morgens versuchte ich, Rösti-Ecken aus Blumenkohl zuzubereiten, hatte am Ende aber das hier. Diese Röstis erinnern mich stark an Käse-Grütze, aber mein Gewissen ist rein, da dieses Frühstück Gemüse enthält. Diese Röstis sollte es aber nicht nur zum Frühstück geben – sie machen sich toll als Beilage zu jedem Gericht.**

## 4 PORTIONEN

- 1 Blumenkohl, in Röschen geschnitten
- 1 kleine süße Zwiebel, gewürfelt
- 2 Knoblauchzehen, fein gehackt
- 15 g Hefeflocken
- Cajun-Gewürz (S. 295)
- Chilisauce (optional)
- Salz und Pfeffer

1. Blumenkohl im Mixer oder in der Küchenmaschine (portionsweise, falls nötig) zu dicken Krümeln verarbeiten und beiseitestellen.
2. Den Boden eines großen Topfs dünn mit Wasser bedecken und Zwiebeln und Knoblauch auf hoher Flamme glasig dünsten.
3. Den Blumenkohl hineingeben und unter häufigem Rühren garen, bis er beginnt weich zu werden.
4. Hefeflocken und Cajun-Gewürz zugeben, dann den Herd abschalten.
5. Für eine Minute einen Deckel auf den Topf setzen, dann gut umrühren.
6. Nach Belieben mit mehr Cajun-Gewürz abschmecken und mit Salz und Pfeffer würzen.
7. Dazu am Tisch Chilisauce servieren.

### Anmerkung

» Ich mische gern noch zusätzliches Gemüse unter, insbesondere gewürfelte rote Paprika.

✔ SCHNELL ✔ FETTFREI ✔ GLUTENFREI ✔ SOJAFREI

UNTER 100 KALORIEN

# Bunter Mangold mit Rosinen

## NÄHRWERTE

| | |
|---|---|
| 78 | **Kalorien** |
| 0,3 g | **Fett** |
| 19,1 g | **Kohlenhydrate** |
| 2 g | **Ballaststoffe** |
| 11,6 g | **Zucker** |
| 2,2 g | **Eiweiß** |

## 2 PORTIONEN

| | |
|---|---|
| 1 Bund | bunter Mangold |
| 4 | Knoblauchzehen, fein gehackt |
| | Prise getrockneter Oregano |
| 1 TL | Apfelessig |
| 25 g | Rosinen |
| | Salz und Pfeffer |

**Optisch mochte ich bunten Mangold schon immer (er ist so hübsch!), aber geschmacklich konnte ich ihm nur wenig abgewinnen – bis ich ihn mit Rosinen kombinierte. Durch die Rosinen bekommt das Gericht eine angenehme Süße, die den erdigen und manchmal bitteren Geschmack des Mangolds abmildert. Wenn Sie keinen Mangold bekommen, kein Problem! Beliebiges robustes Blattgemüse wie Kohl oder Grünkohl ist als Alternative geeignet. Um aus dem Gericht eine vollständige Mahlzeit zu machen, mischen Sie Kichererbsen unter und servieren Sie dazu Getreide, zum Beispiel Quinoa oder Couscous.**

1. Bei den meisten Blattgemüsesorten entferne ich den Stängel, aber in diesem Gericht koche ich sie mit. (Wenn Sie Kohl oder Grünkohl verwenden, sollten Sie die Stängel jedoch herausschneiden.) Den gut gewaschenen Mangold grob hacken und beiseitestellen.
2. Den Boden eines großen Topfs oder einer großen Pfanne dünn mit Wasser bedecken.
3. Knoblauch, Oregano und Essig zugeben und zum Kochen bringen. Den Knoblauch auf hoher Flamme für eine Minute in der Flüssigkeit dünsten.
4. Die Rosinen zugeben und eine weitere Minute köcheln lassen, dann den Mangold zugeben. Mit einer Küchenzange oder einem Spatel umrühren, damit der Mangold zerfällt und gut mit den restlichen Zutaten vermengt wird.
5. Wenn der Mangold weicher und heller geworden ist, den Herd abschalten und erneut alles gut vermischen.
6. Mit Salz und Pfeffer würzen und servieren.

UNTER 50 KALORIEN

✔ FETTFREI ✔ GLUTENFREI

# Cajun-Kartoffel-salat

**Für diesen Kartoffelsalat nach New-Orleans-Art verwende ich meinen cremigen Cajun-Senf als Basis. Es ist ein cremiger, herber und leicht scharfer Salat, den Sie unbedingt als Beilage zu »Austern«-Po'Boys (S. 83) servieren sollten!**

**1** Einen großen Topf Wasser zum Kochen bringen.

**2** Die Kartoffeln in den Topf geben und für circa 5 Minuten gar kochen.

**3** Anschließend sofort mit kaltem Wasser abspülen und abkühlen lassen.

**4** In eine Schüssel geben und den Cajun-Senf untermischen, bis alle Kartoffeln gut eingedeckt sind.

**5** Schnittlauch gleichmäßig untermischen, dann großzügig mit Speckwürfeln (falls verwendet) bestreuen.

**6** Großzügig mit Paprikapulver oder Cajun-Gewürz garnieren, die Schüssel abdecken und vor dem Servieren für mindestens 1 Stunde kalt stellen.

### Anmerkung

» Anstelle des Schnittlauchs können Sie die dunkelgrünen Anteile von Frühlingszwiebeln verwenden.

## NÄHRWERTE

| | |
|---|---|
| 61 | **Kalorien** |
| 0,4 g | **Fett** |
| 12,9 g | **Kohlenhydrate** |
| 1,6 g | **Ballaststoffe** |
| 1,2 g | **Zucker** |
| 2,1 g | **Eiweiß** |

## 6 PORTIONEN

| | |
|---|---|
| 450 g | rote Kartoffeln, gewürfelt |
| | Cremiger Cajun-Senf (S. 287) |
| 2 EL | gehackter Schnittlauch |
| | Gebratene vegane Speckwürfel (optional) |
| | Paprikapulver oder Cajun-Gewürz (S. 295), zum Garnieren |

# DESSERTS

✔ SCHNELL ✔ FETTFREI ✔ SOJAFREI ✔ GÜNSTIG

UNTER 100 KALORIEN

# Limabohnen-Cookies

**Wenn ich Brownies aus schwarzen Bohnen machen kann, wieso dann nicht auch Chocolate Chip Cookies aus Limabohnen? Das sind die besten fettarmen, eiweißgeladenen Kekse, die Sie jemals essen werden!**

## NÄHRWERTE

1 COOKIE

| | |
|---|---|
| 61 | **Kalorien** |
| 0,7 g | **Fett** |
| 12,4 g | **Kohlenhydrate** |
| 1,4 g | **Ballaststoffe** |
| 5,2 g | **Zucker** |
| 1,3 g | **Eiweiß** |

## 24 STÜCK

| | |
|---|---|
| 75 g | Haferflocken |
| 130 g | Vollkornweizenmehl |
| 1 TL | Backpulver |
| ½ TL | Backnatron |
| | Prise Salz |
| ¼ TL | gemahlener Zimt |
| | Prise gemahlener Kardamom (optional) |
| 425 g | weiße Bohnen (Dose), abgetropft (Flüssigkeit auffangen), aber nicht abgespült |
| 4 EL | ungezuckertes Apfelmus |
| 60 ml | Rohzucker |
| ½ TL | Vanilleextrakt |
| 70 g | vegane Schokoladentropfen |

1 Den Backofen auf 175 °C vorheizen. Ein großes Backblech fetten oder mit Backpapier auslegen und beiseitestellen.

2 55 g der Haferflocken in einer Küchenmaschine oder im Mixer circa 15-mal mit der Pulse-Funktion zerkleinern, bis sie krümelig sind, aber noch nicht pulverig oder mehlig.

3 In eine Schüssel geben. Mehl, Backpulver, Backnatron, Salz, Zimt und eine Prise Kardamom (falls verwendet) zugeben. Alles gut vermischen und beiseitestellen.

4 90 g Bohnen (nicht vorher waschen) in eine Küchenmaschine oder einen Mixer geben und Apfelmus, Zucker, Vanilleextrakt und 1 Esslöffel der Bohnenflüssigkeit zugeben. Glatt pürieren. Die flüssige Mischung zu den trockenen Zutaten gießen und circa 10-mal umrühren.

5 Die Schokoladentropfen, die übrigen 20 g Haferflocken und den Rest der Bohnenflüssigkeit zugeben und erneut gut umrühren. Wenn der Teig zu nass ist, mehr Haferflocken zugeben. Wenn er zu trocken ist, zusätzlich etwas Wasser untermischen.

6 Den Teig esslöffelweise mit circa 2,5 cm Abstand auf das Backblech geben und etwas flach drücken, bis sie eher wie Kekse als wie Bällchen aussehen.

7 Für 15 Minuten backen, bis sie an den Rändern hellbraun und in der Mitte fest sind (die Unterseiten sollten goldbraun sein). Die Kekse werden beim Abkühlen noch etwas fester.

### Anmerkung

» Für dieses Rezept sind alle Arten von weißen Bohnen geeignet (z. B. Limabohnen, Navybohnen, Cannellini-Bohnen).

UNTER 200 KALORIEN

✔ SCHNELL ✔ FETTFREI ✔ SOJAFREI ✔ GÜNSTIG ✔ EINE PORTION

# SXM-Strudel

**Bei Top Carrot, einem Café auf Sint Maarten, das auch vegane Optionen anbietet, wird Apfelstrudel aus Tortillas gemacht. Zuerst fand ich das total merkwürdig – Apfel-Burrito? Apfel-Wrap? Doch dann probierte ich ihn und erkannte die schiere Genialität dieser Methode. Vergessen Sie umständlichen Blätterteig!**

1 Den Backofen auf 175 °C vorheizen. Ein Backblech mit Backpapier auslegen und beiseitestellen.

2 Die Äpfel in einer Schüssel mit dem Zucker und einer großzügigen Prise Zimt vermengen, bis sie gut eingedeckt sind.

3 Für eine richtig schön klebrige, weiche Apfelfüllung müssen Sie die Äpfel zunächst in einer Pfanne braten, während der Backofen vorheizt (ansonsten können Sie die rohen Äpfel wie unten beschrieben direkt in die Tortillas packen). Den Boden einer Pfanne dünn mit Wasser bedecken und die Äpfel auf hoher Flamme für circa 4 Minuten dünsten, bis sie weich sind und das Wasser verkocht ist.

4 Den Herd abschalten und die Tortilla für 5 bis 15 Sekunden in der Mikrowelle erhitzen. Sie soll weich und formbar sein. (Wenn sie vorher im Kühlschrank war, dauert es möglicherweise etwas länger, aber insgesamt nicht länger als 20 bis 30 Sekunden erhitzen).

5 Die Äpfel mit einem Löffel in die Mitte der Tortilla legen; ein paar Scheiben aufbewahren. Die Tortilla wie einen Burrito aufrollen.

6 Mit der Naht nach unten auf das Backblech legen und mit ein paar Apfelscheiben belegen. Für 10 bis 15 Minuten backen, bis die Tortilla goldgelb und knusprig, aber nicht angebrannt ist. Kürzer backen, wenn Sie möchten, dass die Tortilla weich bleibt.

## NÄHRWERTE

SXM-STRUDEL (MIT TORTILLA)

| | |
|---|---|
| 182 | **Kalorien** |
| 1 g | **Fett** |
| 44,9 g | **Kohlenhydrate** |
| 6 g | **Ballaststoffe** |
| 27,9 g | **Zucker** |
| 1,9 g | **Eiweiß** |

SXM-STRUDEL (OHNE TORTILLA)

| | |
|---|---|
| 130 | **Kalorien** |
| 0,3 g | **Fett** |
| 34,2 g | **Kohlenhydrate** |
| 4,5 g | **Ballaststoffe** |
| 27,7 g | **Zucker** |
| 0,5 g | **Eiweiß** |

## 1 PORTION

| | |
|---|---|
| 1 | Apfel, entkernt und fein geschnitten |
| 1 EL | brauner Zucker |
| | Prise gemahlener Zimt |
| 1 | Vollkornweizen-tortilla |

### Anmerkung

» Bereiten Sie aus 55 g Puderzucker und 1 TL Pflanzendrink eine klebrige Glasur zu, um aus diesem Rezept eine richtig dekadente Leckerei zu machen. Eine Gabel in die Glasur dippen und den warmen Strudel damit beträufeln.

✔ SCHNELL ✔ FETTFREI ✔ GLUTENFREI ✔ SOJAFREI ✔ GÜNSTIG

UNTER 100 KALORIEN

# Weiche Melasse-Kekse

**Diese Kekse sind so weich und fluffig, dass sie glatt mit den Wolken davonschweben könnten.**

## NÄHRWERTE

1 KEKS

| | |
|---|---|
| 47 | **Kalorien** |
| 0,7 g | **Fett** |
| 9,9 g | **Kohlenhydrate** |
| 0,8 g | **Ballaststoffe** |
| 3,5 g | **Zucker** |
| 0,9 g | **Eiweiß** |

**14 KEKSE**

| | |
|---|---|
| 115 g | Hafermehl |
| 1 EL | Speisestärke |
| ½-1 TL | Backnatron (siehe Anmerkung) |
| | Prise Salz |
| ½ TL | gemahlener Zimt |
| ¼ TL | gemahlener Ingwer |
| ⅛ TL | Piment, Muskatnuss oder gemahlene Gewürznelken |
| 4 EL | zerstampfte Navybohnen |
| 60 ml | Melasse |
| 2 EL | ungezuckertes Apfelmus |
| 2 EL | brauner oder Rohzucker (optional) |

1 Hafermehl mit Speisestärke, Backnatron, Salz und Gewürzen in einer Schüssel vermischen.

2 Die übrigen Zutaten zugeben und zu einem fast homogenen Teig vermengen.

3 Den Teig ruhen lassen und den Backofen auf 175 °C vorheizen.

4 Ein Backblech fetten oder mit Backpapier auslegen.

5 14 Löffel Teig auf das Backblech häufen.

6 Für 10 bis 15 Minuten backen, bis sich die Kekse fest anfühlen.

### Anmerkung

» Für festere, weniger luftige Kekse nur ½ Teelöffel Backnatron verwenden. Für sehr weiche, fluffige Kekse einen ganzen Teelöffel nehmen.

UNTER 100 KALORIEN

✔ SCHNELL ✔ GLUTENFREI ✔ SOJAFREI ✔ GÜNSTIG

# Chai-Hafer-Bällchen

**Meine Inspiration für Aussehen und Konsistenz dieser Bällchen waren die Lieblingskekse meines Mannes: Mexican Wedding Cookies. Die Idee, diesen köstlichen glutenfreien runden Keksen Chai-Geschmack zu verleihen, kam jedoch von mir. In diesem Rezept sind alle weißen Bohnen geeignet, zum Beispiel Navybohnen, Limabohnen oder Cannellini-Bohnen (die Flüssigkeit abgießen, aber die Bohnen nicht waschen!).**

## NÄHRWERTE

1 BÄLLCHEN

| | |
|---|---|
| 90 | **Kalorien** |
| 1,2 g | **Fett** |
| 17 g | **Kohlenhydrate** |
| 3,9 g | **Ballaststoffe** |
| 2,6 g | **Zucker** |
| 3,8 g | **Eiweiß** |

## 10 BÄLLCHEN

| | |
|---|---|
| 115 g | Hafermehl |
| 75 g | weiße Bohnen, abgetropft |
| 1 | sehr reife Banane |
| ½ TL | gemahlener Zimt |
| ½ TL | gemahlener Kardamom |
| ½ TL | gemahlener Ingwer |
| ¼ TL | gemahlene Gewürznelken |
| ¼ TL | Garam Masala |
| ¼ TL | Salz |
| 25 g | brauner oder Rohzucker (optional) |
| 20 g | Instant-Haferflocken |
| 55 g | Puderzucker, zum Wälzen |

1. Bohnen und Banane in einer Schüssel mit einer Gabel zu Mus zerdrücken.
2. Gewürze, Salz und Zucker untermischen.
3. Die Mischung mit einem elektrischen Handmixer cremig schlagen und das Hafermehl untermischen.
4. 4 EL Instant-Haferflocken untermischen, dann den Teig beiseitestellen und ruhen lassen.
5. Den Backofen auf 175 °C vorheizen.
6. Ein Backblech fetten oder mit Backpapier auslegen und beiseitestellen.
7. Walnussgroße Portionen Teig zu Bällchen rollen. Dabei hin und wieder die Hände waschen, damit der Teig nicht an Ihren Händen klebt.
8. Für 10 bis 12 Minuten backen, bis die Kekse fest und die Unterseiten goldgelb sind.
9. Für ein paar Minuten abkühlen lassen, dann mit etwas Ölspray besprühen und die Bällchen in Puderzucker wälzen.

✔ FETTFREI ✔ SOJAFREI

UNTER 150 KALORIEN

# Backapfel-Muffins

### NÄHRWERTE

1 MUFFIN, OHNE GLASUR

| | |
|---|---|
| 102 | **Kalorien** |
| 0,4 g | **Fett** |
| 20,9 g | **Kohlenhydrate** |
| 2,4 g | **Ballaststoffe** |
| 5,5 g | **Zucker** |
| 2,7 g | **Eiweiß** |

**12 STÜCK**

| | |
|---|---|
| 230 g | gehackte Äpfel (Schale optional) |
| 1 TL | Zimt |
| 25 g | brauner oder Rohzucker |
| 250 ml | Pflanzendrink |
| 1 TL | Apfelessig |
| 260 g | Vollkornweizenmehl |
| ½ TL | Salz |
| ½ TL | Backpulver |
| ½ TL | Backnatron |
| | Prise Muskatnuss oder gemahlener Ingwer |
| 2 TL | Vanilleextrakt |
| | Glasur (S. 68) |

**Meine Freundin Sheree sagt dazu: »Diese Muffins hüpfen Ihnen geradewegs in den Mund und lassen Sie das Tanzbein schwingen!«**

**1** Den Backofen auf 175 °C vorheizen.

**2** Ein Muffinblech mit Papierförmchen auslegen und beiseitestellen.

**3** 150 g Äpfel mit einer Prise Zimt und etwas braunem Zucker vermischen, bis alle Stücke gut eingedeckt sind. Beiseitestellen. (Das ist das Topping.)

**4** Pflanzendrink und Essig in einer kleinen Schüssel verquirlen und beiseitestellen.

**5** Mehl, Salz, Backpulver, Backnatron, ½ bis ¾ Teelöffel Zimt (Sie können die Menge beliebig anpassen) und eine Prise Muskat oder Ingwer in einer großen Schüssel vermischen. Zucker untermischen, dann die flüssige Mischung zu den trockenen Zutaten gießen. Vanille und die übrigen Äpfel zugeben und gut vermischen.

**6** Die Muffinförmchen bis etwas mehr als zur Hälfte mit dem Teig füllen. Auf jede Portion eine kleine Menge der Zimt-Zucker-Apfel-Mischung geben.

**7** Für 15 bis 25 Minuten backen. Wenn Sie einen Zahnstocher in die Mitte stechen und kein Teig daran haftet, sind sie fertig.

**8** Währenddessen die Glasur zubereiten; dabei 1 Teelöffel Flüssigkeit durch 1 Teelöffel Ahornsirup ersetzen (optional).

**9** Die Glasur auf die warmen Muffins träufeln.

## Anmerkung

» Wenn die Muffins vollständig abgekühlt sind, können Sie die Papierförmchen einfach abziehen. Wenn Sie sie warm essen möchten, vor dem Backen die Innenseite der Förmchen mit etwas Öl besprühen, damit der Teig nicht anhaftet.

## NÄHRWERTE

**TORTUGA-RUMKUCHEN, MIT GLASUR**

| | |
|---|---|
| 244 | **Kalorien** |
| 1,2 g | **Fett** |
| 49,2 g | **Kohlenhydrate** |
| 2,6 g | **Ballaststoffe** |
| 30,6 g | **Zucker** |
| 3,7 g | **Eiweiß** |

**TORTUGA-RUMKUCHEN, OHNE GLASUR**

| | |
|---|---|
| 190 | **Kalorien** |
| 1,2 g | **Fett** |
| 35,7 g | **Kohlenhydrate** |
| 2,6 g | **Ballaststoffe** |
| 17,4 g | **Zucker** |
| 3,6 g | **Eiweiß** |

**GLASUR (1 EL)**

| | |
|---|---|
| 61 | **Kalorien** |
| 0 g | **Fett** |
| 15,2 g | **Kohlenhydrate** |
| 0 g | **Ballaststoffe** |
| 14,9 g | **Zucker** |
| 0,1 g | **Eiweiß** |

UNTER 250 KALORIEN

✔ FETTFREI ✔ SOJAFREI

# Tortuga-Rum-kuchen

**Ich habe keine Ahnung wieso, aber die Karibik macht ungemein Appetit auf Rum. Bevor ich auf Sint Maarten lebte, konnte ich Rum überhaupt nichts abgewinnen, aber jetzt versuche ich ihn in jedem Rezept unterzubringen. Hmm … Wie dem auch sei, dieser Rumkuchen ist so reichhaltig und lecker, dass Ihnen niemand glauben wird, dass er aus Vollkornmehl gemacht ist und kein zugesetztes Fett enthält. Um alles aus dem Geschmack herauszuholen, verwenden Sie am besten einen sehr dunklen Rum, zum Beispiel Myers's Rum.**

**9 PORTIONEN**

| | |
|---|---|
| 115 g | Hafermehl |
| 130 g | Vollkornweizenmehl |
| 1 TL | Backpulver |
| ½ TL | Backnatron |
| ½ TL | Salz |
| 1 TL | gemahlener Zimt |
| 100 g | brauner Zucker |
| 60 ml | Melasse |
| 60 ml | ungezuckertes Apfelmus |
| 1 TL | Vanilleextrakt |
| 125 ml | dunkler Rum |
| 125 ml | Pflanzendrink |

**GLASUR**

| | |
|---|---|
| 135 g | Puderzucker |
| 1 TL | Rum |
| 1 EL | Mandarinen- oder Orangenschale |
| 2 EL | Pflanzendrink |

1 Den Backofen auf 175 °C vorheizen.

2 Eine 20 oder 23 cm große quadratische Kuchenform oder eine Gugelhupfform fetten und beiseitestellen.

3 Hafermehl in einer mittelgroßen Schüssel mit Weizenmehl, Backpulver, Backnatron, Salz, Zimt und Zucker vermischen.

4 Die flüssigen Zutaten in der angegebenen Reihenfolge zugeben, dann alles gut vermischen.

5 Den Teig in die vorbereitete Form gießen und für 25 bis 40 Minuten backen. Wenn Sie einen Zahnstocher in die Mitte stechen und kein Teig daran haftet, ist der Kuchen fertig. (Normalerweise muss er circa 35 Minuten backen.)

6 Währenddessen die Glasur zubereiten. Den Puderzucker in einer kleinen Schüssel mit Rum, Mandarinen- bzw. Orangenschale und Pflanzendrink zu einer glatten, flüssigen Glasur rühren.

7 Die Glasur auf den warmen Kuchen träufeln und an den Seiten hinunterlaufen lassen.

✔SCHNELL ✔FETTFREI ✔GLUTENFREI ✔SOJAFREI ✔GÜNSTIG

UNTER 50 KALORIEN

# Hafer-Häppchen

## NÄHRWERTE

1 HAFER-HÄPPCHEN

| | |
|---|---|
| 36 | **Kalorien** |
| 0,3 g | **Fett** |
| 7,8 g | **Kohlenhydrate** |
| 0,8 g | **Ballaststoffe** |
| 3,6 g | **Zucker** |
| 0,7 g | **Eiweiß** |

**15 STÜCK**

| | |
|---|---|
| 2 | sehr reife, kleine Bananen |
| 25 g | Rosinen, eingeweicht |
| 60 ml | ungezuckertes Apfelmus |
| 1 TL | Vanilleextrakt |
| | Prise gemahlener Zimt |
| 100 g | Instant-Haferflocken |

**Diese ultragesunden Kekse enthalten absolut keinen zugesetzten Zucker! Ich packe gern welche für einen Energieschub ein, wenn ich auf langen Wanderungen oder Radtouren unterwegs bin.**

**1** Alle Zutaten außer den Haferflocken im Mixer glatt pürieren. Ein paar kleine Rosinenstückchen machen nichts, aber es sollen keine großen Stücke mehr zu sehen sein.

**2** Die Mischung in einer Schüssel gut mit den Haferflocken vermischen.

**3** Den Teig mindestens 5 Minuten ruhen lassen, während Sie den Backofen auf 175 °C vorheizen.

**4** Ein Backblech fetten oder mit Backpapier auslegen.

**5** Den Teig esslöffelweise auf das Backblech häufen und mit den Händen leicht flach drücken. Mit den Fingern zu runden Keksen formen. So 15 Kekse formen oder bis kein Teig übrig ist.

**6** Für 10 bis 14 Minuten backen, bis sich die Kekse fest anfühlen und einen tief goldgelben Farbton angenommen haben.

**7** Eine Minute stehen lassen, dann zum Abkühlen auf ein Kuchengitter legen (sie werden beim Abkühlen noch etwas fester).

### Anmerkungen

» Für weichere Kekse die Backzeit verkürzen, für härtere entsprechend länger backen.

» Wenn Ihr Mixer nicht sehr leistungsstark ist, müssen die Rosinen über Nacht in Wasser oder für 10 Minuten in heißem Wasser eingeweicht werden, damit sie im Mixer richtig glatt werden. Dadurch werden die Kekse auch ein bisschen süßer.

UNTER 150 KALORIEN

✔ SCHNELL ✔ GLUTENFREI ✔ SOJAFREI ✔ GÜNSTIG

# Natalas Schoko-Kirsch-Shake

**Die Umstellung auf eine pflanzliche Ernährung rettete Natala das Leben. Ihre Geschichte ist unglaublich und wahnsinnig inspirierend. Auf ihrer Webseite veganhope.com berichtet sie von ihren Erfahrungen und hilft anderen dabei, sich durch die richtige Ernährung zu heilen. Dieses Rezept wurde von Natala entwickelt. Es ist so schokoladig und reichhaltig, dass Sie nicht glauben werden, dass 1 Portion Gemüse drinsteckt!**

**1** Alle Zutaten (außer den optionalen Zutaten) im Mixer glatt pürieren. Bei Bedarf mehr Flüssigkeit zugeben.

**2** Mit Schokoladentropfen und einer Kirsche garnieren.

## Anmerkung

» Natala verwendet gern ungesüßte dunkle Carobtropfen oder Carobpulver, da vegane Schokolade manchmal Zucker und andere Zusätze enthält, aber ich nehme der Einfachheit halber vegane Schokoladentropfen. Carob und Carobpulver gibt es in Reformhäusern und Naturkostläden.

## NÄHRWERTE

NATALAS SCHOKO-KIRSCH-SHAKE, MIT PFLANZENDRINK

| | |
|---|---|
| 149 | **Kalorien** |
| 1,5 g | **Fett** |
| 32,1 g | **Kohlenhydrate** |
| 5,2 g | **Ballaststoffe** |
| 20,7 g | **Zucker** |
| 7,4 g | **Eiweiß** |

NATALAS SCHOKO-KIRSCH-SHAKE, MIT WASSER

| | |
|---|---|
| 107 | **Kalorien** |
| 1,4 g | **Fett** |
| 26 g | **Kohlenhydrate** |
| 5,2 g | **Ballaststoffe** |
| 14,4 g | **Zucker** |
| 3,3 g | **Eiweiß** |

## 2 PORTIONEN

| | |
|---|---|
| 1 | reife, tiefgekühlte Banane |
| 125 g | tiefgekühlte Kirschen |
| 2 | Handvoll frischer Spinat |
| 250 ml | Pflanzendrink oder Wasser |
| 2 EL | ungesüßtes Kakaopulver |
| 1 EL | vegane Schokoladentropfen (optional) |
| 1 | Kirsche, zum Garnieren (optional) |

✔ GLUTENFREI ✔ SOJAFREI ✔ GÜNSTIG

UNTER 200 KALORIEN

# Schoko-Knusper-kichererbsen

**NÄHRWERTE**

½ PORTION

| | |
|---|---|
| 179 | **Kalorien** |
| 3 g | **Fett** |
| 30 g | **Kohlenhydrate** |
| 5,3 g | **Ballaststoffe** |
| 5,7 g | **Zucker** |
| 5,8 g | **Eiweiß** |

**2 PORTIONEN**

| | |
|---|---|
| 200 g | Kichererbsen (Dose), abgetropft und abgespült |
| 1 EL | ungesüßtes Kakaopulver |
| 1 EL | Vanilleextrakt |
| 1 TL | Rohzucker |
| 1 EL | vegane Schokoladentropfen |

**Meine Superstar-Assistentin Andrea Dermos hat dieses Rezept entwickelt. Sie sehen vielleicht aus wie große Choco Krispies, es sind aber Kichererbsen!**

**1** Den Backofen auf 175 °C vorheizen.

**2** Ein Backblech fetten oder mit Backpapier auslegen und beiseitestellen.

**3** Die Kichererbsen in einen wiederverwendbaren Plastikbehälter geben und mit wenig Öl besprühen. (Sie brauchen nicht viel, da die Kichererbsen selbst bereits feucht sind.)

**4** Kakao, Vanille und Zucker auf die Kichererbsen streuen und beiseitestellen.

**5** Die Schokolade für ein paar Sekunden in der Mikrowelle schmelzen, dann auf die Kichererbsen gießen. Den Behälter mit einem Deckel verschließen und gut schütteln, damit alles gleichmäßig eingedeckt wird.

**6** Kichererbsen auf dem Backblech verteilen und für 30 Minuten backen, bis sie knusprig sind.

## Anmerkung

» Für Kichererbsen mit Schokolade-Erdnussbutter-Geschmack gemeinsamen mit den Schokoladentropfen einen Klecks Erdnussbutter oder ½ bis 1 Teelöffel Erdnussmehl zugeben.

# HAPPY VEGAN
# TAG FÜR TAG
## Zutaten zu den Rezepten

* in Bio-Qualität

| Best. Nr. | Artikel | Preis € |
|---|---|---|
| | **Essige & Öle** | |
| 17438 | Balsamessig, 250 ml * | 8,95 |
| 17395 | Apfel-Orangen-Balsamessig, 250 ml * | 9,95 |
| 17457 | Reisessig Genmai Su, 250 ml * | 3,95 |
| 18743 | Distelöl, nativ, 500 ml * | 10,90 |
| 10072 | Kokosöl, nativ, 250 ml * | 6,50 |
| | **Feine Würze** | |
| 17432 | Reis Shiro Miso, 300 g * | 8,99 |
| 17443 | Japanische Sojasauce, 250 ml * | 3,69 |
| 20526 | Coconut Teriyakisauce, 296 ml | 13,35 |
| 19472 | Tamari, glutenfrei, 250 ml * | 5,95 |
| 19516 | Worcestershire-Sauce, 140 ml * | 3,49 |
| 16427 | Garam Masala, 80 g * | 6,99 |
| 20554 | Habeshas Berberegewürz, 35 g * | 3,19 |
| 17492 | Bouillon, natriumarm, 200 g * | 6,50 |
| 18860 | Italienische Gewürzmischung, 30 g * | 2,99 |
| 17840 | Himalaja-Salz, schwarz, 100 g | 3,20 |
| 18722 | Cayenne-Chili, gemahlen, 25 g * | 1,99 |
| 21254 | Rote Chiliflocken, 25 g * | 5,49 |
| 21629 | Chipotle-Chilipulver, 50 g | 2,85 |
| 17394 | Kurkuma, gemahlen, 40 g * | 1,99 |
| 22169 | Paprikapulver, geräuchert, 50 g | 2,38 |
| 18725 | Koriander, ganz, 60 g * | 3,89 |
| 16320 | Kreuzkümmel, ganz, 25 g * | 1,99 |
| 18721 | Kardamom, grün, gemahlen, 22 g * | 3,99 |
| 16269 | Bockshornklee, gemahlen, 25 g * | 2,30 |
| 18726 | Fenchel, ganz, 20 g * | 1,99 |
| 18727 | Ingwer, gemahlen, 25 g * | 1,99 |
| 19424 | Muskatblüte, gemahlen, 25 g * | 4,49 |
| 18728 | Muskatnuss, ganz, 5 Stück (ca. 30 g) * | 4,79 |
| 18730 | Gewürznelken, ganz, 25 g * | 2,79 |
| 18724 | Ceylon-Zimt, gemahlen, 25 g * | 2,49 |

| Best. Nr. | Artikel | Preis € |
|---|---|---|
| | **Natürliche Süße** | |
| 17431 | Agavendicksaft, roh, 450 g * | 9,95 |
| 17386 | Ahornsirup (Grad A), 250 ml * | 7,95 |
| | **Bohnen & Getreide** | |
| 19489 | Weiße Bohnen, 500 g * | 3,79 |
| 19497 | Schwarze Bohnen, 500 g * | 2,29 |
| 19420 | Kichererbsen, ganz, 500 g * | 2,99 |
| 18734 | Rote Linsen, halbiert, 500 g * | 2,99 |
| 18745 | Basmati-Reis, braun, 500 g * | 3,99 |
| 16569 | Weißer Quinoa, 200 g * | 2,99 |
| 18077 | Roter Quinoa, 200 g * | 3,49 |
| | **Mehle & Pulver** | |
| 19501 | Reismehl, Vollkorn, 500 g * | 2,99 |
| 18735 | Besan (Kichererbsenmehl), 400 g * | 3,49 |
| 21594 | Senfmehl, 250 g * | 7,90 |
| 17427 | Guarkernmehl, 100 g * | 3,99 |
| 17424 | Xanthan, 60 g | 3,95 |
| 17401 | Pfeilwurzelstärke, 125 g * | 3,49 |
| 16790 | Naturnatron, amerikanisch, 250 g | 3,90 |
| 21978 | Kakaopulver, roh, 250 g * | 10,90 |
| | **Diverses** | |
| 17399 | Zartbitter-Schokotropfen, 100 g * | 2,29 |
| 18843 | Indischer Vollrohrzucker, 400 g * | 3,99 |
| 17495 | Bourbon-Vanille-Extrakt, 60 ml * | 8,90 |
| 17406 | Mandel-Extrakt, 60 ml | 6,90 |
| 19439 | Liquid Smoke Raucharoma, 147 ml | 9,95 |
| 16696 | Melasse-Würzhefeflocken, 200 g | 3,99 |
| 17804 | Tahin (Sesammus), weiß, 250 g * | 3,99 |
| 18926 | Mungbohnensamen, 40 g * | 1,19 |
| 16550 | Wakame-Meeresalgen, getrocknet, 40 g * | 5,79 |
| 18631 | Dulse-Algen, getrocknet, 40 g * | 6,50 |

Unimedica • Blumenplatz 2 • D-79400 Kandern • Tel.: +49(0)7626-974970-0
info@unimedica.de • www.unimedica.de

# PURA-PRODUKTE

*** in Bio-Qualität**

| Best. Nr. | Artikel | Preis € |
|---|---|---|
| 15458 | Maca-Pulver, gelatiniert, 300 g * | 14,90 |
| 16039 | Guarana-Pulver, 100 g * | 12,90 |
| 15772 | Camu-Camu-Pulver, 125 g * | 14,90 |

| Best. Nr. | Artikel | Preis € |
|---|---|---|
| 16590 | Spirulina-Tabletten, 250 g * | 15,90 |
| 15460 | Chia-Samen, 500 g * | 7,80 |
| 15960 | Kakao-Nibs, 300 g * | 9,80 |

# VEGA-PRODUKTE

**Vega Sport – Speziell für Sportler**

- Pre Workout Energizer Açaí Berry, 540 g Dose, Best. Nr. 16012 • **€ 49,90**
- Performance Protein Vanilla, 828 g Dose, Best. Nr. 16016 • **€ 54,90**
- Endurance Gel Himbeere, 12 x 45 g Beutel, Best. Nr. 16014 • **€ 26,80**
- Recovery Accelerator Apple Berry, 12 x 27 g Beutel, Best. Nr. 16055 • **€ 32,80**

**Vega Protein Smoothie**
Choc-a-lot, 260 g Beutel, Best. Nr. 18703 • **€ 27,95**

**Vega Protein & Greens**
Vanilla, 614 g Dose, Best. Nr. 18971 • **€ 44,80**

# ROHKOSTRIEGEL AUS NATURBELASSENEN ZUTATEN

## RAW BITE

**Probier-Set:**
6 Sorten zu je 50 g
in einer Packung
Best. Nr. 15512 • **€ 10,50**

## WILD THING

**Organic PALEO Raw Bar**

**Cacao & Almond**
30 g Riegel
Best. Nr. 18560 • **€ 1,49**
20 x 30 g Box
Best. Nr. 18561 •
**€ 27,90**

**Coconut & Chia**
30 g Riegel
Best. Nr. 18558 • **€ 1,49**
20 x 30 g Box
Best. Nr. 18559 •
**€ 27,90**

Weitere Riegel von ***Raw Bite*** und ***Wild Thing*** sowie viele ***VEGA***-Produkte in verschiedenen Größen und Sorten unter www.unimedica.de erhältlich.

# DIE SAFTKUR

**Joe Cross**

### Reboot with Joe

Der beste Weg, überflüssige Pfunde zu verlieren und mehr Energie und geistige Klarheit zu erlangen.

390 Seiten, geb.,
Best. Nr. 19717
**€ 24,–**

Die Green Star Saftpresse und die Z-Star Hand-Saftpresse sind sehr gut geeignet um speziell Gräser und Kräuter zu entsaften.

Der Versapers Entsafter ist sehr platzsparend, leicht zu handhaben und gibt die besten Ergebnisse bei weichen Früchten, saftet auch Blätter und Gräser.

„Ob Bianco Puro, Revoblend oder für eine Portion der Personal Blender – diese Mixer sind ausgezeichnet für die Zubereitung der Dicksäfte und Smoothies. Wir haben diese Maschinen täglich im Einsatz und sind begeistert."

*Gabriele Keller*
Ich berate Sie gerne.

Tel.: +49 7626-974970-129

# KÜCHENGERÄTE

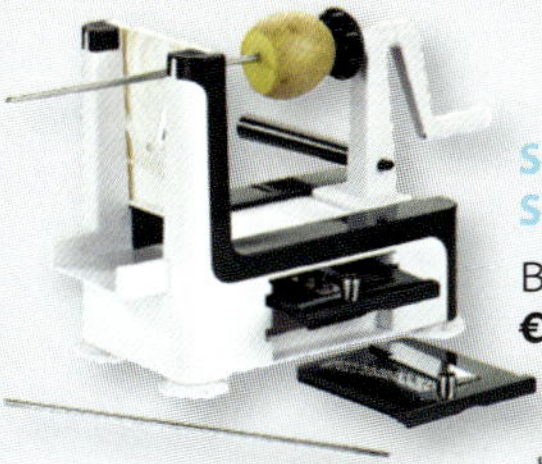

### Super Spiralschneider

Best. Nr. 17700
**€ 49,90**

### Green Star Elite Walzensaftpresse

Best. Nr. 11477
**€ 619,–**

### Vitamix Pro 300 Rot

Der Hochleistungsmixer mit einem mehr als 1600 W starken Motor verarbeitet mühelos besonders feste Zutaten zart und fein.
Unbegrenzte Anwendungsvielfalt durch variable Geschwindigkeitskontrolle und Pulsfunktion.

Best. Nr. 19694 • **€ 699,–**

### Vitamix S30 Schwarz

Mit zwei Mix & Go Behältern.

Best. Nr. 19693 • **€ 399,–**

### Vitamix TNC 5200 Weiß

**Der Alleskönner.**

Best. Nr. 08006 • **€ 599,–**

### Entsafter – Versapers Emotion Silver 4G

Einfache Handhabung.
Platzsparend.

Best. Nr. 19820 • **€ 469,–**

### REVODRY Rohkost-Ofen & Trockengerät

Dörrapparat mit 6 Edelstahl-Einschüben.

Best. Nr. 20002 • **€ 249,–**

### Dr. Vogels Keimgerät

Best. Nr. 18625 • **€ 19,95**

### Dr. Vogels Keimglas Starterset

Best. Nr. 18923 • **€ 9,99**

### Revoblend RB 500 Rot

Hochleistungsmixer mit 1500 W und bis zu 38.000 U/min.
Das Multitalent verarbeitet alles mit nur einem Mahlwerk.

Best. Nr. 20031 • **€ 549,–**

Preisänderung vorbehalten. Stand 02/2017

UNTER 300 KALORIEN

✔ SCHNELL ✔ SOJAFREI ✔ GÜNSTIG ✔ EINE PORTION

# Schokoladen-Tassenkuchen

**Schokokuchen? Check. Einzelportion? Check. Fast sofort fertig? Aber hallo! Sie brauchen weniger als 5 Minuten, um Mehl in diesen Vollkornweizen-Schokoladenkuchen zu verwandeln und in Ihren Mund zu schieben.**

**1** Mehl, Zucker, Kakao, Backpulver und Zimt in einer kleinen Schüssel vermischen; beiseitestellen. Für einen sehr süßen Kuchen verwenden Sie entsprechend mehr Zucker.

**2** Apfelmus, Pflanzendrink und Vanilleextrakt in einer zweiten kleinen Schüssel glatt rühren.

**3** Die flüssigen Zutaten zu den trockenen gießen, dann die Schokoladentropfen zugeben und alles gut vermischen.

**4** Noch 1 bis 2 Esslöffel Apfelmus untermischen, bis der Teig nass ist und wie gewöhnlicher Kuchenteig aussieht.

**5** Den Teig in eine Kaffeetasse gießen, dann für 3 Minuten bei 1.000 Watt in der Mikrowelle backen.

### SCHOKO-BANANE-TASSENKUCHEN

Nur 3 Esslöffel Apfelmus verwenden. Pflanzendrink, 1 sehr reife Banane, 3 Esslöffel Apfelmus und Vanilleextrakt im Mixer glatt und cremig pürieren. Dann zu der Mehlmischung gießen, Schokotropfen zugeben und wie beschrieben backen.

### NÄHRWERTE

SCHOKOLADEN-TASSENKUCHEN

| | |
|---|---|
| 276 | **Kalorien** |
| 4,1 g | **Fett** |
| 59,3 g | **Kohlenhydrate** |
| 7,8 g | **Ballaststoffe** |
| 31,6 g | **Zucker** |
| 8,3 g | **Eiweiß** |

SCHOKO-BANANE-TASSENKUCHEN

| | |
|---|---|
| 264 | **Kalorien** |
| 2,2 g | **Fett** |
| 61,4 g | **Kohlenhydrate** |
| 8,3 g | **Ballaststoffe** |
| 30,2 g | **Zucker** |
| 8,2 g | **Eiweiß** |

### 1 PORTION

| | |
|---|---|
| 4 EL | Vollkornweizenmehl |
| 2 EL | brauner Zucker |
| 2 EL | ungesüßtes Kakaopulver |
| ¼ TL | Backpulver |
| | Prise gemahlener Zimt |
| 60 ml | ungezuckertes Apfelmus |
| 3 EL | Pflanzendrink |
| 1-2 | Tropfen Vanilleextrakt |
| 2-3 EL | vegane Schokoladentropfen |

UNTER 100 KALORIEN

✓ FETTFREI ✓ SOJAFREI ✓ GÜNSTIG

# Ananas-Biskuit

**Da ich häufig um zuckerfreie Nachspeisen gebeten werde, wollte ich mich an diesem Rezept versuchen. Die Süße in diesem Rezept ist allein dem Ananassaft zu verdanken, wodurch dieser Kuchen außerdem wie ein Biskuitkuchen feucht und saftig wird.**

### NÄHRWERTE

| | |
|---|---|
| 74 | **Kalorien** |
| 0,2 g | **Fett** |
| 15,9 g | **Kohlenhydrate** |
| 1,7 g | **Ballaststoffe** |
| 5,1 g | **Zucker** |
| 1,3 g | **Eiweiß** |

### 9 PORTIONEN

| | |
|---|---|
| 425 g | Ananasringe in 100 % Saft (Dose) |
| 130 g | Vollkornweizenmehl |
| 1 TL | Backpulver |
| ½ TL | Backnatron |
| | Prise Salz |
| 3 | Prisen gemahlener Ingwer |
| 1 TL | Vanilleextrakt |
| | Orangenschale (optional) |
| | Etwas zusätzlicher Saft zum Servieren |

**1** Den Backofen auf 175 °C vorheizen. Eine 20 oder 23 cm große Kuchenform fetten und beiseitestellen.

**2** Den Ananassaft in einer kleinen Schüssel auffangen und beiseitestellen.

**3** Mehl, Backpulver, Backnatron, Salz und gemahlenen Ingwer in einer Schüssel vermischen. Vanilleextrakt und Orangenschale (falls verwendet) untermischen; beiseitestellen.

**4** Die Ananasringe sehr gut hacken oder im Mixer zerkleinern (nicht pürieren).

**5** Die Ananasstücke zur Mehlmischung geben und untermischen.

**6** Den Ananassaft ebenfalls in die Schüssel gießen; beginnen Sie mit 60 ml, dann esslöffelweise mehr zugeben, bis ein nasser und größtenteils homogener Teig entsteht (insgesamt circa 6 Esslöffel).

**7** In die Kuchenform gießen und für circa 20 Minuten backen.

**8** Kurz vor dem Servieren den Kuchen mit mehr Ananassaft übergießen. Der Kuchen soll so nass sein, dass er fast zerfällt.

### Anmerkungen

» Kaufen Sie unbedingt Ananasringe in 100 % Saft, nicht Sirup.

» Für eine süßere Nachspeise können Sie 25 bis 65 g Rohzucker zugeben.

✔SCHNELL ✔FETTFREI ✔GLUTENFREI ✔SOJAFREI ✔GÜNSTIG

UNTER 150 KALORIEN

# Gebratene Bananen

## NÄHRWERTE

| | |
|---|---|
| 121 | Kalorien |
| 0,5 g | Fett |
| 31,1 g | Kohlenhydrate |
| 3,5 g | Ballaststoffe |
| 16,6 g | Zucker |
| 1,5 g | Eiweiß |

**2 PORTIONEN**

2 große Bananen

**Ich liebe diese gebratenen Bananen. Sie erinnern mich an die gebratenen Kochbananen, die es in der Karibik gibt, sind aber viel gesünder und Sie müssen nicht erst 4 Wochen warten, bis die Kochbananen reif sind.**

1. Die geschälten Bananen in 2,5 cm große Stücke schneiden, dann jedes Stück der Länge nach halbieren (entlang der Mitte der Banane).
2. Eine beschichtete Pfanne auf hoher Flamme erhitzen. Sie ist heiß genug, wenn ein Tropfen Wasser schnell zischt.
3. Die Hälfte der Bananenstücke beiseitestellen.
4. Die Bananenstücke eines nach dem anderen mit der schleimigen Innenseite nach unten in einer Reihe in die Pfanne legen. Merken Sie sich die Reihenfolge gut, denn sobald Sie das letzte Stück hineingelegt haben, müssen Sie das erste bereits wenden. Wenn Sie alle Stücke einmal gewendet haben, nehmen Sie sie eins nach dem anderen aus der Pfanne. Beiseitestellen.
5. Falls nötig, die Pfanne waschen und erneut erhitzen. Mit den übrigen Bananenstücken genauso verfahren.

### Anmerkungen

» Verwenden Sie hier feste, nicht zu reife Bananen. Sie sind ideal, wenn sie an den Enden noch etwas grün sind.

» Mit etwas Zimt und Puderzucker machen sie sich wunderbar als gesundes Dessert.

UNTER 300 KALORIEN

✔ GLUTENFREI ✔ SOJAFREI ✔ IM VORRAUS ✔ GÜNSTIG

# Möhrenkuchen-Milchreis

**Wenn ich vom Abendessen braunen Reis übrighabe, gibt es am nächsten Morgen diesen Milchreis zum Frühstück. Traditionell wird er in Pakistan als kalte Nachspeise serviert (unter der Bezeichnung »gajar ki kheer«), aber er macht sich wunderbar als sättigendes Frühstück und ist mit Obst, Gemüse und vollwertigen Zutaten ein toller Start in den Tag.**

1 Pflanzendrink und Speisestärke glatt rühren und beiseitestellen.

2 Die Möhren in der Küchenmaschine oder im Mixer zerkleinern oder von Hand mit einer Käsereibe raspeln. Beiseitestellen.

3 Den Boden eines mittelgroßen Topfs dünn mit Wasser bedecken. Zum Kochen bringen, dann Möhren und Rosinen in den Topf geben und kochen, bis die Möhren weich sind und duften und die Rosinen etwas aufgedunsen und weicher geworden sind. Pflanzendrink mit Speisestärke und den Reis untermischen.

4 Aufkochen, dann die Hitze stark reduzieren. Unter häufigem Rühren für circa 4 Minuten köcheln lassen, bis die Flüssigkeit andickt.

5 Mit Kardamom würzen und umrühren. Nicht jede Sorte Kardamom ist gleich kräftig im Geschmack, daher schmecken Sie am besten vorsichtig ab. Der Milchreis soll ein ausgeprägtes, aber nicht überwältigendes Kardamom-Aroma haben. In den meisten traditionellen Rezepten werden ¾ bis 1 Teelöffel verwendet.

6 Den Herd abschalten und den Milchreis vollständig abkühlen lassen, bevor Sie ihn in den Kühlschrank stellen (am besten in einer Glasschüssel mit Frischhaltefolie, aber ein luftdicht verschlossener Behälter geht auch). Über Nacht oder für einige Stunden kalt stellen, bis er kühl und cremig ist.

## NÄHRWERTE

| | |
|---|---|
| 266 | **Kalorien** |
| 1,2 g | **Fett** |
| 58,3 g | **Kohlenhydrate** |
| 3,6 g | **Ballaststoffe** |
| 23,2 g | **Zucker** |
| 7,8 g | **Eiweiß** |

## 2 PORTIONEN

| | |
|---|---|
| 250 ml | Pflanzendrink |
| 1 EL | Speisestärke |
| 200 g | geraspelte Möhren |
| 30 g | Rosinen |
| 200 g | gekochter brauner Reis |
| | Gemahlener Kardamom, nach Belieben |
| | Rohzucker, Agavendicksaft, Ahornsirup oder ein anderes Süßungsmittel (optional) |
| | Prise gemahlener Zimt, zum Garnieren |

### Anmerkung

» Dieser Milchreis wird traditionell mit Zucker gesüßt, aber ich finde die Rosinen bereits süß genug. Sie können natürlich noch mit einem Süßungsmittel Ihrer Wahl nachsüßen (ich mag Ahornsirup am liebsten).

✔ SCHNELL ✔ FETTFREI ✔ GLUTENFREI ✔ SOJAFREI ✔ EINE PORTION

UNTER 200 KALORIEN

# Bananen-Pudding

## NÄHRWERTE

BANANEN-PUDDING

| | |
|---|---|
| 151 | **Kalorien** |
| 1,5 g | **Fett** |
| 35,4 g | **Kohlenhydrate** |
| 5,2 g | **Ballaststoffe** |
| 11,8 g | **Zucker** |
| 4,6 g | **Eiweiß** |

SCHOKO-BANANEN-PUDDING

| | |
|---|---|
| 162 | **Kalorien** |
| 1,4 g | **Fett** |
| 38,3 g | **Kohlenhydrate** |
| 5 g | **Ballaststoffe** |
| 19,7 g | **Zucker** |
| 4,5 g | **Eiweiß** |

**1 PORTION**

| | |
|---|---|
| 1 | kalte Banane |
| 3 EL | Pflanzendrink |
| 2 EL | gekochte Quinoa |
| ½ TL | Agavendicksaft (optional) |
| | Prise Zimt oder Kürbiskuchen-Gewürzmischung |

**Ich esse diesen Pudding gern als kalten Nachmittagssnack an heißen Tagen oder als leichte Nachspeise. Er erinnert mich an einen Pudding, den meine Mom früher mit den Keksen der Marke »Nilla« gemacht hat. Die Schokoladen-Variante (unten) schmeckt wie Kuchenglasur, wenn Sie sehr reife Bananen verwenden. Wenn Sie diesen Pudding einmal probiert haben, werden Sie garantiert immer gekochte Quinoa im Kühlschrank lagern!**

**1** Alle Zutaten im Mixer glatt und cremig pürieren.

**2** Nach Belieben mit etwas mehr Agavendicksaft abschmecken und sofort servieren. Bananen werden braun, wenn sie oxidieren, daher sollten Sie den Pudding erst kurz vor dem Servieren zubereiten, sonst sieht er möglicherweise etwas unappetitlich aus.

### SCHOKO-BANANEN-PUDDING

Die Gewürze weglassen und 1 Esslöffel ungesüßtes Kakaopulver zugeben.

### Anmerkung

» Wenn Sie keinen sehr leistungsstarken Mixer haben, verwenden Sie die Küchenmaschine und kochen Sie die Quinoa länger als gewohnt; geben Sie beim Kochen also mehr Wasser zu. Dadurch wird sie breiiger und weicher.

✔SCHNELL ✔FETTFREI ✔GLUTENFREI ✔SOJAFREI ✔GÜNSTIG

UNTER 100 KALORIEN

# Toffee-Dip

**Oh, Toffee! Dieser Dip ist so sämig und reichhaltig, dass Ihnen niemand glauben wird, dass die Hauptzutat Bohnen sind! Zu Äpfeln oder Birnen servieren oder auf einer Tortilla verstreichen, Bananenscheiben dazu und aufrollen. Lecker!**

## NÄHRWERTE

2 EL

80 ............ **Kalorien**
0,6 g .............. **Fett**
16,7 g .... **Kohlenhydrate**
3,6 g ....... **Ballaststoffe**
4,5 g ............ **Zucker**
4,5 g ............ **Eiweiß**

**450 G**

| | |
|---|---|
| 425 g | weiße Bohnen (Dose), abgetropft und abgespült |
| 30 g | ungesüßtes Kakaopulver |
| 2 EL | Agavendicksaft |
| | Pflanzendrink |

**1** Bohnen, Kakaopulver und Agavendicksaft in einem leistungsstarken Mixer oder einer Küchenmaschine cremig pürieren. Bei Bedarf etwas Pflanzendrink zugeben.

**2** Nach Belieben (esslöffelweise) mit mehr Kakaopulver abschmecken, bis Sie mit dem Geschmack zufrieden sind. Ich mag den Dip am liebsten mit 6 Esslöffeln Kakaopulver, aber die Bitterschokoladen-Fans unter meinen Testern waren erst bei 8 Esslöffeln zufrieden (insgesamt circa 60 g). Bei Bedarf noch mit 1 zusätzlichen Esslöffel Agavendicksaft abschmecken. Das Ergebnis soll die Konsistenz von dicker Kuchenglasur haben (die Sorte, die es bereits fertig in Bechern zu kaufen gibt).

### Anmerkungen

» In diesem Rezept sind alle Arten von weißen Bohnen geeignet; z. B. Navy-, Cannellini- oder Limabohnen.

» Wer verarbeitete Süßungsmittel scheut, kann den Agavendicksaft durch 60-100 g eingeweichte Datteln ersetzen: Einfach vor Verwendung mit 60 ml Pflanzendrink oder Wasser zu einer Paste pürieren, dann zu den Bohnen und dem Kakaopulver geben.

## ERDNUSSBUTTER-TOFFEE-DIP

Machen Sie mit Erdnussbutter einen noch reichhaltigeren Dip daraus; esslöffelweise untermischen, bis der gewünschte Geschmack erreicht ist. Für eine fettarme Option ist alternativ Erdnussmehl geeignet.

# WÜRZSAUCEN & GEWÜRZ-MISCHUNGEN

✔SCHNELL ✔FETTFREI ✔GLUTENFREI ✔GÜNSTIG

UNTER 50 KALORIEN

# Chipotle-Mayo

**Ich liebe diese Mayo, sie ist meine Sauce der Wahl, wenn meinem Sandwich das besondere Etwas fehlt. Ich hatte sie ursprünglich für meine Pinto-Burger (S. 92) entwickelt, aber Sie können sie wie gewöhnliche Mayo ganz nach Ihrem Gutdünken verwenden.**

## NÄHRWERTE

1 EL

| | |
|---|---|
| 10 | **Kalorien** |
| 0,1 g | **Fett** |
| 1,5 g | **Kohlenhydrate** |
| 0 g | **Ballaststoffe** |
| 1,2 g | **Zucker** |
| 0,9 g | **Eiweiß** |

**3 EL**

| | |
|---|---|
| ¼-½ TL | Chipotle-Chilipulver |
| 3 EL | vegane Mayo (S. 291) |
| 1 TL | flüssiges Raucharoma |
| ⅛ TL | Paprikapulver |

**1** Alle Zutaten in einer kleinen Schüssel verquirlen. Fangen Sie mit ¼ Teelöffel Chipotle-Chilipulver an.

**2** Wenn Sie möchten, mit dem übrigen ¼ Teelöffel Chipotle-Chilipulver (meine Empfehlung) und Salz und Pfeffer abschmecken.

### Anmerkung

» Wenn es richtig scharf sein darf, mischen Sie zusätzlich etwas Chilisauce oder eine asiatische Chilisauce, zum Beispiel Sriracha, unter.

UNTER 50 KALORIEN

✔✔ SCHNELL ✔✔ FETTFREI ✔✔ GLUTENFREI ✔✔ GÜNSTIG

# Rauchige Cajun-Mayo

**Diese leicht scharfe, rauchige Mayo ist wahrscheinlich meine Lieblingswürze. Sie peppt jedes Sandwich auf.**

1 Alle Zutaten verquirlen, dann nach Belieben mit mehr Cajun-Gewürz oder Liquid Smoke abschmecken.

**NÄHRWERTE** (1 EL)

| | |
|---|---|
| 9 | **Kalorien** |
| 0 g | **Fett** |
| 1,2 g | **Kohlenhydrate** |
| 1,2 g | **Ballaststoffe** |
| 0 g | **Zucker** |
| 0,9 g | **Eiweiß** |

**4 EL**

| | |
|---|---|
| 4 EL | vegane Mayo (S. 291) |
| 2 TL | Cajun-Gewürz (S. 295) |
| 1 TL | flüssiges Raucharoma (»Liquid Smoke«) |

# Masala-Mayo

**Eine leckere, indisch gewürzte Mayo, die in erster Linie für meine Masala-Burger (S. 88) gedacht war; sie passt aber toll zu jedem Sandwich, das ein bisschen mutig sein darf.**

1 Alle Zutaten vermischen.

2 Bei Bedarf mit etwas mehr (¼ Teelöffel) Garam Masala (manche Sorten sind kräftiger als andere) und, wenn Sie möchten, mit Agavendicksaft abschmecken.

**NÄHRWERTE** (1 EL)

| | |
|---|---|
| 9 | **Kalorien** |
| 0 g | **Fett** |
| 1,2 g | **Kohlenhydrate** |
| 1,2 g | **Zucker** |
| 0 g | **Kohlenhydrate** |
| 0,9 g | **Eiweiß** |

**3 EL**

| | |
|---|---|
| 2 EL | Ketchup |
| 1 EL | vegane Mayo (S. 291) |
| ½ TL | gelber Senf |
| ¼ TL | Garam Masala |
| ¼ TL | Koriander |
| ¼ + ⅛ TL | gemahlener Kreuzkümmel |
| | Tropfen Agavendicksaft (optional) |

UNTER 50 KALORIEN

✔✔ SCHNELL ✔✔ FETTFREI ✔✔ GLUTENFREI ✔ SOJAFREI ✔ GÜNSTIG

# »Honig«-Senf

Foto auf der gegenüberliegenden Seite

**Dieser Honigsenf hat etwas Kick. Er ist super als Dip, Würzsauce oder Salatdressing. Ich habe immer eine große Portion in einem kleinen, luftdichten Behälter im Kühlschrank, aber die Zubereitung dauert auch nur ein paar Sekunden, wenn Sie spontan welchen brauchen.**

1 Dijon-Senf und Agavendicksaft in einer kleinen Schüssel verquirlen.

2 Ein paar Tropfen Chilisauce und eine oder zwei Prisen gemahlenen Ingwer unterrühren.

3 Nach Bedarf mit mehr Zucker, Senf oder Chilisauce abschmecken.

### NÄHRWERTE (1 EL)

| | |
|---|---|
| 38 | Kalorien |
| 0,3 g | Fett |
| 9,2 g | Kohlenhydrate |
| 0 g | Ballaststoffe |
| 8,7 g | Zucker |
| 0,4 g | Eiweiß |

**2 EL**

| | |
|---|---|
| 1 EL | Dijon-Senf |
| 1 EL | rohen Agavendicksaft |
| | Chilisauce, nach Belieben |
| | Prise gemahlener Ingwer |

# Cremiger Cajun-Senf

**In Louisiana kann man cremigen Cajun-Senf im Supermarkt kaufen, aber ich mache ihn lieber selber, damit ich immer welchen zur Hand habe und ich die Schärfe nach meinem Geschmack anpassen kann.**

1 Alle Zutaten verquirlen; wenn Sie möchten, verwenden Sie mehr Cajun-Gewürz. Ich habe hier etwas weniger angegeben, da sich viele Sorten in Sachen Schärfe stark unterscheiden.

2 Wenn Ihr Dijon-Senf zu scharf ist, können Sie ihn mit etwas mehr Mayo abmildern. Für einen eher süßen Senf können Sie außerdem etwas mehr Melasse verwenden.

### NÄHRWERTE (1 EL)

| | |
|---|---|
| 12 | Kalorien |
| 0,4 g | Fett |
| 1,8 g | Kohlenhydrate |
| 0 g | Ballaststoffe |
| 1,1 g | Zucker |
| 0,6 g | Eiweiß |

**5 EL**

| | |
|---|---|
| 3 EL | Dijon-Senf |
| ½ TL | vegane Worcestershire-Sauce (S. 320) |
| ½ TL | Chilisauce |
| 1 TL | Melasse |
| 1 EL | vegane Mayo (S. 291) |
| ¼ TL | Cajun-Gewürz (S. 295) |

✔ SCHNELL ✔ FETTFREI ✔ GLUTENFREI ✔ SOJAFREI ✔ EIN-TOPF ✔ IM VORRAUS ✔ GÜNSTIG ✔ EINE PORTION

UNTER 50 KALORIEN

# Limettencreme

Foto auf der gegenüberliegenden Seite

**NÄHRWERTE** (1 EL)

| | |
|---|---|
| 11 | **Kalorien** |
| 0,1 g | **Fett** |
| 1,6 g | **Kohlenhydrate** |
| 0 g | **Ballaststoffe** |
| 1,2 g | **Zucker** |
| 1 g | **Eiweiß** |

**4 EL**

| | |
|---|---|
| 4 EL | Sour Cream (S. 292) |
| 1 TL | Chilipulver |
| ½ TL | Limettenschale |
| ¼ TL | Salz |

**Dieses Rezept haben wir meiner Freundin Jane zu verdanken, die ein Händchen für alles hat, was nach Limette schmecken soll.**

1 Alle Zutaten gut vermischen.

2 Nach Bedarf oder Vorliebe mit mehr Chilipulver abschmecken.

3 Vor Verwendung für 5 Minuten kalt stellen, damit sich die Aromen richtig entfalten können.

# Remoulade

**NÄHRWERTE** (1 EL)

| | |
|---|---|
| 8 | **Kalorien** |
| 0 g | **Fett** |
| 1,6 g | **Kohlenhydrate** |
| 0 g | **Ballaststoffe** |
| 1,5 g | **Zucker** |
| 0,3 g | **Eiweiß** |

**4 EL**

| | |
|---|---|
| 1 EL | vegane Mayo (S. 291) |
| 1 EL + ¼ TL | Ketchup |
| 1 EL | Dill-Relish |
| ¼ TL | gelber Senf |
| ¼ TL | Old-Bay-Seasoning |
| | Saft von 1 Zitronenspalte |
| | Chilisauce, nach Belieben |

**Diese cremige Sauce kommt aus Frankreich und ist beliebt als Beilage zu Meeresfrüchten. Daher passt sie perfekt zu meinen »Krabben«-Küchlein (S. 197).**

1 Alle Zutaten, einschließlich einiger Tropfen Chilisauce, verquirlen.

2 Nach Belieben mit mehr Old-Bay-Seasoning oder Chilisauce abschmecken. Wenn das Relish nicht sehr salzig ist, müssen Sie eventuell mit einer Prise Meersalz nachhelfen.

### Anmerkung

» Das Relish können Sie durch fein gehackte Dillgurken ersetzen.

UNTER 50 KALORIEN

✔ FETTFREI ✔ GLUTENFREI

# Vegane Mayo

**Von Nasoya gibt es eine fettfreie vegane Mayonnaise, und es gibt einige andere fettarme Sorten, die zufällig auch vegan sind. Dies ist mein simples und günstiges Rezept für selbst gemachte, fettarme vegane Mayo.**

**1** Tofu, Senf und Essig in einem Mixer oder einer kleinen Küchenmaschine glatt und cremig pürieren.

**2** Ein paar Tropfen Zitronensaft und ein paar Tropfen Agavendicksaft zugeben und erneut pürieren.

**3** Nach Bedarf oder Ihrer Vorliebe mit mehr Zitronensaft, Agavendicksaft oder Dijon-Senf abschmecken. Bis zur Verwendung kalt stellen.

## Anmerkung

» Zur Not oder wenn es sojafrei sein soll, verwenden Sie einen (am besten ungesüßten) veganen Naturjoghurt.

## NÄHRWERTE

1 EL

| | |
|---|---|
| 10 | **Kalorien** |
| 0,2 g | **Fett** |
| 0,3 g | **Kohlenhydrate** |
| 0 g | **Zucker** |
| 0 g | **Kohlenhydrate** |
| 1,6 g | **Eiweiß** |

**250 ML**

| | |
|---|---|
| 350 g | Seidentofu |
| 2-3 EL | Dijon-Senf |
| 2 TL | Branntweinessig |
| | Zitronensaft, nach Belieben |
| | Agavendicksaft, nach Belieben |

✔SCHNELL ✔FETTFREI ✔GLUTENFREI ✔GÜNSTIG

UNTER 50 KALORIEN

# Sour Cream

**Diese Sour Cream ist schnell und einfach zuzubereiten und hat nur einen Bruchteil des Fetts, den herkömmliche vegane oder milchbasierte Sour Creams enthalten.**

## NÄHRWERTE

1 EL, MIT 1 EL AGAVENDICKSAFT

| | |
|---|---|
| 13 | **Kalorien** |
| 0,2 g | **Fett** |
| 1,4 g | **Kohlenhydrate** |
| 0 g | **Ballaststoffe** |
| 1,1 g | **Zucker** |
| 1,6 g | **Eiweiß** |

**250 ML**

| | |
|---|---|
| 350 g | Seidentofu |
| 2-4 EL | Zitronensaft |
| ½ TL | Branntweinessig |
| ⅛ TL | feines Salz |
| 1 TL | Senfpulver |
| | Agavendicksaft, nach Belieben |
| | Kleine Prise Knoblauchgranulat |
| 1 TL | getrockneter oder frischer Dill (optional) |

1 Tofu mit 2 Teelöffeln Zitronensaft, Essig, einer Prise Salz, Senfpulver, ein paar Tropfen Agavendicksaft und einer kleinen Prise Knoblauchgranulat glatt und cremig rühren.

2 Gegebenenfalls mit mehr Zitrone und/oder Süßungsmittel abschmecken. Vor dem Servieren Dill (falls verwendet) unterrühren.

UNTER 50 KALORIEN

✔ SCHNELL ✔ FETTFREI ✔ GLUTENFREI ✔ SOJAFREI ✔ GÜNSTIG

# Berbere

Die Gewürzmischung Berbere ist eine wichtige Zutat in der äthiopischen Küche. Man kann Berbere zwar auch fertig kaufen, aber die meisten Sorten sind sehr scharf und enthalten Cayennepfeffer als Hauptzutat. Damit ich die Schärfe meiner Gerichte besser kontrollieren kann, mische ich lieber ein milderes Berbere selbst. Sie können sorgenlos 1 Teelöffel dieser Mischung unter jedes Rezept mischen, aber wenn Sie stattdessen der Einfachheit halber lieber eine vorgefertigte Mischung verwenden, gehen Sie vorsichtig damit um.

**1** Alle Gewürze in einer beschichteten Pfanne vermischen und auf mittlerer Flamme rösten. Häufig umrühren, damit die Gewürze nicht anbrennen.

**2** Wenn die Gewürze duften und ein angenehmes Röstaroma haben, den Herd abschalten und im Mörser zu einem feinen Pulver mahlen.

**3** Die Gewürzmischung in einem luftdicht verschlossenen Behälter lagern.

## Anmerkungen

» Wenn Sie eine Vorliebe für scharfes Essen haben, verwenden Sie ruhig mehr Cayennepfeffer in der Mischung oder würzen Sie beim Essen mit Cayennepfeffer oder Chilisauce nach.

» Cayennepfeffer ist zwar nicht dasselbe wie Berbere, kann aber im Notfall als Ersatz herhalten.

## NÄHRWERTE

1 EL

| | |
|---|---|
| 10 | **Kalorien** |
| 0,4 g | **Fett** |
| 1,8 g | **Kohlenhydrate** |
| 1,1 g | **Ballaststoffe** |
| 0 g | **Zucker** |
| 0,5 g | **Eiweiß** |

**8 EL**

| | |
|---|---|
| 2 TL | Cayennepfeffer, oder beliebige Menge |
| 4 EL | Paprikapulver (edelsüß) |
| 1 TL | gemahlener Bockshornklee |
| ¾ TL | gemahlener Kardamom |
| ½ TL | gemahlener Koriander |
| ½ TL | gemahlener Kreuzkümmel |
| ½ TL | gemahlene Muskatnuss oder Muskatblüten |
| ½ TL | gemahlener Ingwer |
| ¼ TL | gemahlener Zimt |
| ¼ TL | gemahlener Piment |
| ¼ TL | Kurkuma |
| ⅛ TL | gemahlene Gewürznelken |

UNTER 50 KALORIEN

# Geflügelgewürz

## NÄHRWERTE

1 EL

| | |
|---|---|
| 10 | **Kalorien** |
| 0,4 g | **Fett** |
| 2,0 g | **Kohlenhydrate** |
| 1,3 g | **Ballaststoffe** |
| 0 g | **Zucker** |
| 0,3 g | **Eiweiß** |

**5 EL**

- 1 EL getrockneter Rosmarin
- 1 EL getrockneter Thymian
- 1 EL gerebelter Salbei (nicht zu Pulver gemahlen)
- 1 EL getrockneter Majoran oder Oregano
- 1 EL getrocknete Petersilie oder getrocknetes Basilikum

**Diese deftige Gewürzmischung ist mein absoluter Favorit unter den Gewürzen. Wenn es schnell gehen muss, können Sie auch Gewürzmischungen für Geflügel aus dem Supermarkt verwenden, aber achten Sie darauf, dass die Mischung keine pulverartige Konsistenz hat. Sie sollte getrocknetem Basilikum ähneln. Wenn Sie gar nichts anderes haben, können Sie alternativ auch eine italienische Gewürzmischung verwenden.**

**1** Die Kräuter in einem Mörser zerdrücken, bis sie recht grobem Meersalz ähneln, aber nicht zu Pulver mahlen.

**2** In einem luftdicht verschlossenen Behälter lagern.

### Anmerkung

» Wenn Sie Geflügel-Gewürzgranulat (nicht Pulver) auftreiben können (das kein Marinadegewürz ist), können Sie es anstelle der selbst gemachten Mischung verwenden. Ich mag die Eigenmarke von Cost Plus World Market.

UNTER 50 KALORIEN

✔ SCHNELL ✔ FETTFREI ✔ GLUTENFREI ✔ SOJAFREI ✔ GÜNSTIG

# Cajun-Gewürz

**Vorgefertigte Cajun-Gewürzmischungen unterscheiden sich in Sachen Schärfe oft stark. Manche Sorten sind deutlich schärfer als andere und auch die verwendeten Gewürze sind nicht immer gleich. Aus diesen Gründen mische ich Cajun-Gewürz lieber selbst.**

**1** Alle Gewürze und Kräuter gut vermischen.

**2** In einem luftdicht verschlossenen Behälter lagern.

### Anmerkung

» Wenn Sie der Einfachheit halber lieber eine gekaufte Sorte verwenden möchten, kann ich das Cajun-Gewürz aus der Gourmet Collection von McCormick und Louisiana Cajun von Badia empfehlen.

## NÄHRWERTE

1 EL

| | |
|---|---|
| 24 | **Kalorien** |
| 0,6 g | **Fett** |
| 4,9 g | **Kohlenhydrate** |
| 1,9 g | **Ballaststoffe** |
| 0 g | **Zucker** |
| 1,1 g | **Eiweiß** |

**9 EL**

| | |
|---|---|
| 2 EL | Paprikapulver (edelsüß) |
| 2 EL | Knoblauchgranulat |
| 1 EL | Cayennepfeffer |
| 1 EL | Chilipulver |
| 1 EL | Pfeffer |
| 1 EL | getrockneter Oregano oder Majoran |
| 1 EL | Zwiebelgranulat |
| ½ TL | gemahlene Muskatnuss oder Muskatblüten (optional) |

✔SCHNELL ✔GLUTENFREI ✔SOJAFREI

UNTER 100 KALORIEN

# Karibik-Dressing

In diesem Rezept verwende ich eine ordentliche Menge Avocados, es ist also nicht einmal ansatzweise fettfrei. (Sorry!) Aber es durfte in diesem Buch einfach nicht fehlen. Dieser »Salat« ist quasi eine Sauce für sich. Es könnte glatt das karibische Pendant zu Pico de gallo sein und ist toll zu jeder karibisch inspirierten Mahlzeit.

## NÄHRWERTE

1 PORTION

| | |
|---|---|
| 75 | **Kalorien** |
| 5,4 g | **Fett** |
| 7,5 g | **Kohlenhydrate** |
| 3,1 g | **Ballaststoffe** |
| 2,6 g | **Zucker** |
| 1 g | **Eiweiß** |

## 4 PORTIONEN

| | |
|---|---|
| 150 g | gewürfelte Avocado |
| ½ | gewürfelte Papaya |
| 1-2 TL | Zwiebelflocken |
| | Saft von 1 Limette |

**1** Avocado- und Papayawürfel vermischen und großzügig mit Zwiebelflocken würzen. Den Limettensaft dazu pressen, bis alles gut bedeckt ist.

**2** Erneut mischen und bis zum Servieren kalt stellen.

### Anmerkungen

» Die melonengroßen Avocados mit der glatten, weichen, grünen Schale sind hier am besten; die kleineren Hass-Avocados mit der harten, warzigen, braunen Schale sind weniger gut geeignet. Meiner Meinung nach haben die grüneren Avocados einen milderen (beinahe »verwässerten«) Geschmack, der die süße Papaya nicht überwältigt.

» Anstelle der Zwiebelflocken können Sie fein gehackte rote Zwiebeln verwenden, aber mir gefällt der Geschmack der Flocken hier sehr gut.

# SAUCEN & GRAVYS

✔ SCHNELL ✔ FETTFREI ✔ GLUTENFREI ✔ GÜNSTIG

UNTER 50 KALORIEN

# Teriyakisauce

## NÄHRWERTE

2 EL

10 .......... **Kalorien**
0 g .......... **Fett**
2,3 g .......... **Kohlenhydrate**
0 g .......... **Ballaststoffe**
1 g .......... **Zucker**
0,4 g .......... **Eiweiß**

**CA. 300 ML**

| | |
|---|---|
| 250 ml | Wasser |
| 60 ml | natriumarme Sojasauce |
| 1 EL | Speisestärke |
| ½ TL | gemahlener Ingwer |
| ¼ TL | Knoblauchgranulat |
| 3 TL | hellbrauner Zucker |
| Prise | rote Chiliflocken (optional) |

Traditionell besteht Teriyakisauce aus Sojasauce, Mirin oder Sake und Zucker, ich aber mag's lieber etwas komplexer im Geschmack und helfe mit etwas Ingwer, Knoblauch und Schärfe nach. Dieses Rezept ist mein Teriyaki-Grundrezept. Für Marinaden oder Pfannengerichte passe ich es entsprechend an. Sie können beliebige Zutaten weglassen oder hinzufügen, um Ihre eigene Teriyakisauce oder Marinade zu kreieren. Zum Beispiel könnten Sie etwas Orangenmarmelade (2 Esslöffel), Ananassaft oder mehr Zucker für eine süßere Sauce unterrühren.

1 Alle Zutaten in einen kleinen Topf geben und gut verrühren.

2 Zum Kochen bringen. Wenn das Wasser kocht, den Herd abschalten und den Topf vom Feuer nehmen.

3 Erneut umrühren und probieren. Wenn Sie gern (wie ich) intensive Aromen mögen, würzen Sie mit einem weiteren Esslöffel Sojasauce nach.

### Anmerkung

» Für glutenfreie Teriyakisauce können Sie Tamari anstelle der natriumarmen Sojasauce verwenden. Den Zucker können Sie durch eine beliebige Menge Agavendicksaft ersetzen.

✔ FETTFREI ✔ GLUTENFREI ✔ SOJAFREI ✔ GÜNSTIG

UNTER 50 KALORIEN

# Enchilada-Sauce

**Das Geheimnis für authentische Enchilada-Sauce ist Kakao. Wenn Sie einmal eine hausgemachte Sauce probiert haben, werden Sie nie wieder welche in Dosen kaufen.**

## NÄHRWERTE

60 ML

| | |
|---|---|
| 13 | **Kalorien** |
| 0,3 g | **Fett** |
| 2,8 g | **Kohlenhydrate** |
| 0,7 g | **Ballaststoffe** |
| 0,8 g | **Zucker** |
| 0,5 g | **Eiweiß** |

**800 ML**

| | |
|---|---|
| 1 EL | Vollkornweizen- oder ein anderes Mehl |
| 1 TL | ungesüßtes Kakaopulver |
| 2 EL | Chilipulver |
| 1 TL | getrockneter Oregano oder Majoran |
| 1 TL | gemahlener Kreuzkümmel |
| ½ TL | Knoblauch-granulat |
| 500 ml | Gemüsebrühe |
| 250 g | Tomatensauce (Dose) |
| | Salz, nach Belieben (optional) |

**1** Mehl, Kakaopulver und Gewürze in einem mittelgroßen Topf vermischen. 60 ml Brühe zugeben und zu einer glatten Paste rühren. Dann langsam die übrige Brühe und 250 ml Wasser unterrühren.

**2** Auf mittlerer Flamme zum Kochen bringen und die Tomatensauce einrühren. Die Sauce ein paar Minuten köcheln und andicken lassen (bis sie ungefähr die Konsistenz von Tomatensuppe hat).

**3** Vom Herd nehmen und salzen, falls nötig.

UNTER 50 KALORIEN

✔SCHNELL ✔FETTFREI ✔GLUTENFREI ✔SOJAFREI ✔GÜNSTIG

# Schnelle Mole-Sauce

**Mole-Sauce war so eine Sache, gegen die ich mich immer gesträubt habe. Als ich ihr dann doch irgendwann in einem Restaurant eine Chance gab, war ich ihr augenblicklich erlegen! Mole-Sauce ist genial! Ich habe das traditionelle Rezept ziemlich vereinfacht, aber der Geschmack ist überzeugend. Ich gieße sie gern großzügig über gebackenen Tofu, aber sie wird üblicherweise als Alternative zu Enchilada-Sauce verwendet.**

1 Alle Zutaten in den Mixer geben und zu einer glatten, dicken Masse pürieren. Es sollen keine Rosinenstücke mehr zu erkennen sein (möglicherweise müssen Sie hin und wieder die Masse von den Seiten abstreichen und weiter pürieren). Wenn Sie möchten, mit etwas Wasser oder Brühe verdünnen.

2 Anschließend in einem Topf auf niedriger Flamme erhitzen.

## NÄHRWERTE

60 ML

| | |
|---|---|
| 37 | **Kalorien** |
| 8,8 g | **Fett** |
| 2,8 g | **Kohlenhydrate** |
| 2,3 g | **Ballaststoffe** |
| 5,2 g | **Zucker** |
| 1,6 g | **Eiweiß** |

**500 ML**

| | |
|---|---|
| 450 g | Tomatensauce (Dose) |
| 35 g | ungesüßtes Kakaopulver |
| 25 g | Rosinen |
| 2 ¼ TL | Chilipulver |
| 1 TL | Zwiebelgranulat |
| ½ TL | gemahlener Zimt |
| ½ TL | getrockneter Oregano |
| ½ TL | gemahlener Kreuzkümmel |
| Prise | rote Chiliflocken |

UNTER 50 KALORIEN

✔ SCHNELL ✔ FETTFREI ✔ GLUTENFREI ✔ SOJAFREI ✔ GÜNSTIG

# Kichererbsen-Gravy

**Eine meiner allerliebsten Gravy-Saucen. Sie schmeckt toll zu Kartoffelpüree oder grünem Gemüse, aber am liebsten mag ich sie zu einer warmen Vollkornweizen-Pita mit Kichererbsen, gekochtem Blattgemüse und etwas Paprikapulver als Garnierung. (Das Gericht heißt bei mir »libanesische Pizza«.)**

### NÄHRWERTE

60 ML

39 ............ **Kalorien**
0,7 g ............ **Fett**
6,6 g ..... **Kohlenhydrate**
1,8 g ....... **Ballaststoffe**
1,2 g ............ **Zucker**
2,1 g ............ **Eiweiß**

**375 ML**

| | |
|---|---|
| 250 ml | Gemüsebrühe |
| 30 g | Kichererbsenmehl |
| ½ TL | Zwiebelgranulat |
| ¼ TL | Knoblauchgranulat |
| Prise | italienische Gewürzmischung |
| ¼ TL | natriumarme Sojasauce |
| | Schwarzer Pfeffer, nach Belieben |

1 Alle Zutaten, einschließlich einer großzügigen Prise der italienischen Gewürzmischung und dem schwarzen Pfeffer, in einem kleinen Topf verrühren.

2 Auf mittlerer Flamme erhitzen, bis die Sauce andickt und zu kochen beginnt. Mit 80 ml Wasser oder Brühe verdünnen. Bei Bedarf mehr zugeben, bis die gewünschte Konsistenz erreicht ist.

### Anmerkung

» Wenn es sojafrei sein soll, anstelle mit der Sojasauce mit Salz abschmecken.

✓ SCHNELL ✓ GLUTENFREI ✓ GÜNSTIG

UNTER 100 KALORIEN

# Pilzsauce für jede Gelegenheit

**Eine tolle Sauce für jeden Tag und jede Gelegenheit; sprich: sie passt zu so ziemlich jedem Gericht und macht aus einer langweiligen Mahlzeit eine atemberaubende. Ich mag sie besonders zu Kartoffelpüree, aber sie ist auch zu grünem Blattgemüse, Reis und Couscous lecker.**

## NÄHRWERTE

60 ML

| | |
|---|---|
| 60 | **Kalorien** |
| 1,4 g | **Fett** |
| 8,9 g | **Kohlenhydrate** |
| 1,4 g | **Ballaststoffe** |
| 1,2 g | **Zucker** |
| 5,6 g | **Eiweiß** |

**250 ML**

| | |
|---|---|
| 250 ml | Wasser |
| 2 EL | natriumarme Sojasauce |
| 2 EL | Nährhefe |
| ¼ TL | Zwiebelgranulat |
| ¼ TL | Knoblauchgranulat |
| ¼ TL | gemahlener Ingwer |
| 225 g | weiße oder braune Champignons, in Scheiben |
| | Italienische Gewürzmischung |
| 125 ml | Pflanzendrink |
| 2 EL | Speisestärke |
| Prise | Muskat (optional) |
| | Schwarzer Pfeffer, nach Belieben |
| Prise | Salz (optional) |

**1** Wasser in einer Pfanne mit Sojasauce, 1 Esslöffel Hefeflocken, Zwiebelgranulat, Knoblauchgranulat und Ingwer vermischen.

**2** Aufkochen, dann die Pilze hinzugeben und großzügig mit italienischer Gewürzmischung würzen (Sie können gut und gerne 10-mal schütteln).

**3** Auf mittlerer Flamme circa 3 Minuten garen, bis die Pilze bräunlich und weich sind. Währenddessen den Pflanzendrink mit der Speisestärke und dem übrigen Esslöffel Hefeflocken glatt rühren. Wenn Sie möchten, geben Sie eine kleine Prise Muskat hinzu.

**4** Zu den Pilzen gießen und unterrühren. Die Hitze reduzieren und etwa 5 Minuten köcheln lassen, bis die Sauce angedickt ist.

**5** Mit schwarzem Pfeffer (ich würze immer sehr großzügig) und gegebenenfalls mit etwas mehr italienischer Gewürzmischung abschmecken. Falls nötig, anschließend noch etwas nachsalzen.

**6** Vor dem Servieren für ein paar Minuten beiseitestellen, damit sich die Aromen vermischen können.

### Anmerkung

» Für ein rauchiges Aroma geräuchertes Paprikapulver anstelle von Muskat verwenden.

UNTER 50 KALORIEN

✔ SCHNELL ✔ FETTFREI ✔ GLUTENFREI ✔ GÜNSTIG

# Miso-Gravy

**Ich liebe diese Miso-Sauce zu gekochtem grünem Blattgemüse wie Grünkohl, Blattkohl, Rübenblättern oder Mangold, aber auch zu Kartoffelpüree ist sie wunderbar. Als vollständige Mahlzeit dazu eine Beilage aus gerösteten oder gekochten Kichererbsen servieren.**

**NÄHRWERTE**

80 ML

| | |
|---|---|
| 47 | **Kalorien** |
| 0,8 g | **Fett** |
| 6,4 g | **Kohlenhydrate** |
| 2,8 g | **Ballaststoffe** |
| 0 g | **Zucker** |
| 5,2 g | **Eiweiß** |

**125 ML**

| | |
|---|---|
| 160 ml | Wasser |
| 1 ½ TL | gelbe Misopaste |
| ½ TL | natriumarme Sojasauce |
| 2 EL | Hefeflocken |
| 1 ½ TL | Speisestärke |
| | Chilisauce, nach Belieben |
| | Großzügige Prise schwarzer Pfeffer |

**1** Alle Zutaten in einem kleinen Topf vermischen. Ein paar Tropfen Chilisauce und etwas schwarzen Pfeffer zugeben.

**2** Wenn Ihnen der Miso-Geschmack nicht intensiv genug ist, mischen Sie noch ¼ bis ½ Teelöffel Miso unter. Wenn Sie möchten, mit etwas mehr Chilisauce abschmecken.

**3** Auf mittlerer Flamme fast zum Kochen bringen, dann die Hitze reduzieren und so lange rühren, bis die Sauce etwas andickt. Sie sollte nicht so flüssig sein wie Wasser oder Brühe, aber auch nicht so dick wie herkömmliche braune Sauce.

**4** Großzügig auf gekochtem Blattgemüse verteilen oder zu Kartoffelpüree servieren.

### Anmerkung

» Hier ist jede helle oder milde Misopaste (zum Beispiel weiße oder rote) geeignet.

# Einfache Käsesauce

Foto auf der gegenüberliegenden Seite

**NÄHRWERTE** (60 ML)

| | |
|---|---|
| 90 | **Kalorien** |
| 0,9 g | **Fett** |
| 14,2 g | **Kohlenhydrate** |
| 3,7 g | **Ballaststoffe** |
| 4 g | **Zucker** |
| 8,5 g | **Eiweiß** |

**250 ML**

250 ml Pflanzendrink
15 g Hefeflocken
60 ml Tomatensauce
2 EL Speisestärke
½ TL Zwiebelgranulat
½ TL Knoblauchgranulat
¼ TL gemahlener Kreuzkümmel

**Ich liebe alle Käsesaucen aus dem Happy Herbivore Cookbook, meinem ersten Kochbuch, aber ich wollte eine einfache Käsesauce, die für jedes alltägliche Rezept geeignet ist. Mit dieser Sauce können Sie Nudeln, Nachos, Brokkoli und alles andere, zu dem ein Cheddar-Geschmack gut passt, übergießen!**

**1** Alle Zutaten im Topf auf mittlerer Flamme unter ständigem Rühren erhitzen, bis eine dicke Sauce entstanden ist.

# Tacosauce

**NÄHRWERTE** (1 EL)

| | |
|---|---|
| 4 | **Kalorien** |
| 0,1 g | **Fett** |
| 0,7 g | **Kohlenhydrate** |
| 0 g | **Ballaststoffe** |
| 0 g | **Zucker** |
| 0,2 g | **Eiweiß** |

**5 PORTIONEN**

60 ml Tomatensauce
80 ml Wasser
1 TL Chilipulver
½ TL Kreuzkümmel
½ TL Oregano
Salz und Pfeffer, nach Belieben
Chilisauce, nach Belieben
1 TL Ketchup (optional)

**Meine »geheime« Sauce für Tacos und Burritos. Sie bringt das besondere Etwas mit und ist völlig mühelos gemacht.**

**1** Alle Zutaten von Tomatensauce bis Oregano in einem kleinen Topf verrühren und auf niedriger Flamme für 5 Minuten erhitzen.

**2** Nach Belieben mit mehr Salz, schwarzem Pfeffer und Chilisauce abschmecken.

**3** Wenn die Sauce zu säuerlich schmeckt, mit etwas Ketchup abmildern.

✔ SCHNELL ✔ GLUTENFREI ✔ SOJAFREI ✔ GÜNSTIG

UNTER 50 KALORIEN

# Salbei-Gravy

## NÄHRWERTE

60 ML

| | |
|---|---|
| 29 | Kalorien |
| 0,3 g | Fett |
| 4,7 g | Kohlenhydrate |
| 1,2 g | Ballaststoffe |
| 1,2 g | Zucker |
| 2,6 g | Eiweiß |

**375 ML**

| | |
|---|---|
| 125 ml | Gemüsebrühe |
| 125 ml | Pflanzendrink |
| 1 EL | gerebelter Salbei (nicht Pulver) |
| 2 EL | Hefeflocken |
| 2 EL | Vollkornweizenmehl |
| ¼ TL | Knoblauchgranulat |
| ¼ TL | Zwiebelgranulat |
| ¼ TL | flüssiges Raucharoma (Liquid Smoke) |
| Prise | Paprikapulver |
| | Saft von 1 Zitronenspalte |
| Prise | Salz |
| | Schwarzer oder weißer Pfeffer, nach Belieben |

**Lecker zu gekochtem Gemüse, Kartoffelpüree, veganem Hühnchen … so ziemlich allem eigentlich. Mein neuester Saucen-Favorit.**

**1** Alle Zutaten in einem mittelgroßen Topf vermischen. Den Salbei zwischen den Fingern in kleine Stücke zerreiben, insbesondere wenn die Blättchen etwas größer und Stängel enthalten sind (Stängel nach Möglichkeit aussortieren). Die Zitronenspalte vollständig auspressen, die Schale wegwerfen.

**2** Die Sauce auf hoher Flamme fast zum Kochen bringen, aber kurz vorher sofort den Herd abschalten und den Topf auf einen nicht heißen Teil des Herds stellen. Gut umrühren.

**3** Nach Belieben mit schwarzem oder weißem Pfeffer abschmecken.

### Anmerkung

» Sie können die Sauce glutenfrei zubereiten, indem Sie braunes Reismehl verwenden.

# SELBST GEMACHT

SCHNELL · FETTFREI · GLUTENFREI · SOJAFREI · GÜNSTIG

UNTER 50 KALORIEN

# Instant-Apfelmus

Foto auf der gegenüberliegenden Seite

**NÄHRWERTE**

60 ML

36............ **Kalorien**
0,1 g.............. **Fett**
9,5 g..... **Kohlenhydrate**
1,7 g....... **Ballaststoffe**
7,2 g............ **Zucker**
0,2 g........... **Eiweiß**

**250 ML**

1 McIntosh-Apfel, entkernt und in Scheiben

Gemahlener Zimt, nach Belieben (optional)

Kürbiskuchen-Gewürzmischung, nach Belieben (optional)

**Mir geht immer das Apfelmus aus, wenn ich bereits beim Backen bin, also musste ein Rezept für Apfelmus her, das sofort verwendet werden kann.**

1 Apfelscheiben und 2 Esslöffel Wasser in die Küchenmaschine geben und zu Apfelmus pürieren. Nach Bedarf noch 1 bis 2 Esslöffel Wasser zugeben.

2 Optional: Wunderbar peppig wird es mit einer Prise Zimt oder Kürbiskuchen-Gewürzmischung.

3 In einem luftdicht verschlossenen Behälter lagern.

# Semmelbrösel

**NÄHRWERTE**

Siehe Nährwertangaben auf der Brotverpackung

**75 G**

1 Scheibe Vollkornweizenbrot

**Anmerkung**

» Wenn es schnell gehen muss, können Sie die Brösel in einem gewöhnlichen Backofen oder einem Mini-Backofen für ein paar Minuten bei 120 °C rösten.

**Im Laden gibt es keine Vollkornweizen-Semmelbrösel? Kein Problem. Sie benötigen lediglich eine Küchenmaschine, eine Pfanne und die folgenden zwei Schritte.**

1 Das Brot in gleich große Stücke zerteilen und in die Küchenmaschine geben. In der Küchenmaschine zu feinen Krümeln verarbeiten.

2 Die Krümel dünn in einer Pfanne ausbreiten und an der Luft trocknen lassen (die Krümel sollen hart und knusprig sein).

✔SCHNELL ✔FETTFREI ✔GLUTENFREI ✔GÜNSTIG

UNTER 50 KALORIEN

# Keine-Rinderbrühe

**Mit etwas Glück finden Sie auch vegane »Rinder«-Brühwürfel im Supermarkt, allerdings sind sie für meinen Geschmack alle zu salzig. Es geht aber auch selbst gemacht.**

## NÄHRWERTE

250 ML

| | |
|---|---|
| 27 | **Kalorien** |
| 0,2 g | **Fett** |
| 4,3 g | **Kohlenhydrate** |
| 1,1 g | **Ballaststoffe** |
| 0,7 g | **Zucker** |
| 2,7 g | **Eiweiß** |

**250 ML**

| | |
|---|---|
| 1 EL | natriumarme Sojasauce |
| 1 EL | Hefeflocken |
| ½ TL | vegane Worcestershire-Sauce (S. 320) |
| ¼ TL | Zwiebelgranulat |
| ¼ TL | Knoblauchgranulat |
| ¼ TL | gemahlener Ingwer |
| ⅛ TL | Pfeffer Salz, nach Belieben |

**1** Alle Zutaten in einen mittelgroßen Topf geben und mit 250 ml Wasser verrühren.

**2** Aufkochen und für 1 Minute köcheln lassen.

**3** Wenn Sie Wasser und natriumarme Sojasauce verwendet haben, müssen Sie vielleicht noch etwas nachsalzen.

### Anmerkung

» Wenn Sie diese Brühe in einem Suppenrezept verwenden möchten, kochen Sie außerdem ein Lorbeerblatt mit.

UNTER 50 KALORIEN

✔ SCHNELL ✔ FETTFREI ✔ GLUTENFREI ✔ SOJAFREI ✔ GÜNSTIG

# Keine-Hühnerbrühe (Pulver)

## NÄHRWERTE

1 EL

| | |
|---|---|
| 12 | **Kalorien** |
| 0,1 g | **Fett** |
| 1,7 g | **Kohlenhydrate** |
| 0,7 g | **Ballaststoffe** |
| 1,3 g | **Zucker** |
| 3,3 g | **Eiweiß** |

**Von Frontier gibt es eine gute vegetarische Hühnerbrühe, allerdings enthält das Pulver Maissirup. Mit etwas Glück finden Sie auch vegane »Hühner«-Brühwürfel im Supermarkt, aber sie sind für meinen Geschmack zu salzig. Es geht jedoch auch selbst gemacht.**

## CA. 25 PORTIONEN

| | |
|---|---|
| 65 g | Hefeflocken |
| 2 EL | Zwiebelgranulat |
| 1 EL | Knoblauchgranulat |
| 1 TL | getrockneter Thymian |
| 1 TL | Salbei, gerebelt (nicht zu Pulver gemahlen) |
| 1 TL | Paprika |
| ½ TL | Kurkuma |
| ¼ TL | Selleriesamen |
| ¼ TL | getrocknete Petersilie |

**1** Alle Zutaten vermischen und mit einem Mörser zu einem feinen Pulver mahlen.

**2** In einem luftdicht verschlossenen Behälter, zum Beispiel einem Schraubglas, lagern.

### Anmerkung

» Keine-Hühnerbrühe: Für 250 ml Brühe 1 Esslöffel der Mischung in 250 ml warmem Wasser auflösen.

✔ SCHNELL ✔ FETTFREI ✔ GLUTENFREI ✔ SOJAFREI ✔ GÜNSTIG

UNTER 50 KALORIEN

# Gemüsebrühe

## NÄHRWERTE

250 ML

| | |
|---|---|
| 49 | **Kalorien** |
| 0,4 g | **Fett** |
| 10,6 g | **Kohlenhydrate** |
| 2,2 g | **Ballaststoffe** |
| 4,1 g | **Zucker** |
| 2,2 g | **Eiweiß** |

**1 L**

- 1 Zwiebel (beliebige Sorte), geschält
- 1 große Möhre
- 1 Stange Staudensellerie
- 3-4 Knoblauchzehen, geschält
- 85-140 g frische oder getrocknete Kräuter (beliebig)
- 1-2 TL gelbe Misopaste
- 4 ganze schwarze Pfefferkörner
- 1 Lorbeerblatt
- 2-2,5 l Wasser

### ZUSÄTZLICH BELIEBIGE DREI DER FOLGENDEN GEMÜSESORTEN

- 1 kleine braune Kartoffel
- 2-4 kleine rote Kartoffeln
- 80 g Pilze
- 1 Paprika, entkernt
- 1 mittelgroße Steckrübe
- 1 mittelgroße Zucchini
- 1 Pastinake
- 1 Stange Lauch

**Instantbrühe oder Bouillon-Würfel sind in Sachen Einfachheit kaum zu schlagen, aber selbst gemachte Gemüsebrühe schmeckt um Welten besser. So lässt sich auch wunderbar Gemüse aufbrauchen, das weg muss. Ich verwende am liebsten süße Zwiebeln, Kartoffeln, Pastinaken, Steckrüben und frischen Fenchel.**

1 Zwiebel, Möhre, Sellerie, Knoblauch und zusätzliches Gemüse in einen großen Topf geben. Wenn Sie getrocknete Kräuter verwenden, werfen Sie alle »grünen« Kräuter, die Sie zur Hand haben, großzügig in den Topf. Andernfalls frischen Dill oder andere frische Kräuter verwenden.

2 1 bis 2 TL Miso, Pfefferkörner und das Lorbeerblatt hinzugeben.

3 2 Liter kaltes Wasser in den Topf gießen. Verwenden Sie 2,5 Liter, wenn Sie viel zusätzliches Gemüse verwenden.

4 Einen Deckel auf den Topf setzen und das Wasser aufkochen lassen. Die Hitze reduzieren und die Brühe etwa 1 Stunde köcheln lassen, bis das Gemüse weich ist und zu zerfallen beginnt.

5 Den Herd abschalten und die Brühe etwas abkühlen lassen.

6 Mit einer Küchenzange oder einem Löffel Lorbeerblatt und Gemüse entfernen.

7 Dann die Flüssigkeit durch ein Passiertuch oder sehr feines Sieb in einen verschließbaren Plastikbehälter gießen.

8 Auf Zimmertemperatur abkühlen lassen, dann bis zu 3 Tage im Kühlschrank aufbewahren. Nach 3 Tagen Portionen von jeweils 250 ml abmessen und separat im Tiefkühlfach lagern.

### Anmerkung

» Für eine sojafreie Gemüsebrühe lassen Sie die Misopaste weg. Stattdessen nach Belieben salzen.

✔ SCHNELL ✔ FETTFREI ✔ GLUTENFREI ✔ SOJAFREI ✔ GÜNSTIG

UNTER 50 KALORIEN

# Vegane Worcestershire-Sauce

## NÄHRWERTE

1 TL

| | |
|---|---|
| 2 | **Kalorien** |
| 0,0 g | **Fett** |
| 0,4 g | **Kohlenhydrate** |
| 0 g | **Zucker** |
| 0 g | **Kohlenhydrate** |
| 0,1 g | **Eiweiß** |

**200 ML**

| | |
|---|---|
| 6 EL | Apfelessig |
| 2 EL | Tamari |
| 1 EL | brauner Zucker oder 1 TL Melasse |
| 2 TL | Senf (beliebige Sorte) |
| ¼ TL | Zwiebelgranulat |
| ¼ TL | Knoblauchgranulat |
| ¼ TL | gemahlener Ingwer |
| ⅛ TL | gemahlener Zimt |
| | Cayennepfeffer oder Chilipulver |
| | Piment oder gemahlene Gewürznelken |
| | Salz (optional) |

Die meisten herkömmlichen Worcestershire-Saucen enthalten Sardellen, es sind jedoch auch ein paar vegetarische Sorten erhältlich. Es geht natürlich nichts über Saucen, die man einfach nur aus der Flasche schütteln muss, aber diese selbst gemachte Sauce ist frei von Allergenen und supergünstig herzustellen. Worcestershire-Sauce wird traditionell als Würze für Fleischgerichte verwendet. Dadurch ist sie eine tolle Marinade für vegetarische Burger und fungiert als Geschmacksträger in vielen Rezepten für Fleischalternativen.

**1** Alle Zutaten mit 60 ml Wasser verrühren.

**2** Wenn Sie möchten, mit Salz würzen.

**3** In einem luftdicht verschlossenen Behälter im Kühlschrank lagern.

### Anmerkungen

» Hefeextrakt (z. B. Marmite und Vegemite) kann anstelle von Worcestershire-Sauce verwendet werden, wenn die Worcestershire-Sauce als Zutat in einem Rezept (und nicht als Sauce oder Marinade) verwendet werden soll.

» Anstelle der Tamari können Sie natriumarme Sojasauce verwenden.

UNTER 50 KALORIEN

✔ GLUTENFREI

# Brodys glutenfreie Mehlmischung

**NÄHRWERTE**

(30 G)

| | |
|---|---|
| 46 | **Kalorien** |
| 0,6 g | **Fett** |
| 33,5 g | **Kohlenhydrate** |
| 1 g | **Ballaststoffe** |
| 0 g | **Zucker** |
| 1,4 g | **Eiweiß** |

IM VERGLEICH ZU VOLLKORNWEIZENMEHL

| | |
|---|---|
| 114 | **Kalorien** |
| 0,3 g | **Fett** |
| 23,9 g | **Kohlenhydrate** |
| 0,8 g | **Ballaststoffe** |
| 0 g | **Zucker** |
| 3,2 g | **Eiweiß** |

Brody's Bakery (brodysbakery.com) ist die einzige 100 % vegane und glutenfreie Bäckerei in Kansas City. Von dort stammt dieses bewährte Rezept für glutenfreies Mehl, das sie für ihr gesamtes Sortiment umwerfender Backwaren verwenden. »Wir haben schon so viele glutenfreie Mehlmischungen ausprobiert, aber diese scheint die einzige Mischung zu sein, die a) nicht als glutenfrei erkannt wird, und b) in jedem Rezept funktioniert – egal ob zum Kochen oder Backen«, sagt Katie Olson, Inhaberin und Bäckerin.

**250 G**

| | |
|---|---|
| 120 g | braunes Reismehl |
| 50 g | Tapiokamehl |
| 80 g | Kartoffelstärke |
| Plus 1 TL | Xanthan (oder Guarkernmehl) für je 260 g dieser Mischung |

**1** Alle Zutaten vermischen.

**2** Das Mehl in einem luftdichten Behälter aufbewahren. Verwenden Sie es in gleichen Mengen anstelle von Mehl oder Vollkornweizenmehl.

# ANHANG

# Zutatenverzeichnis

**AGAVENDICKSAFT:** Agavendicksaft ist ein natürliches, unraffiniertes Süßungsmittel, das von der Konsistenz her an flüssigen Honig erinnert. Er wird aus der Agavenpflanze gewonnen, die zufällig auch in der Tequilaproduktion zum Einsatz kommt. Agavendicksaft kann in Rezepten Honig, Zucker und Ahornsirup ersetzen und ist insbesondere für Getränke gut geeignet.

**AHORNSIRUP:** Reiner Ahornsirup ist ein leckeres natürliches, unraffiniertes Süßungsmittel. Im Handel sind verschiedene Sirupsorten mit »Ahornaroma« erhältlich, die Sie jedoch nicht ohne geschmackliche Einbuße anstelle von Ahornsirup verwenden können. Agavendicksaft kann anstelle von Ahornsirup verwendet werden, er hat jedoch einen ganz anderen Geschmack.

**APFELESSIG:** Dieser Essig wird aus Äpfeln bzw. Apfelwein gewonnen. Er ist sehr sauer und hat einen sehr strengen Geruch. Er wird häufig verwendet, um Pflanzendrink anzusäuern und vegane Buttermilch herzustellen. Er kann aber auch nur für seinen Geschmack verwendet und zum Beispiel anstelle von Ketchup zu Süßkartoffelfritten serviert werden. Apfelessig ist in den meisten Supermärkten erhältlich, Sie können aber falls nötig alternativ auch Zitronensaft verwenden.

**BLATTKOHL:** Blattkohl ist ein ausgezeichneter Lieferant von Ballaststoffen und Vitamin C. Es ist in Naturkostläden und gut sortierten Supermärkten erhältlich. Wenn Sie die Blätter zubereiten, achten Sie darauf, die gerippten Stängel zu entfernen, indem Sie mit einem scharfen Messer beidseitig daran entlang schneiden.

**BRAUNER REIS:** Reiskleie und der Keimling sind sehr nährstoffreiche Bestandteile des Reiskorns. Sie werden jedoch durch das Polieren bzw. Schleifen entfernt, um den Reis weiß zu machen; brauner Reis ist das, was weißer Reis einmal war. Um Zeit zu sparen, sollten Sie vorgekochten braunen Reis immer in Vorrat haben. Er lässt sich innerhalb von etwa einer Minute wieder aufwärmen.

**BRÜHE:** Sie können jede beliebige helle Gemüsebrühe, auch selbst gemacht, verwenden. Nach Möglichkeit sollten Sie eine natriumarme oder -freie Variante wählen.

**CHINESISCHES 5-GEWÜRZE-PULVER:** Chinesisches 5-Gewürze-Pulver ist eine Gewürzmischung, die üblicherweise aus Zimt, Sternanis, Anis, Ingwer und Gewürznelken besteht. Es ist in asiatischen Geschäften und der Asienabteilung vieler Supermärkte erhältlich.

**FLÜSSIGES RAUCHAROMA (LIQUID SMOKE):** Flüssiges Raucharoma ist in den meisten Supermärkten erhältlich. Es ist in Wasser eingefangene Rauchkondensation. Es sieht aus wie natriumarme Sojasauce, riecht aber eher nach sommerlichen Grillabenden!

**GEFLÜGELGEWÜRZ:** Geflügelgewürz ist eine Gewürzmischung, die hauptsächlich aus Basilikum, Rosmarin, Thymian, Salbei, Majoran und Oregano besteht. Manche Mischungen enthalten jedoch auch andere Kräuter. Sie sollten nach Möglichkeit vermeiden, Geflügelgewürz oder Marinademischungen für Hühnchen in Pulverform zu kaufen, da solche Gewürzmischungen häufig sehr salzig sind. Suchen Sie gezielt nach Geflügelgewürzgranulat oder bereiten Sie Ihre eigene Mischung zu (Rezept auf Seite 294).

**GEWÜRZE (ALLGEMEIN):** Auch wenn Sie sonst keine Bioprodukte kaufen, besorgen Sie sich nach Möglichkeit biologische, hochwertige Gewürze. Ein minderwertiges Gewürz kann eine ganze Mahlzeit ruinieren. Wenn Sie größere Mengen kaufen können, gibt es häufig gute Angebote in speziellen Gewürzgeschäften und Online-Shops.

**GRÜNKOHL:** Dieses grüne Blattgemüse ist ein ausgezeichneter Lieferant von Antioxidantien, Betakarotin, den Vitaminen K und C sowie Kalzium. Grünkohl gibt es in Naturkostläden und in den meisten gut sortierten Supermärkten. Ich mag den dunkelgrünen Palmkohl sehr gerne, der im Englischen auch gern als »Dinosaurierkohl« bezeichnet wird. Wenn Sie Grünkohl kochen, achten Sie darauf, die dicken Stängel zu entfernen, indem Sie mit einem scharfen Messer beidseitig daran entlang schneiden.

**HEFEFLOCKEN:** Hefeflocken sind deaktivierte Hefe. Der Unterschied zu Aktivhefe ist, dass Brot beim Backen durch Hefeflocken nicht aufgehen würde. Hefeflocken enthalten alle essenziellen Aminosäuren, sind fett- und natriumarm und enthalten zugesetztes Vitamin $B_{12}$. Sie verleihen Gerichten außerdem einen leicht käsigen Geschmack. Hefeflocken sind in Naturkostläden und Vitamingeschäften (z. B. GNC und Vitamin Shoppe) erhältlich. Ich empfehle immer die Marke Red Star, die in manchen Geschäften und in großen Mengen auch online erhältlich ist.

**INDISCHE GEWÜRZE:** Indische Gewürze wie Kurkuma, Koriander, Garam Masala, Kreuzkümmel, Currypulver und Fenchselsamen sind in den meisten Naturkostläden erhältlich. Online oder in indischen Geschäften können sie sehr teuer sein.

**ITALIENISCHE GEWÜRZMISCHUNG:** Italienische Gewürzmischung besteht normalerweise aus Basilikum, Rosmarin, Thymian, Salbei, Majoran und Oregano. Falls Sie nichts anderes dahaben, können Sie alternativ die Gewürzmischung für Geflügel (S. 294) verwenden.

**KAKAOPULVER:** Die meisten ungesüßten Kakaopulver sind rein zufällig vegan. Hershey's und Ghirardelli sind zum Beispiel gute Marken.

**KICHERERBSENMEHL:** Kichererbsenmehl, auf Englisch als »gram flour« oder »besan« bekannt, ist ein hellgelbes Mehl aus Kichererbsen. Es ist glutenfrei und verleiht Gerichten einen ei-ähnlichen Geschmack.

**KÜRBISKUCHEN-GEWÜRZMISCHUNG:** Diese Gewürzmischung aus Zimt, Ingwer, Nelken und Muskatnuss verleiht Kürbiskuchen und anderen Kürbisgerichten ihren unverkennbaren Geschmack.

**KÜRBISPÜREE:** Kürbispüree ist nicht dasGgleiche wie eine fertige Kürbiskuchenmischung. (Solche Mischungen sollten Sie vermeiden.) Sie sollten Kürbispüree aus der Dose oder einfach das Fleisch eines frischen Kürbisses verwenden (mit wenig Wasser gekocht und püriert). Falls Sie nichts anderes dahaben, gehen jedoch auch Süßkartoffeln oder Delicata-Kürbis aus der Dose.

**MISO:** Miso erhalten Sie in Reformhäusern und Asialäden (normalerweise im Kühlregal). Diese Paste wird meist aus Sojabohnen hergestellt, es gibt aber auch Miso auf der Basis von Reis, Gerste, Weizen oder Kichererbsen.

**MORI-NU-TOFU:** Dieser haltbare Tofu ist in der Asien-Abteilung vieler Supermärkte erhältlich. Manchmal steht er auch in der Nähe vom Obst und Gemüse. Wenn möglich, wählen Sie Mori-Nu Lite.

**ÖLSPRAY:** Hitzebeständiges Speiseöl in einer Sprühflasche.

**PFLANZENDRINK:** Sojamilch, Reismilch, Hanfmilch, Hafermilch und Mandelmilch sind nur einige wenige der vielen verschiedenen Sorten, die im Lebensmittelhandel erhältlich sind. Von WestSoy gibt es eine fettarme Sojamilch, doch auch viele andere Hersteller produzieren »light«-Varianten pflanzlicher Milchalternativen, die nur einen sehr geringen Fettanteil haben. Jede dieser Sorten kann in meinen Rezepten verwendet werden, daher können Sie einfach die Sorte nehmen, die Sie gerade dahaben oder Ihnen am besten schmeckt.

**PUDERZUCKER:** Puderzucker ist, wie der Name schon sagt, ein sehr feiner, pudriger Zucker. Sie können Puderzucker selbst herstellen, indem Sie 250 g Rohzucker mit 2 EL Speisestärke in eine Küchenmaschine geben und mahlen, bis ein sehr feines Pulver entstanden ist.

**QUINOA:** Quinoa gehört genau genommen zu den sogenannten Pseudogetreiden, wird aber üblicherweise zu den Getreiden gezählt. Sie hat einen nussigen Geschmack und enthält sehr viel Kalzium, Eisen und Magnesium. Quinoa enthält außerdem alle essenziellen Aminosäuren (und ist damit ein guter Lieferant vollwertigen Eiweißes) und hat eine sehr kurze Kochzeit. Dadurch ist Quinoa der perfekte Ersatz für Reis, Haferflocken und andere Getreidesorten, wenn Sie mal nicht ganz so viel Zeit haben. Die meisten US-amerikanischen Quinoa-Marken werden bereits vor dem Verpacken gewaschen, aber wenn die Körner einen kreidigen, milchig weißen Überzug haben, sollten Sie sie vor dem Kochen gründlich abspülen. Andernfalls kann das gekochte Getreide bitter und seifig schmecken.

**ROHZUCKER:** Rohzucker ist eine natürliche Zuckersorte, die auch als Turbinado- oder Demerarazucker verkauft wird. Der Zucker wird aus Zuckerrohr gewonnen und ist unraffiniert.

**SEETANG:** Ein Tiefseegemüse, das reich an Jod ist, aber nur wenig Natrium (Salz) enthält. Seetang verleiht Gerichten einen fischigen Geschmack und ist daher eine Schlüsselzutat in veganen Versionen von Fischgerichten. Seetang gibt es häufig in Form von Flocken oder Granulat in kleinen Streudosen. Es ist in der Asienabteilung vieler Naturkostläden und über den Internethandel zu beziehen.

**SOJAJOGHURT:** Sojajoghurt wird aus Soja, nicht aus Milch hergestellt. Es gibt alternativ auch veganen Joghurt aus Kokosnussmilch oder Reismilch. Er ist in Reformhäusern erhältlich.

**TAMARI:** Tamari und natriumarme Sojasauce sind in allen Rezepten austauschbar. Tamari ist natriumarmer Sojasauce sehr ähnlich, allerdings etwas dickflüssiger und normalerweise glutenfrei.

**TEMPEH:** Fermentierte Sojabohnenküchlein, die ursprünglich aus Indonesien stammen. Tempeh gibt es in Naturkostläden und in gut sortierten Supermärkten.

**TOFU:** Grob gesagt gibt es zwei verschiedene Sorten Tofu: frischen, in Wasser eingelegten Tofu, der im Kühlschrank aufbewahrt werden muss, und haltbaren Tofu, der in Tetra-Paks verkauft wird (z. B. Mori-Nu). Tofu aus Tetra-Paks ist sehr weich und zerbrechlich. Tofu, den Sie im Kühlschrank aufbewahren, ist sehr viel fester und ist daher gut als Fleischersatz geeignet. Außerdem gibt es Seidentofu, der sehr zart und weich, am ehesten mit Quark zu vergleichen ist. Die Konsistenz von Tofu verändert sich außerdem durch die jeweilige Zubereitungsart; wenn er zum Beispiel frittiert, gekocht, gebacken oder eingefroren und wieder aufgetaut wird.

**VEGANE SCHOKOLADENTROPFEN:** Viele Schokoladendrops aus Zartbitterschokolade sind ganz zufällig vegan. Ghirardelli ist meine Lieblingsmarke.

**VITAL WEIZENGLUTEN:** Gluten ist das Klebereiweiß im Weizen, das Brot seine Form und Pizzateig seine Dehnbarkeit verleiht. Gluten nimmt durch Dampfgaren, Backen, Kochen oder andere Zubereitungsarten eine sehr zähe, fleischähnliche Konsistenz an, und wird dann als »Seitan« bezeichnet. Es kann auch als Bindemittel verwendet werden, zum Beispiel, um Pilzburger und Ähnliches zusammenzuhalten. Vital Weizengluten ist online und in der Backabteilung von Naturkostläden erhältlich.

**ZWIEBEL- UND KNOBLAUCHGRANULAT:** Wählen Sie Zwiebel- und Knoblauchgranulat anstelle von Pulver. Es sollte feinem Salz ähneln, nicht Mehl oder Puderzucker.

# Zutatenalternativen

Ich verwende in meinen Rezepten lieber getrocknete als frische Kräuter und Gewürze, da sie günstiger sind, ich sie immer im Haus habe, mir so fünf Minuten Zubereitungszeit sparen kann und am Ende weniger abwaschen muss. Trotzdem liebe ich frische Zutaten (und insbesondere die, die ich selbst gepflanzt habe). Daher finden Sie hier eine praktische Tabelle zum Ersetzen von Zutaten, falls Sie lieber frische Kräuter verwenden. Ich kann Ihnen nicht garantieren, dass Sie so zu den gleichen Ergebnissen kommen – eventuell müssen Sie hier und da etwas nachwürzen. Ansonsten sollte es jedoch theoretisch keine Probleme geben.

## FRISCHE » GETROCKNETE KRÄUTER

1 EL frisch = 1 TL getrocknet

**Hinweis:** Wenn ich in einem Rezept frische Kräuter als Zutat aufliste, können Sie sie nicht durch getrocknete Kräuter ersetzen.

## ZWIEBEL » ZWIEBELPULVER

1 kleine Zwiebel = 1 TL Zwiebelpulver
1 kleine Zwiebel = 1 EL Zwiebelflocken

## KNOBLAUCH » KNOBLAUCHPULVER

1 Zehe = ½ TL gehackter Knoblauch
1 Zehe = ¼ TL Knoblauchgranulat
1 Zehe = ⅛ TL Knoblauchpulver (fein wie Mehl)

## ZITRONE » ZITRONENSAFT

1 Zitrone = 2 bis 3 EL Zitronensaft
1 Zitronenspalte = ¼ bis 1 TL Zitronensaft

**Hinweis:** Frischer Zitronensaft hat einen viel kräftigeren Geschmack als gekaufter.

Sie sollten nach Möglichkeit frischen verwenden und können anschließend nach Bedarf mit Zitronen- oder Limettensaft aus der Flasche abschmecken.

## GETROCKNETE BOHNEN ›› BOHNEN AUS DER DOSE

275–385 g gekochte Bohnen = 450 g Bohnen aus der Dose

## ZUCKERERSATZ

Sie können die angegebene Menge Zucker in jedem Rezept problemlos um ¼ verringern. Alternativ können Sie auch eins der folgenden Süßungsmittel verwenden:

| Ersatz für 200 g Zucker | Weitere Anpassungen |
|---|---|
| 180 ml Gerstenmalzextrakt | Flüssigkeit um ¼ reduzieren |
| 100 g Dattelzucker | (kein Reduzieren notwendig) |
| 250 ml Fruchtsirup | Flüssigkeit um ¼ reduzieren |
| 250 ml Ahornsirup | Flüssigkeit um 3 EL verringern und ¼ TL Backnatron hinzugeben |
| 170 g Vollrohrzucker | (kein Reduzieren notwendig) |
| 1 TL Steviapulver | (kein Reduzieren notwendig) |

**TIPP:** Gehen Sie mit Bedacht vor, wenn Sie Zutaten ersetzen oder Mengen verändern. Überlegen Sie immer zunächst, was die Funktion der angegebenen Zutat im Rezept ist. Fragen Sie sich: »Hat meine Ersatzzutat die gleiche Struktur, den gleichen Geschmack, die gleiche Konsistenz und Farbe wie die ursprüngliche Zutat?« Es kann passieren, dass Sie durch eine kleine Veränderung das ganze Rezept verändern.

# Küchenjargon

Ich erinnere mich noch gut an meine Anfänge in der Küche. Ich hatte damals Unmengen an Fragen wie: »Wie klein ist eine kleine Zwiebel?« oder »Was ist der Unterschied zwischen fein hacken und grob hacken?«. Damit Sie nicht ständig Google fragen müssen, haben ich den folgenden Spickzettel der Begriffe, die Ihnen häufig in diesem Buch begegnen werden, für Sie zusammengestellt.

## AUSPRESSEN (TOFU)

Den Tofu abtropfen lassen, dann in ein sauberes Papiertuch einwickeln. Zwischen zwei Schneidebretter oder ein Backblech und ein Schneidebrett legen (das Brett oben). Dann einen schweren Gegenstand (zum Beispiel eine 800-Gramm-Dose Tomaten) daraufstellen. Durch das Gewicht wird überschüssiges Wasser aus dem Tofu gepresst; pressen Sie ihn für mindestens 20 Minuten. Nach dem Pressen mit einem sauberen Papiertuch abtupfen. (Von Nasoya gibt es alternativ eine günstige Tofupresse zu kaufen.)

## BANANEN – REIFE UND GRÖSSE

Unreife Bananen sind vollständig grün. Fast gereifte Bananen sind gelb, aber noch grün an den Enden. Reife Bananen sind gelb und leicht gepunktet. Sehr reife Bananen haben sehr viele Punkte, aber sind noch nicht größtenteils oder gar vollkommen braun. Braune Bananen sind überreif. Eine mittelgroße bzw. durchschnittlich große Banane ist circa 20 cm lang. Kleinere Bananen werden als kleine Bananen bezeichnet und Bananen, die länger als 22 cm sind, sind große oder sehr große Bananen. Wenn nicht anders im Rezept angegeben, verwenden Sie eine mittelgroße, reife Banane.

## BODEN EINER PFANNE/EINES TOPFES BEDECKEN (MIT WASSER ODER BRÜHE)

Wenig Flüssigkeit in den Topf oder die Pfanne geben, sodass der Boden gerade bedeckt ist. Fangen Sie mit etwa 60 ml an.

## BOHNEN

Verwenden Sie Bohnen aus der Dose (abtropfen lassen und kurz abspülen). Ausnahmen sind Rezepte, in denen konkret getrocknete Bohnen angegeben werden.

## FETTEN

Einen Topf, eine Pfanne, Papierförmchen oder einen anderen Behälter dünn mit Ölspray besprühen. Wenn Sie kein Ölspray in einer Sprühflasche haben, geben Sie einen kleinen Klecks Öl in die Mitte Ihres Behälters und verteilen Sie es mit einer sauberen Serviette, einem Papiertuch oder Silikonspatel dünn auf der gesamten Oberfläche.

## GEKOCHT

Gemüse, das durch Dampfgaren, Backen oder Kochen gegart wurde (falls notwendig, vor dem Kochen entkernen und/oder schälen).

## GRÖSSTENTEILS/FAST HOMOGEN

Die Zutaten sollten nicht zu einer völlig glatten Masse vermischt werden. Wenn es um Teig geht, sollte bei einem größtenteils homogenen Teig noch etwas Mehl zu erkennen sein. Für einen fast homogenen Teig ein bisschen gründlicher vermischen – die Zutaten sollten nur so gerade und durch so wenig Rühren wie möglich vermengt werden. (Vergleiche mit »[glatt] pürieren«)

## HACKEN [FEIN]

Zutaten in sehr kleine Stücke hacken (3 mm oder kleiner).

## HACKEN [GROB]

Zutaten in kleine Stücke hacken. Die Stücke müssen nicht gleich groß sein; die Größe ist generell relativ unwichtig (es geht hierbei eher um Ihre persönliche Vorliebe).

## MIT SALZ UND PFEFFER ABSCHMECKEN

Für Rezepte für mindestens zwei Personen sind ein TL Salz und $^1/_8$ TL Pfeffer normalerweise ein guter Anfang. Falls Sie andere salzige Zutaten verwenden, zum Beispiel Lebensmittel aus der Dose oder natriumarme Sojasauce, reduzieren Sie die verwendete Menge Salz. Nach Bedarf verdoppeln, um den gewünschten Geschmack zu erhalten.

## NACH BELIEBEN WÜRZEN

Siehe mit Salz und Pfeffer abschmecken.

## PFANNE

Eine Bratpfanne; grundsätzlich verwenden Sie am besten eine mittelgroße oder große Pfanne.

## PÜRIEREN

Alle Zutaten (z. B. in einem Mixer) gründlich vermischen, sodass eine ebenmäßige, homogene Masse entsteht.

## RIESELN/STREUEN

Ein Gericht locker mit einer kleinen Menge einer Zutat bedecken.

## UM-/EINRÜHREN

Zutaten durch eine kreisende Bewegung (mit oder gegen den Unterzeigersinn) verbinden oder vermischen.

## SCHLAGEN

Die Zutaten mit einem elektrischen Mixer vermischen, bis sie zu einer gleichmäßigen, cremigen Masse geworden sind. Alternativ können Sie es auch von Hand machen; verwenden Sie dann einen Spatel.

## UNTERHEBEN

Eine einzelne Zutat vorsichtig in ein Gemisch, z. B. Muffinteig, einrühren. Verwenden Sie einen Spatel oder großen Löffel.

## WÜRFELN

Die Zutat in einheitliche, circa 1,5 cm große Würfel schneiden.

## ZERBRÖSELN

Die Zutat in kleinere Stücke zerteilen. Wenn es um Tofu geht, zerteilen Sie den Tofu so, dass er Ricotta oder Feta-Käse ähnelt.

## ZWIEBEL

Kleine Zwiebeln haben etwa die gleiche Größe wie eine Zitrone, mittelgroße Zwiebeln die Größe einer Orange und große Zwiebeln die Größe einer Grapefruit.

# Danksagungen

Kochbücher zu schreiben erinnert mich ans Theater – es passiert so viel hinter den Kulissen, und ohne all diese fleißigen Hände wäre dieses Buch nicht entstanden. Als Allererstes muss ich all den Happy-Herbivore-Fans tausendfach danken, die aus dem *Happy Herbivore Cookbook* einen Erfolg gemacht haben, was es mir erst ermöglichte, dieses Kochbuch zu verfassen.

Nochmals danke an die BenBella-Familie, die mit Volldampf mit mir daran gearbeitet hat, dieses Buch so schnell wie möglich auf den Markt zu bringen, und durch die ich jetzt ein weiteres wunderschönes Buch mein Eigen nennen darf. Ich möchte außerdem meiner Schwester, Courtney Hardy, und meinem Mann, Scott Nixon, danken, die sich durch die circa 6.000 Fotos arbeiten mussten, die ich für dieses Buch geschossen habe. Nächstes Mal mache ich nicht so viele, versprochen.

Außerdem gilt mein Dank meiner wunderbaren Assistentin Andrea Dermos, die ihre Finger in jedem Topf hatte und alles, um das ich sie bat, mit einem Lächeln tat. Ohne dich und deine Hilfe hätte ich es wirklich nicht geschafft.

Dann muss ich meiner Familie und meinen Freunden danken, die mir Gewürze und Zutaten aus den USA zugeschickt haben: Jane & Dan Brunk, Cynthia Nixon, Peggy Kirk, Courtney Hardy, Courtney Blair, Vicky Fernandez, Beth Marshall-Bogerman und Jim Gruen; außerdem meinen Eltern, Richard und Lenore Shay, die mich mit endlosen Pflegepaketen versorgt haben.

Außerdem geht noch ein ganz besonderes Dankeschön an Gin Stafford, die nahezu jedes Rezept in diesem Buch getestet hat, während sie nebenbei an einem Film gearbeitet, sich um zwei neugeborene Kätzchen gekümmert und den Golf gesäubert hat. Ich weiß nicht, wie du das alles schaffst! Du bist ein Engel!

Ein besonderes Dankeschön an Jeremy Cox, der das Coverfoto geschossen hat, und an Haley Pierson-Cox und Jane Brunk, die während des Shootings assistierten. Außerdem danke an Ana und Keith, die uns in ihre Küche gelassen haben. Auch danke an Ben Strothmann für das tolle Autorenfoto!

Und schließlich gilt mein Dank meiner wunderbaren Gruppe an Rezeptetestern, die jetzt kollektiv unter dem Namen »Super Beans« bekannt sind – ich hätte es absolut nicht ohne euch geschafft!

Andrea Dermos
Ashley und Michael Nebel
Beth Marshall-Bogerman
Brandi Britt und Junior
Carrie Klaus
Courtney Blair
Courtney Hardy
Dana Stodgel & Familie
Danielle Richardet
Diane Wilson Thomas
Erin Almond
Gayle Pollick
Gin Sta¡ord
Haley Pierson-Cox
Jane Brunk
Jared Bigman
Jennifer Kent
Jenni Mischel
Jessica (»Tofessica«) Creech
Kathryn Polster
Kendra C. Phillips
Kim Michael
Kimberly und Adam Roy
Leslie Conn
Lisa Canada & Familie
Megan Hall
Momma Nixon
Nichelle Nicholes
Nick Easterling
Roxanne
Sheree' Britt
Talia Levin

# Abbildungsverzeichnis

S. vii, viii (rechts oben und unten), ix (oben), x, xi (oben links und rechts), xii (oben links und rechts), xiii (oben), 10-13, 22,42, 49, 63, 75, 94, 109, 114, 118, 144, 154, 169, 182, 191, 200, 211, 221, 237, 248, 252, 262, 270, 278, 307 © Narayana Verlag, Fotograf Jörg Wilhelm
S. 1, 336 © Jeremy Cox, S. 15 (Hintergrund) © Zubada - shutterstock.com
S. 28, 53, 199, 257, 261, 265 © Kimberly Roy
Alle weiteren Fotos © Lindsay S. Nixon

# Über die Autorin

**LINDSAY S. NIXON** ist ein aufgehender Stern der kulinarischen Welt und wird bewundert für ihre Fähigkeit, gesunde, fettarme Rezepte aus alltäglichen Zutaten zu kreieren, die genauso lecker schmecken, wie sie gesund sind. Lindsays Rezepte wurden in der *Vegetarian Times*, *Women's Health* und der *Huffington Post* veröffentlicht. Lindsay ist beratende Köchin bei La Samanna, einem Luxus-Resort und Vier-Sterne-Restaurant auf den Französischen Antillen. Auf HappyHerbivore.com erfahren Sie mehr über Lindsay und können einige ihrer Rezepte ausprobieren.

# Bezugsquellen

Die meisten der im Buch erwähnten Produkte wie Chia, Quinoa, Hefeflocken oder verschiedene Gewürze sind in gängigen Naturkostläden erhältlich.
Sie können Sie auch direkt über unseren Online-Shop **www.unimedica.de** in der Kategorie »Gesunde Ernährung« erhalten. Dort finden Sie ein großes Sortiment an Naturkostprodukten, u. a. auch seltene Produkte wie Sacha inchi. Auch die für die Rezepte notwendigen Küchengeräte sowie veganes Bio-Proteinpulver und viele Superfoods sind dort erhältlich.

# Stichwortverzeichnis

## L



## M



## N

## T

## U



## V



## W



## Z

# Weitere Werke im Unimedica Verlag

Lindsey S. Nixon

## Happy Vegan

150 Rezepte zum Abnehmen und Glücklichsein

geb., 336 Seiten, **€ 24,–**

Mit einfachen, unkomplizierten Rezepten zeigt Bestseller-Autorin Lindsay S. Nixon, wie simpel, erschwinglich und lecker eine gesunde Ernährung sein kann. In ihrem neuesten Kochbuch präsentiert sie Gerichte für ein gesundes Abnehmen und eine Reihe von genauso einfachen und schnellen Übungen, die zu fantastischen Ergebnissen führen.
Happy Vegan begeistert mit sättigenden und rein pflanzlichen Rezepten voller Geschmack, die sich in 30 Minuten oder weniger zubereiten lassen. Mit leckeren und gesunden Mahlzeiten, die wenig Kalorien haben und garantiert satt machen, wird Abnehmen so leicht wie nie zuvor – ganz ohne Verzicht!
Zusätzlich enthält Happy Vegan für die Figur: leichte Übungen sowie Tipps und Tricks für einen schlankeren und strafferen Körper. Wie schon in ihren vorangegangenen Kochbüchern erteilt Lindsay S. Nixon in Happy Vegan Ölen, Fetten und stark verarbeiteten Lebensmitteln und Diätprodukten wie z. B. künstlichen Süßstoffen eine Absage und befreit damit den Stoffwechsel von unnötigem Ballast.

Angela Liddon

## Oh She Glows! Das Kochbuch

Über 100 vegane Rezepte, die den Körper zum Strahlen bringen

geb., 344 Seiten, **€ 29,–**

Angela Liddons lang erwartetes erstes Kochbuch verführt mit über 100 unwiderstehlichen und vollwertigen Rezepten und enthält sowohl umgewandelte Klassiker, die sogar Fleischfans lieben werden, als auch unglaublich frische und innovative Gerichte voller purem Geschmack. Darüber hinaus wartet ihr Kochbuch mit vielen Rezepten für Allergiker auf – u. a. mehr als 90 glutenfreien Gerichten und vielen weiteren, die gänzlich auf Soja, Nüsse, Zucker und Getreide verzichten. Egal ob Sie vegan leben oder einfach nur neugierig sind und köstliche Rezepte ausprobieren wollen, die zufällig auch noch gesund sind: Dieses Kochbuch ist ein Muss für alle, die gut essen, sich großartig fühlen und einfach strahlen wollen!

Jen Hansard / Jadah Sellner

## Simple Green Smoothies

Mehr als 100 Rezepte zum Abnehmen, Energietanken und Großartigfühlen

geb., 304 Seiten, **€ 24,80**

Jen Hansard und Jadah Sellner haben einen wunderbaren Weg zu Gesundheit, Freude und Energie gefunden – mit Spaß und ohne Verzicht. Ihr Konzept ist sensationell einfach: Statt Kalorien zu zählen oder ganz auf bestimmte Lebensmittel zu verzichten, trinken sie lieber täglich einen grünen Smoothie.
*Simple Green Smoothies* enthält eine 10-Tage-Kickstartkur inklusive Einkaufslisten, unzählige praktische Tipps und über 100 Rezepte für Smoothies, die das Abnehmen fördern, die natürliche Schönheit hervorbringen, heilen und das Immunsystem stärken, Energie verleihen und auch Kinder begeistern können, sowie für leckere Desserts, unverzichtbare Grundrezepte und hilfreiche Haushaltsmittel.
Ob Pfirsich-Kokosnusstraum, Kalifornia Sunshine oder Karamell-Cashew-Genuss – die Smoothies sind so köstlich, dass es kaum zu glauben ist.

Dreena Burton

## Familien mit Pflanzenpower

Über 100 kinderprobte, vegane Vollwertrezepte

geb., 320 Seiten, **€ 26,–**

Wenn es ums Essen geht, möchte jeder das Beste für seine Familie: frisch, vollwertig und gesund sollte es sein – und lecker natürlich! Doch das ist im stressigen Berufs- und Familienalltag nicht immer so leicht umzusetzen.
Die Bestsellerautorin und dreifache Mutter Dreena Burton zeigt, wie eine vollwertige, rein pflanzliche Ernährung für die ganze Familie leicht umgesetzt werden kann. Die über 100 veganen Rezepte wurden allesamt von Dreenas eigenen Kindern getestet und für köstlich befunden.
Auch Ihre Familie wird in der bunten Sammlung sicher bald ihre Lieblingsrezepte finden. Kandidaten hierfür gibt es reichlich, zum Beispiel Haferflocken-Frühstücksriegel mit Kürbiskernen und Schokotropfen, Kartoffel- trifft Eiersalat, pikante Mandelsoße, grünes Superheldendressing, „Schnupfen adieu!"-Soße, herzhafte Linsen-Bolo, raffinierte Kichererbsen-Burger oder Erdnussmuspudding mit Erdbeeren.